国家出版基金项目

浙江师范大学非洲研究文库
非洲人文经典译丛
总主编 洪 明 刘鸿武
副总主编 胡美馨 汪 琳

南非原住民生活状况，
欧洲大战与布尔人反叛前后

Native Life in South Africa,
Before and Since the European War and the Boer Rebellion

Solomon Tshekisho Plaatje

[南非]所罗门·特希克肖·普拉阿杰 著

聂咏华 译

浙江工商大学出版社 | 杭州
ZHEJIANG GONGSHANG UNIVERSITY PRESS

图书在版编目(CIP)数据

南非原住民生活状况,欧洲大战与布尔人反叛前后 / (南非)所罗门·特希克肖·普拉阿杰著;聂咏华译. —杭州:浙江工商大学出版社,2019.4
(非洲人文经典译丛 / 洪明,刘鸿武主编)
书名原文:Native Life in South Africa, Before and Since the European War and the Boer Rebellion
ISBN 978-7-5178-3182-2

Ⅰ. ①南… Ⅱ. ①所… ②聂… Ⅲ. ①生活状况—研究—南非共和国 Ⅳ. ①D747.88

中国版本图书馆 CIP 数据核字(2019)第063872号

南非原住民生活状况,欧洲大战与布尔人反叛前后
NANFEI YUANZHUMIN SHENGHUOZHUANGKUANG,
OUZHOUDAZHAN YUBUERREN FANPANQIANHOU
[南非]所罗门·特希克肖·普拉阿杰 著
聂咏华 译

出 品 人 鲍观明
策划编辑 罗丁瑞
责任编辑 罗丁瑞
封面设计 林朦朦
封面插画 张儒赫 周学敏
责任印制 包建辉
出版发行 浙江工商大学出版社
(杭州市教工路198号 邮政编码310012)
(E-mail:zjgsupress@163.com)
(网址:http://www.zjgsupress.com)
电话:0571-88904980,88831806(传真)
排 版 杭州朝曦图文设计有限公司
印 刷 杭州高腾印务有限公司
开 本 880mm×1230mm 1/32
印 张 14.25
字 数 268千
版 印 次 2019年4月第1版 2019年4月第1次印刷
书 号 ISBN 978-7-5178-3182-2
定 价 56.00元

本书的版权购买与翻译出版获浙江师范大学外国语学院学科建设经费、浙江省“2011协同创新中心”非洲研究与中非合作协同创新中心支持。

总　序

非洲文学作为世界文学的重要组成部分，既拥有灿烂的口头文明，又不乏杰出的书面文学，是非洲不同群体的集体欲望与自我想象的凝结。非洲是个多民族地区，每个民族都有自己的语言。仅西非的主要语言就多达100多种，各地土语尚未包括在内。其中绝大多数语言没有形成书面形式，非洲口头文学通过民众和职业演唱艺人“格里奥”世代相传，内容包罗万象，涵盖神话传说、寓言童话、民间故事、历史传说等，直到今天依然保持活力。学界一般认为非洲现代文学诞生于19世纪末20世纪初，五六十年代臻于成熟，七八十年代形成百花齐放的局面，迎来了非洲文学繁荣期。这一时期的一大特点是欧洲语言（英语、法语、葡萄牙语等）与非洲本土语言（阿拉伯语、斯瓦希里语、豪萨语、阿非利卡语、奔巴语、修纳语、默里纳语、克里奥尔语等）文学并存，有的作家同时用两种语言写作。用欧洲语言写作是为了让世界听到非洲的声音，用本土语言写作是为了继承和发扬非洲本土文化。无论使用何种语言创作，非洲的知识分子奋笔疾书，向世界读者展现属于非洲人民自己的生活、文化与斗争。研究非洲文学，就是去认识非洲人民的生活历程、生命体验、情感结构，认识西方文化的镜像投射，认识第三世界文学、东方文学等世界经验的个体表述。

20世纪末，世界各地的图书出版业推出各区域、各语种“最伟大的100本书”，如美国现代文库曾推出“20世纪最伟大的100部英语作品”，但是其中仅3部为非裔美国人所创作，且没有一位来自非洲本土。即便是获得20世纪诺贝尔文学奖的非洲作家也榜上无名。在过去百年中，非洲作家用不同的语言，以不同的形式和风格，创作了不同主题的作品。尽管这些作品被翻译成多种语言在世界各国出版，但世界对于非洲文学的独创性及其作品仍是认知寥寥，遑论予其应有的认可。在此背景下，在出生于肯尼亚、现任纽约州立大学宾汉姆顿分校全球文化研究所所长的阿里·马兹瑞（Ali Mazrui）教授的推动下，评选“20世纪非洲百部经典”的计划顺势而出。津巴布韦国际书展与非洲出版网络、泛非书商联盟、泛非作家联盟合作，由来自13个非洲国家的16名文学研究专家组成的评委会从1521部提名作品中精选出“百部”经典，于2002年在加纳公布了最终名单。这可以说是迄今为止最权威的、由非洲人自己评选出来的非洲经典作品名单。

细读这一“百部”名单，我们发现其中译成中文的作品只有20余部，其中6部为诺贝尔文学奖获得者所著，11部在20世纪80年代（含）之前出版。许多在非洲极具影响力的作家不为中国读者所知，其作品没有中文译本，也没有相关研究成果。相对欧美文学、东亚文学，甚至南美文学，非洲文学在我国的译介与传播远远不足。

非洲文学在我国的译介历史可追溯至晚清，但直到20世纪50年代才真正起步。这既有文化方面的原因，也有政治方面的原因。非洲虽然拥有悠久的口头文学历史，但书面文学直到殖民文化普及才得以大量面世。书面文学起步晚，成熟自然也晚，在我国的译介则更晚。中华人民共和国成立以后，非洲国家逐渐摆脱殖民枷锁，中非国家建交与领导人互访等外交往来带动了上世纪五六十年代的非洲文学翻译热潮。当时译入的大部分作品是揭露殖民者罪恶的反殖民小说或者诗歌，这和我国当时的意识形态宣传需求紧密相关。70年代出现了一段沉寂。自80年代起，非洲数位作家获诺贝尔奖、布克奖、龚古尔奖等国际文学奖，此后，非洲英语文学、埃及文学逐渐成为非洲文学译介的重心。进入90年代以来，我国学界开始从真正意义上关注非洲文学的自身表现力，关注非洲作家如何表达非洲人民在文化身份、种族隔离、两性关系、婚姻与家庭等方面的诉求。非洲文学研究渐有增长，但非洲文学译介却始终不温不火，甚至出现近30年间仅有2部非洲法语文学中译本的奇特现象。此外，我国的非洲文学译介所涉及的语种也不均衡。英语、阿拉伯语文学的译介多于法语、葡语文学，受非洲土语人才缺乏的局限，我国鲜有非洲本土语言创作的作品译本。因此，尽管非洲文学进入中国已有数十年，读者对其仍较为陌生，“非洲文学之父”阿契贝在我国的知名度也远不及拉美的马尔克斯、博尔赫斯。

不了解非洲文学，就无法深入理解非洲文化，无法深入开展中非文化交流。2015年初，浙江师范大学外国语学院策划了“20世纪非洲百部经典”译介工程，并计划经由翻译工作，深入解读文本，开辟“非洲文学研究”这一新的学科发展方向。经过认真研讨、论证，学院很快成立了“非洲人文经典译丛学术组”，协同我校非洲研究院，联合国内其他高校与研究机构，组织精干力量，着手设计非洲人文经典作品的译介与研究方案。学院决定首先组织力量围绕“20世纪非洲百部经典”撰写作家作品综述集，同时，邀请国内外学者开办非洲文学研究论坛，引导学术组成员开展非洲经典研读，为译介与研究工作打好基础。

2016年5月，由我院鲍秀文教授、汪琳博士主编的近33万字的《20世纪非洲名家名著导论》出版。这是30余位学者近一年协同攻关的集体智慧结晶，集中介绍了14个非洲国家的30位作家，涉及文学、社会学、人类学、民俗学、哲学等领域。同年5月，学院主办了以“从传统到未来：在文学世界里认识非洲”为主题的

“2016全国非洲文学研究高端论坛”，60余名中外代表参会。在本次会议上，我们成立了“浙江师范大学非洲文学研究中心”——这也是国内高校第一个专门从事非洲文学研究的研究机构。中心成员包括校内外对非洲文学研究有浓厚兴趣且在该领域发表过文章或出版过译作的40余位教师，聘任国内外10位专家为学术顾问，旨在开展走在前沿的非洲文学研究，建设非洲文学译介与研究智库，推进国内非洲文学研究模式创新与学科发展。

与此同时，我们从百部经典名单中剔除已经出版过中译本的、用非洲生僻语言编写的，以及目前很难找到原文本的作品，计划精选40余部作品进行翻译，涉及英语、法语、阿拉伯语、葡萄牙语与斯瓦希里语等多个语种，将翻译任务落实给校内外学者。然而，译介工程一开始就遇到各种意想不到的困难。仅在购买原作版权这一环节中，就遇到各种挑战。我们在联系版权所属的出版社、版权代理或作者本人时，有的无法联系到版权方，有的由于战乱、移居、死后继承等原因导致版权归属不明，还有的作品遭到版权方拒绝或索要高价。挑战迭出，使该译介工程似乎成了“不可能完成的任务”。但我们抱着“20世纪非洲百部经典值得译介给中国读者”的信念，坚持不懈，多方寻找渠道联系版权，向对方表达我们向中国读者介绍非洲文学和文化的真诚愿望。渐渐地，我们闯过一个又一个看似不可能闯过的难关，签下一份又一份版权合同，打赢了版权联系攻坚战。然而当团队成员着手翻译时，着实感受到了第二场攻坚战之艰难。不同于大家相对较为熟悉的欧美文学作品，中国读者对非洲文学迄今仍相当陌生，给翻译工作带来巨大挑战。在正式翻译之前，每位译者都查阅了大量的资料，部分译者还远赴非洲相关国家实地调研。我们充分发挥学校的非洲研究优势，与原著作者所在国家的学者、留学生，或研究该国的非洲问题专家合作，不放过任何一个疑惑。译介团队成员在交流时曾戏称，自己在翻译时几乎可以将作品内容想象成电影情节在脑海里播放。尽管所费心血不知几何，但我们清楚翻译从来都不可能尽善尽美，译文如有差错或不当之处，我们诚挚邀请广大读者匡正，以求真务实，共同进步。

在中非合作越来越紧密的今天，人文领域的相互理解也变得越来越迫切，需要双方学者进行全方位、多角度、深层次的系统研究。我们希望在中国文化走向非洲的过程中，也将非洲经典作品引介给中国读者。丛书的出版得到了浙江师范大学非洲研究院的大力支持，长江学者、院长刘鸿武教授是国内非洲研究领域的领军学者，对本项目的设计、推进提供了十分重要的指导意见，王珩书记也持续关心工作的进展。杭州电子科技大学非洲及非裔文学研究院院长谭惠娟教授在本项目设计之初就给出了宝贵的指导意见。借此机会，我代表学院向他们一并表示衷心的感谢！

“非洲人文经典译丛”的出版是我们在非洲文学文化研究的学术道路上迈出的第一步。随着我们对非洲人文经典作品的译介和研究的深入，今后将会有更多更好的成果与读者见面。谨希望这套丛书能够为中国读者了解非洲文化、促进中非人文交流尽一份绵薄之力。

浙江师范大学外国语学院院长

洪 明

2017年12月于金华

译者序

《南非原住民生活状况，欧洲大战与布尔人反叛前后》是非洲著名作家所罗门·特希克肖·普拉阿杰（Solomon Tshekisho Plaatje，1876—1932）讲述百年前非洲生活的佳作。学界认为，在某种程度上，它是热情洋溢的政治宣言，描述了南非原住民在白人政府统治下的悲惨遭遇。该书围绕1913年的《原住民土地法》展开叙述，该法的出台将黑人推到苦难的深渊，堪称南非种族隔离制度的序曲。为了给白人提供无偿的劳动力，合法剥夺原住民的土地，《原住民土地法》将黑人从世代居住的土地驱逐出来，把他们变成了无家可归的“寮屋居民”，土地也转归白人所有。该书的成功不仅是它发出了黑人的声音，而且它还是重要的史料，其翔实的论据历久弥新，真实地再现了残酷的《原住民土地法》对南非黑人生活所造成的翻天覆地的变化。

所罗门·特希克肖·普拉阿杰1876年10月9日出生在南非奥

兰治自由邦（今南非自由邦省）的博斯霍夫地区，在家里8个兄弟姐妹中排行第6。祖父名为洛基维·莫格蒂（Selogilwe Mogodi），他的雇主称其为普拉阿杰，故家族采用了普拉阿杰作为姓氏。所罗门的父亲约翰尼斯和母亲玛莎均属茨瓦纳语系的巴若龙族，都是基督教徒，在当地的传教站工作。所罗门4岁时，父母搬到了金伯利附近，任职于路德传教团的普尼尔传教站，替德国传教士恩斯特·韦斯特法尔和其妻子威廉敏妮工作。也就是在普尼尔传教站，普拉阿杰接受了正规的学校教育。

普拉阿杰虽然出身平常，但天资出众，在读书期间便展现了非凡的才能。由于他的课业表现远超其他学生，韦斯特法尔夫人便给他开了小灶，还额外教授他钢琴、小提琴和声乐课。1892年2月，年仅15岁的普拉阿杰以最优等的成绩从教会学校毕业，随后担任了2年的实习教师，其间继续接受韦斯特法尔牧师及夫人的单独指导。1894年，普拉阿杰前往开普殖民地的明珠金伯利，在邮局找了份邮递员的工作。1897年，他参加了开普殖民地政府组织的最高等级的公务员考试，按规定，年满21岁的开普殖民地男性都可以参加，条件是候选人必须能用英语和荷兰语读写，通过选拔的候选人还可以获得每年50英镑的年薪。普拉阿杰以优异的成绩通过了公务员考试，在打字、荷兰语和原住民语言测试中均名列前茅，把所有荷兰人都甩在了身后，同时，年满21岁的他也获得了选举权，尽管英国人在当地统治结束后，该选举权亦不复存在。

布尔战争爆发前夕，年轻的普拉阿杰被派到马弗京做口译人员。1899—1900马弗京被困期间，普拉阿杰扮演了重要的角色，他既是简单审判庭的荷兰语口译人员，又在马弗京的原住民事务处工作，是原住民事务负责人贝尔先生的机要秘书，亦是治安官的口译员，是维系英国民政当局与马弗京民众关系的重要纽带。普拉阿杰每周就原住民状况起草报告，军方对他的汇报极为重视。在围困期间，他把自己的经历以日记的方式记录下来，因其至少精通8种语言，包括德语、荷兰语、英语和主要的非洲语言，所以他的日记糅合了多种语言和诸多习语，幽默的笔调俯拾即是，这也是他早期散文体写作的初次尝试。在他去世后，日记甫一出版，便被视为重要的马弗京战争史料。

由于公务员上升渠道走不通，普拉阿杰在战争结束后转入新闻界。1901年，他在巴若龙酋长塞拉斯·穆勒玛（Silas Molema）的资助下，创建了第一份塞茨瓦纳语和英语周报《博茨瓦纳报》（*Koranta ea Becoana*）。普拉阿杰担任主编，该报创办六七年后，他从马弗京搬到了金伯利。在那里，他新办了另一份报纸《贝专纳之友》（*Tsala ea Becoana*），后更名为《人民之友》（*Tsala ea Batho*）。普拉阿杰除了在上述报纸发表文章外，也为其他报刊和机构撰稿，其中包括了金伯利钻石矿业的广告商。

和其他受过教育的非洲人一样，他曾乐观地认为英国政府不存在种族歧视，会给所有击败布尔殖民地、受过教育的非洲男性选举权，然而结果令他大失所望，南非联盟只允许白人享有这份政治权利。得益于开普省较为开明且不带歧视的选举制度，普拉阿杰成了南非少数具有议会选举权的原住民。被击败的布尔白人也被赋予了选举权，两个布尔殖民地和开普及纳塔尔殖民地组成了南非联邦，这导致南非联邦的议会权利集中到布尔人或荷裔南非白人手中。针对这一不公的现象，1909年，普拉阿杰在一份未出版的手稿中声讨了英国人的这一行为。该手稿名为《塞克贡马——黑人德雷福斯[①]》（*Sekgoma—the Black Dreyfus*），从这份手稿可以看出他与英国政府不断恶化的关系，手稿严厉斥责了英国政府剥夺除开普殖民地以外的其他非洲人的法律权利。

普拉阿杰代表南非受过教育的有产阶级积极参与维护原住民权益的政治活动，为争取原住民的利益做出了不懈努力。1912年，南非原住民国民大会（South African Native National Congress）成立，作为创始人之一的普拉阿杰当选为第一任秘书长。他明确反对部落制度，是非洲知识分子民族统一新思想的代表。那时，部落间的通婚相当罕见，普拉阿杰的妻子伊丽莎白·莉莉丝·梅贝尔喜是芬果族人，是南非著名教育家巴德-蒙贝尔（H.I. Bud-Mbelle）的妹妹。他和伊丽莎白结连理后育有5个孩子，分别是弗

---

① 德雷福斯（Dreyfus，1859—1935），法国军官，犹太裔；1894年被控向德国提供军事情报而获罪，对其的审判和监禁曾引起政治风波，最终于1906年得以平反昭雪。

雷德里克、哈雷、理查、维奥莱特和奥利弗。

南非联邦成立后，白人议会推行的第一项重要的法律就是《原住民土地法》，该法案极大地限制了原住民在南非联邦境内合法拥有或占有土地的权利。法案在1913年通过，再次确立了白人的地位及其在乡村的财产权，同时亦是替南非农场主解决“原住民劳动力急缺的问题”，剥夺他们和白人农场主“共享收成”的权利。新法律推行的主战场是奥兰治自由邦，白人农场主从中得到启发，开始驱逐农场里的黑人佃户，使其成为“寮屋居民”；与之同时，当局还登记黑人雇工情况，严格执行限制原住民出行权的《通行法》。自由邦成了南非原住民抵制新法的战场，原住民妇女联盟在自由邦城镇发起了声势浩大的反对《通行法》的运动，很多黑人女性因拒绝购买通行证而被投进监狱，关于这一点，普拉阿杰在其著作中专门描述过。

南非原住民国民大会（SANNC）的第一次重要运动便是反对1913年的《原住民土地法》。在国内与原住民事务部等政府部门沟通无果之后，大会决定派代表团前往英国寻求帮助。1914年，普拉阿杰以代表的身份随代表团前往英国，向英国政府上诉反对该法案。英国王室保留了对南非议会和政府的最高权利，但它对南非的“原住民事务”从未行使过否决权。在为期三周的海上航行中，普拉阿杰为了让英国民众更好地理解南非原住民遭受的苦难，在旅途伊始就提笔创作《南非原住民生活状况》。到达英国后，由于恰逢一战爆发，代表团在伦敦受到政府的冷遇，英国当局为了安抚新近归顺的南非荷兰人，极力避免从各个方面触怒他们。

最终，大会代表的英国之行徒劳无用，代表团的其他成员决定离开英国。普拉阿杰不愿像别的成员那样空手而归，他决意留在英格兰，继续寻找其他解决的办法。他打算通过写作和演讲为原住民争取自由和人道主义援助，利用公众舆论向英国政府施加压力。于是，普拉阿杰重新拾笔，继续完成赴英途中的未竟之作《南非原住民生活状况，欧洲大战和布尔人反叛前后》（*Native Life in South Africa, Before and Since the European War and the Boer Rebellion*），并于1916年由P.S.金出版社（P.S.King）在伦敦出版。在扉页上，他将该书谨献给哈丽特·科伦索（Harriette Colenso）女士。这位女士从其父毕肖普·科伦索（Bishop Colenso）身上继承了坚韧不拔的品质，后者是建议英国在南非建立祖鲁民族权利的倡导者。该书甫一出版，《约克郡观察家》评论说，“整本书非常有趣，对不了解南非原住民的人来说是个巨大的惊喜……”。著名评论家尼尔·帕森斯（Neil Parsons）称该书为“非洲最杰出作家之一写的关于非洲的最出色的著作之一”。

在英国逗留期间，普拉阿杰四处讲学，并在伦敦大学担任语言助理。他对文字和语言的兴趣不减当年，还和伦敦大学的丹尼尔·琼斯（Daniel Jones）教授并肩合作。琼斯教授是国际音标字母的发明人，也是肖伯纳笔下《皮格马利翁》，即音乐剧《窈窕淑女》中希金斯教授的原型。1916年，普拉阿杰还出版了另外两本较短的著作，里面融合了英语、德语、荷兰语等欧洲语言和他深爱的塞茨瓦纳语。在《塞茨瓦纳谚语，直译及英语对等词》（*Sechuana-Proverbs, with Literal Translations and Their English Equivalents*）中，他列举了一系列塞茨瓦纳谚语和相应的欧洲语系的译文。《塞茨瓦纳读者》（*Sechuana Reader*）是他和琼斯教授合著的作品，使用国际音标为塞茨瓦纳语正字。

普拉阿杰1917年2月结束对英国的访问，回到南非。一战结束后，据说普拉阿杰参加了1919年2月在巴黎举行的第一次泛非会议和1921年的会议，不过没有证据支持这一点。1919年5月，在前往凡尔赛的南非原住民国民大会代表团离开南非几个月后，他回到了伦敦。1919年末，他参加了与英国首相劳埃德·乔治（Lloyd George）的会谈，与有“威尔士奇才”之称的首相有了接触。首相果然对普拉阿杰另眼相看，承诺把他的诉求传达给南非政府的扬·斯穆茨（Jan Smuts）将军，这位世人皆知的自由主义的“同路人”。然而，斯穆茨将军名义上打着自由主义的旗帜，本质上却是狂热的种族隔离主义分子，他用所谓真诚的回复骗过了劳埃德·乔治首相。后来，普拉阿杰对英国民主党人松散的友谊大失所望，转而投向全美有色人种协会主席杜·波伊斯（Du Bois）的泛非主义阵营。

普拉阿杰几度访问英国，在那里遇到了许多志同道合的人，电影院和剧院经理乔治·拉蒂摩尔（George Lattimore）便是其中之一。乔治在1923年与帕泰一道，共同推出了电影《世界的摇篮》(*Cradle of the World*)，被誉为“有史以来最精彩、最激动人心的旅行电影”。在给泛非主义者杜·波伊斯的信中，乔治说他在伦敦爱乐厅完成了一次“成功的演出”。剧中有一段讽刺时俗的滑稽剧，包括现场音乐和演唱，普拉阿杰应乔治的邀请，在其中扮演了一个非洲部落族人的角色。

1921年，普拉阿杰坐船前往加拿大和美国，在那里他遇到了全国有色人种促进会（National Association for the Advancement of Colored People）的领导人马库斯·贾维（Marcus Garvey）和杜·波伊斯，并安排出版了著作《南非原住民生活状况》。在巡回演讲中，他走遍了半个美国，还自掏腰包出版了18000份售价仅为25美分的小册子，题为《尘埃与光束：英属南非黑人和白人的族别关系史》（*The Mote and the Beam: an Epic on Sex-Relationship' twixt Black and White in British South Africa*）。次年，普拉阿杰离开后，新版《南非原住民生活状况》在美发行，刊登在杜·波伊斯主编的全美有色人种协会报纸《危机》(*The Crisis*）上。

1923年底，普拉阿杰回到金伯利的家中，在政治活动之余仍笔耕不辍。当时南非原住民国民大会已更名为非洲国民大会(African National Congress)，议会开会时，他前往开普敦进行报道，并以非国大的代表身份为非洲原住民的利益进行游说。他受美国经历的影响，参加了联合委员会运动（Joint Council movement），还加入了阿卜杜勒·阿卜杜拉曼（Abdul Abdurahman）的非洲人民组织（African People's Organization）。他曾前往刚果查看当地的情况，并积极参与金伯利的公民事务。在白人的势力更为猖獗地向种族隔离制度推进，非国大无力力挽狂澜的时候，普拉阿杰成了抵制不公的法律、争取黑人自由主义的唯一的声音。

普拉阿杰在晚年渐渐远离了政治活动，把余生投入文学创作中。他至少精通8种语言，语言方面的天赋令其在写作中如鱼得水。除了上述提到的著作，他的作品还有《百年前南非原住民生活史》（*An Epic of South African Native Life a Hundred Years Ago*，1930）。他对莎士比亚的作品也抱有极大的热情，闲暇之余用优美的塞茨瓦纳语翻译了莎翁的5部作品，如《错误的喜剧》《威尼斯商人》和《尤利乌斯·凯撒》等等。他热爱自己的民族，对家人满怀深情，因此创作了史诗般的小说《穆迪》（*Mhudi*），讲述一百多年前南非原住民未受殖民者侵扰的生活，该书也是他纪念因风寒去世的爱女，在题词中将她描述成“现行制度下的众多受害者之一”。

普拉阿杰是首位用英语创作小说的南非黑人作家，他的小说《穆迪》写于1919年，但直到1930年才公诸于世，由洛夫代尔教会出版社出版。在某种程度上，它是一个删节版，后来才重新以全本出版。1928年，洛夫代尔教会出版社在爱丽丝出版了祖鲁作家德洛莫（R.R.R.Dhlomo）的英语小说《非洲的悲剧》（*An African Tragedy*），这使德洛莫的小说成为首部以英文出版的南非黑人小说，尽管在时间上普拉阿杰的《穆迪》成书更早。但如今，《穆迪》被世人公认为第一本黑人英文小说，也被认为是南非黑人作家的最好的英语小说之一。

虽然普拉阿杰与非国大的关系时有不谐，彼此之间渐行渐远，但在1930年12月，他仍然陪同非国大的代表团到原住民事务部抗议通过的法律。1932年6月19日，他前往约翰内斯堡的匹姆维尔，在途中死于肺炎，被安葬在金伯利，一千多人参加了葬礼。

1972年，约翰L.科马洛夫（John L. Comaroff）在1969年发现了他的马弗京日记，并于1972年整理出版，题为《所罗门·特希克肖·普拉阿杰的布尔战争日记：非洲人在马弗京》（*The Boer War Diary of Sol T.Plaatje: An African at Mafeking*）。

作为一名政治活动家，普拉阿杰一生的大部分时间都在为非洲人民的公民权和解放事业而斗争，他的《南非原住民生活状况》首先是对1913年《原住民土地法》的回应，也是让英国民众了解当时南非原住民境况的窗口。《原住民土地法》禁止原住民购买或租用土地，他们只能在为数极少的荒芜的原住民聚集地购买或租用土地。1914年，南非原住民国民大会派代表团前往英国向英国政府求援，这一举措令人感觉似曾相识，和1895年贝专纳（今博茨瓦纳）代表团要求受英国直接统治的做法如出一辙。但1914年的情况有所不同，南非从英国拿到了自治权，第一次世界大战在代表团到达英格兰后爆发，牵住了所有政党的目光。和当时的英国人一样，普拉阿杰在英国也热衷于爱国救亡运动，这对本书的结构有所影响。然而，代表团的诉求在英国没有获得成功，法案让拥护种族隔离制度的白人看到了机会。不过，这些困难把南非的黑人空前团结起来，普拉阿杰的后继者们最终在20世纪末取得了胜利，于1991年废除了这部残酷的法律。

从《南非原住民生活状况》的价值而言，该书不仅仅是非国大时期的出版物，也不仅仅是对当时重要立法的有力反驳，它是普拉阿杰独一无二的代表作品，极具独特的个性化思想，证据详实，叙述无懈可击，堪称教科书般的纪实作品和重要史料。普拉阿杰在书中对当时的紧迫问题进行了广泛的评论，许多论述如今仍在沿用。书里栩栩如生地叙述了作者游历南非乡村的见闻，记载了他从南非的工业中心到英国国都的旅行经历。

虽然《南非原住民生活状况》是南非政治、历史和文学的奠基之作，但它早些时候并未得到应有的重视。在国内外，它的文学地位、研究和阅读远不如普拉阿杰的小说《穆迪》受人关注。另外，自该书出版以来的很长一段时间里，它一直被历史学家所忽视，这一现象与它发表时引起的轰动形成了鲜明的对比。南非议会的辩论中曾经常引用该书，但之后，它就从人们的视线中逐渐消失了。

该书的价值为什么之前被人忽视呢？究其原因，在一定程度上，大概是因为它未能实现其非国大的既定目标。《原住民土地法》不仅没有被废除，而且其它以此为基础的法律使南非进一步走上了种族隔离的道路。此外，该书对传统的书籍类别划分也是前所未有的挑战，书里的内容有辩论，也有政治评论，既是史料，也是个人传记，它不属于任何公认的体裁，也有别于以往的传统认知。

另外一个重要原因是本书的作者是南非黑人，它的严肃性、可靠性和相关性一直不被白人认可。普拉阿杰在书中曾明确提到过类似的观点，他指责南非联邦政府在立法时，根本不采纳直接呈上的黑人的意见，而是参考所谓白人专家收集到的黑人的意见。在20世纪，西方历史学家倾向于通过白人的视角研究南非的历史，而黑人撰写的历史倘若出现在历史学中，通常会被归入部落和习俗的范畴。可想而知，白人拒绝黑人作家的第一手资料，除了黑人作家喊出了不同的声音，有悖于白人想要的结果之外，不过是种族中心论在作怪罢了，这也体现了白人对第三世界他者文化的居高临下的态度。

西方历史学界和文学界对南非相关研究的态度转变相当缓慢，因此，在很长一段时间内，《南非原住民生活状况》的真正价值一直处于被忽视的状态。但是，自20世纪60、70年代后，西方历史学家开始关注南非黑人历史和反对党的起源，也逐渐接受黑人作家的著作，因此，这本书才以无可置疑的重要的史料来源，重新被世人所知。随后，拉文出版社（Ravan Press）出了新版本，这是第一次在南非出版，随后《南非原住民生活状况》开始盛行。随着历史学家将注意力转向南非的乡村历史，《原住民土地法》也吸引了更多学者的关注。

2013年，《原住民土地法》100周年的纪念活动不仅将人们的注意力吸引到《土地法》及其后果上，还让几位历史学家更深入地研究了《南非原住民生活状况》，由此，该书及其作者顺理成章地受到了学界的高度重视。

曾记得在1932年，普拉阿杰去世一星期后，记者、诗人兼剧作家希埃·多洛莫（Hie Dhlomo）为他写了一篇悼词《论感激》（*An Appreciation*）。多洛莫对普拉阿杰及其作品的敬意得到了非洲知识分子的普遍认可。在非国大1950年的编年史中，关于《原住民土地法》，ZK.马修斯（ZK Matthews）承认，“普拉阿杰在他著名的《南非原住民生活状况》一书中，讲述了《原住民土地法》强加于非洲人民身上的苦难和不幸”。恩亚布卢斯·恩德贝勒（Njabulo Ndebele）将《南非原住民生活状况》描述为南非政治压迫史上的一个里程碑：“这本书之所以引人注目，不仅是因为它对事实的详细描述令人印象深刻，而且还因为它精心设计的语言风格，它的分析深入浅出，旗帜鲜明，带有强烈的道德目的。”

一说起《南非原住民生活状况》，人们难免提及开篇带着“先见之明”、预示南非黑人命运的那句箴言：“1913年6月20日，星期五，南非原住民一早醒来，发现自己虽然不是真正的奴隶，却沦为了故土的贱民。”

相较于靠土地谋生的同时代的黑人，普拉阿杰和其他知识分子在从事社会宣传和脑力劳动方面依然面临许多挑战。受过教会教育的非洲知识分子仅是一小部分，他们的社会和经济地位岌岌可危，普拉阿杰濒临破产的经济状况便是最好的证明。为了克服重重困难，获得受教育的机会，非洲的知识阶层不得不想方设法绕过一系列制度设置的障碍。多洛莫曾经哀叹，白人学者书写的历史带有种族中心主义的偏见，黑人的研究受到种族隔离政策的阻碍，原住民无法进入公共图书馆和国家图书馆，也无法进入档案馆。除了在报纸上发表文章外，他们的作品几乎没有出路。黑人知识分子手上的资源有限，他们的边缘地位使他们作品的产生、流通和接受比白人知识分子要困难得多。

作为守望家园的第一代黑人英语作家，普拉阿杰为南非原住民摆脱悲惨的命运做了不懈的努力。《南非原住民生活状况》的书写标志着非洲知识分子的抱负和决心，承载了以普拉阿杰为代表的南非黑人知识分子的觉醒和挣扎，以及他们奋起反抗的不屈精神。普拉阿杰一生跌宕起伏，去世时也寂寂无名，除了塞茨瓦纳语的读者，他在政治新闻领域的功绩大多已被遗忘，他的创作才能也几乎湮没于世，但是时至今日，世人无法否认，普拉阿杰是当之无愧的南非文学的先驱。他不仅是一位非凡的政治活动家，也是一位令人信服的文学评论家。他在文化和语言的奇妙世界探索前行，是一位真正意义上的“文艺复兴人士”。

聂咏华

2018年于浙江师范大学

目 录

（一）作者何人？

为了更好地回答这个问题，我们思忖良久，最终决定用手上的人物述评作答。接下来的问题是“选哪一份?”我们逐一细细考量，一时无法取舍，后来有人进入房间，碰巧说到这个耳熟能详的词语——“长话短说”，这让我们豁然开朗，当下决定采用其中两条述评，即最长和最短的人物介绍。一条出自亲王殿下康诺特公爵，一条沿袭了《比勒陀利亚新闻报》[1]社论的惯用措辞。

南非中部铁路局[2]

高级专员列车

---

①《比勒陀利亚新闻报》（Pretoria News），比勒陀利亚出版发行的英文日报，隶属南非独立传媒集团。

② 南非中部铁路局（Central South African Railways，CSAR），在1902—1910年间是德兰士瓦和奥兰治殖民地的铁路运营商。

1906年2月1日，在我访问马弗京的巴若龙原住民城镇期间，所罗门·普拉阿杰先生是我的口译员，他出色的表现令我非常满意。

（签名）亚瑟[1]

马弗京

1906年2月1日

《比勒陀利亚新闻报》

倘若可以规劝更多偏激的恐黑人士采取温和理性的态度，那么，我们如今所做的尝试无疑是成功之举。我们出版了第一批信函，作者是所罗门·特希克肖·普拉阿杰，一位学识渊博、才华出众的原住民记者。普拉阿杰先生出生在博斯霍夫地区，父母是巴若龙人，祖籍在萨巴恩科，后来千里迢迢来到马弗京。他幼时就读于普尼尔传教站的路德教会学校，学校离巴克利西不远，负责人是恩斯特·韦斯特法尔牧师。13岁时，普拉阿杰通过了第四等学业考核，这是学校能提供的最高等级。接下来的3年里，他一边当实习教师，一边师从韦斯特法尔牧师及夫人。17岁时，他进入开普政府部门，成了金伯利邮局的邮递员。其间，他利用闲暇学习语言，以优异的成绩通过了开普行政机构组织的打字、荷兰

① 亚瑟亲王（1850–1942），也称康诺特公爵（the Duke of Connaught），维多利亚女王的第三个儿子，第十任加拿大总督。

语和原住民语言测试。战争爆发前，他被调至马弗京做口译员，马弗京被困期间，他又被派到爱德华·塞西尔负责的简单审判庭担任荷兰语口译员。治安官的职员拿起武器作战之时，普拉阿杰先生成了C.G.H.贝尔先生的机要秘书，后者是马弗京围困期间原住民事务的负责人。普拉阿杰先生每周就原住民状况起草报告，军方对他的汇报极为重视。他在给朋友的信件中幽默地写道，“这一安排简直深谙我意，围困结束后，贝尔先生还因此荣获了圣米迦勒及圣乔治勋章[①]”。

若非种族歧视，普拉阿杰先生十之八九会在原住民事务部身居要职。而事实是，他进入了新闻界，先当了《博茨瓦纳报》的主编，这是英语和塞茨瓦纳语周报，由塞拉斯·穆勒玛酋长出资兴办，已成功发行了七年光景。而今，普拉阿杰先生是金伯利《人民之友》[②]的主编，该报隶属原住民财团，总部设在自由邦。普拉阿杰还担任了众多南非来访贵宾的口译人员，得到了康诺特公爵、张伯伦先生和其他要人的亲笔信函。他最近拜访了亚伯拉罕·费希尔先生，获得了这位先生的允诺，答应向议会提交法案，

① 圣米迦勒及圣乔治勋章（C.M.G.：Companion of the Order of St.Michael and St.George），英国荣誉制度中的一种骑士勋章，一等勋爵士在名字后可加上勋章缩写“GCMG”，二等男勋爵士和女勋爵士则可分别加上缩写“KCMG”和“DC-MG”，三等勋爵士则一概使用缩写“CMG”。

②《人民之友》（Tsala ea Batho），英文名也作The people´s friend或People´s friend，1910由所罗门·特希克肖·普拉阿杰创刊。

改善奥兰治河殖民地里被法律剥夺土地所有权的原住民的地位。普拉阿杰先生关于原住民事务的文章鞭辟入里，态度温和，颇有布克·华盛顿先生[①]的文风。他深知让南非步入文明之人对原住民恩深义重。他既不煽风点火，也不激进冒失，亦非蓄意让黑人和白人心怀怨怼。他承认原住民当前在南非的地位，认为这是他们教育匮乏、文明落后的必然结果。他热爱他的人民，为自己对他们缺乏认识和了解而日益痛惜，这一点在其有关原住民问题的诸多信件和社论里体现得淋漓尽致。作为一名思想开明、受过教育的原住民，他痛恨靠血统上位、无知的原住民酋长的权力和威信，他的文笔和言论是焕然一新的原住民思想流派。在讨论原住民事务时，对普拉阿杰先生的意见应予以重视。我们在讨论，并为原住民制定法律时，不曾顾及原住民自己的想法，这是我们的习惯使然。在为原住民立法前，只有傻瓜才会否认了解其想法的重要性。我们将不时出版普拉阿杰先生的信件，将其推荐给思想深邃、注重实效的读者，希望对空泛的争论有所启发。

（这篇评论的作者是比勒陀利亚晚报的主编，兼马弗京被困期间路透社的战地记者。）

① 布克·华盛顿（Booker Washington，1856—1915），美国教育家、作家和演说家。

（二）序言

我们经常阅读知名学者的著作，他们却否认自己的作品已臻完美。一名从未接受过中等教育的南非原住民，也应试图以作者的身份否认自己作品的文学价值，这一点大有必要。我的作品不过是忠实地记载了可悲可叹的情形，力图展现南非原住民因不可思议的法律而遭受的苦难，尽管文中尚有不尽人意之处，但富有同情心的读者并不难理解。

下述章节是笔者在德兰士瓦、奥兰治自由邦和好望角开普省等地的个人观察所得。为了开展独立调查，1913年9月初，我抵达莱蒂布兰德，那时我经费告罄，正打算放弃调查，踏上归途。可我的朋友，自由邦瑞特方丹农场的W.Z.芬扬先生，主动把我送到莫若卡南部地区，在那里，我亲眼目睹了许多问题，此外，他还帮我买了从萨巴恩科回金伯利的火车票。

同年11月，南非原住民国民大会的组织者索尔·曼塞恩先生在德兰士瓦东部地区巡访，主席杜布先生在纳塔尔北部地区巡访。国民大会因资金捉襟见肘，无法负担别的巡访者，万恶的《原住民土地法》在开普省的实施情况便不得而知了。马塞卢农场的J.M.恩尤空先生表示，如果我要走访开普省，他愿意承担部分开销。必须补充的是，金威廉斯顿的W.D.索加先生非常慷慨地负担了其他费用，还陪我走了一段旅程，所以，本人的开普之行除了耗时6周之外，并未让我破费多少。

笔者除了感谢收到的信息和八方朋友的殷勤款待之外，还要额外感谢约翰内斯堡的安托尼·姆西曼先生提供的进一步消息。姆西曼先生巡访了一些地区，收录编辑了《原住民土地法》的受害者名单，并获悉了他们被驱逐的来龙去脉。然而，这份名单尚不够完整，它编撰于1914年5月，当时被驱逐的佃户早就纷纷逃往城市和受保护的领地，目击法案恶行的见证人也逃离了这个国家。不过，这表明迫害仍在继续，因为从这份名单可以得知，法案实施1年后，许多家庭遭到驱逐，更多的家庭则是收到搬离的通知。姆西曼先生在附注里谨慎地表示，他的小册子列举了“几起因1913年《原住民土地法》而受难的案例，旨在维护被原住民事务部指责的南非原住民国民大会的领袖，因事务部宣称没有受害的具体事例，经不起审查”。姆西曼先生拿到了一些受害人的宣誓证词，并补充道：“举个例子，在纳塔尔，所有这些情况均已向治安官和原住民首席专员做了汇报。可他们每次都叫受害人自己去找地方，或者出卖劳动力留在原地。在彼得斯和科尔沃斯，179个家庭分别被政府驱离家园，然而政府没向这些人提供任何土地。

一些读者可能会认为，我对殖民地议会的指责毫不留情。但赞同培根观点的读者都明白，“形容约伯苦难所费的笔墨比形容所罗门的幸福煞费苦心得多了”，我想：“倘若我们敢提要求，让你们体验我们的经历，那（我们）就行动吧。” 假如正式宣战后，你发现1913年第27号法案不断骚扰驱逐南非原住民，自己的同胞被赶得走投无路，尽管你清楚部分源于战事多艰，但亦难以抑制自己对敌人的仇恨。同样地，假如你看到在政府的命令下，自己的同胞被赶出家门，而家园也被毁于一旦，且无法得到补偿，可他们过去一直老老实实地向没有原住民代表的政府缴税——如今他们只是不想变成仆人，就被赶出了家门；假如你知晓有一半无家可归者被迫屈服，接受吃亏的服务条款；假如你记得有更多的人忍气吞声，但对一个有40头牛或至少100只绵羊的仆人而言，主人其实毫无用处；假如你仍记得许多农场主希望和你的人民和平相处，让他们继续当佃户，而你的政府却明令禁止，威胁他们会被处以100英镑的罚款或6个月的监禁，我想你亦难以保持冷静的头脑、温和从容的笔调。

譬如，若是伦敦郡议会下令，在伦敦市内租房，租户必须成为房东的仆人，此外还规定任何试图出售房屋给非户主的个人，将面临100英镑的罚款。想象一下这件事及其影响，你就能准确地勾勒出1913年《原住民土地法》的实施画面了。简言之，我想请读者支持我们废除《原住民土地法》的运动，同时祈祷读者在有生之年不会落入如此难以忍受的境地。

如果本书不写战争和反叛，仅叙述到第18章的话，就像故事只讲了一半，通篇都在描述南非的生活，因此，笔者补充了第19到25章的内容。不难发现，第20到24章有别于于本书其他部分，它们并非笔者亲自观察所得。这6章的内容得益于原住民媒体和一些荷兰报纸，笔者的贤内助每次都随信附上了这些报刊信息。这些报纸是有用的信息来源。在这些荷兰报纸中，要特别感谢的是波切夫斯特鲁姆的《西方日报》，1915年3月，它更名为《人民日报》。大部分荷兰报刊，尤其是北部省份的刊物，把讲英语的荷兰市民（事务律师和银行职员）的观点作为布尔人（荷裔南非人）的观点出版。另一方面，《西方日报》（今《人民日报》）对荷兰人观点的解读，无论是好是坏，还是漠不关心，恰似我们在荷兰人的农场亲耳听闻一般。

《蒂珀雷里之歌》[1]被翻译成多种语言，在南非白人和黑人居民里如格言般广为流传。本书想请大家帮忙抵制“南非的种族灭

① 《蒂珀雷里之歌》（*Tipperary Chorus*），是英国音乐厅的歌曲，原名《到蒂珀雷里路途遥远》（*It's a Long Way to Tipperary*），作者为杰克·贾奇和哈里·威廉姆斯。据称该作品是1912年1月30日5先令的打赌之作，第二晚便在当地的音乐厅演出。出版的封面图片是一名爱尔兰士兵汤米·阿特金斯在战争中行军的画面。一战时该歌曲在士兵中流行传唱，被称为战争之歌。

绝”，希望汤米·阿特金斯①的崇拜者能同情有色人种的受害者，高唱着汤米·阿特金斯战争之歌。

这一请求并不代表裸体的食人族，他们大多是虚构的形象，其奇异的图片展示在欧洲的橱窗上；这一请求代表的是500万忠诚的英国子民，他们每天肩负着“黑人的责任”，不图回报。“黑人的责任”指他们在南非任劳任怨地从事毫无技术含量的工作，拿着最微薄的薪水，每人每月向各市政当局缴税1到5先令（用以建设和美化城里的白人区域，而黑人区域依然无人照管）；每年他们还要向各省和中央政府缴12先令到3英镑12先令的税收，以供养政府兴办的学校，而原住民的孩子却不能入读。除了上述责任和税额，特权种族对原住民的征税也是“黑人的责任”的一部分。原住民谋生日益艰难，无法负担名目繁多的税收，这个在议会无法出声、沉默温顺的笨牛，没法让他的“饲养员”明白，他们已不堪重负了。

当约翰·弗伦奇爵士呼吁英国人在复活节周提供更多的弹药时，南非总督在约翰内斯堡的市政厅对一群大多没见过矿井口的上流人士发表讲话。总督恭喜他们，“在战争和叛乱的重压下，黄金产业一直保持全速发展”，他继续道，“每盎司黄金的价值相当于协约国的数枚弹药”。然而，总督阁下丝毫没有赞扬这20万地下

① 汤米·阿特金斯（Tommy Atkins），《蒂珀雷里之歌》的封面人物，现指普通的英国士兵或组织里的普通成员。

英雄，他们拿着仅有的微薄收入，无论是白天还是黑夜，匍匐着四肢，豁出了性命，全身心地工作在熟悉的“下坠的岩石”里；他们在一千英尺到一千码不等的地壳深处，因岩尘的损害罹患了肺痨和肺炎——报酬还少得可怜，但他们的付出使世界最富有的约翰内斯堡内的金矿每周产出75万英镑的生金，这一数量足以维持英国的信誉。自然，作为提供如此巨大价值的奴隶，他们的呼吁值得英国人民的关注。

最后，我要说的是，杜·波伊斯[①]教授的著作《黑人的灵魂》，讲述了主仆后辈之间的关系，正如他在书中所言：“我并非顾忌政策，而对这些事情加以掩饰，我担心我们在这方面有失分寸。另一方面，我由衷地极力避免夸张的描述。我并不怀疑某些地区的情况比我描述的要好，可我也同样肯定，其他地区的情况糟糕得多。”

---

① 杜·波伊斯（Du Bois，1868—1963），美国社会学家，历史学家，民权运动的积极分子，作家兼编辑。

/ 第一章

追根溯源

我虽然黑，但模样秀美，耶路撒冷的众女子啊，犹如基达的帐篷，所罗门的帷幔。

不要因为我黑，就盯着我看，这是日晒的结果；

我的同胞兄弟生我的气；

他们让我看守葡萄园；可我自己的园子都没人看顾。

《雅歌》①

1913年6月20日，星期五，南非原住民一早醒来，发现自己虽然不是真正的奴隶，却沦为了故土的贱民。

450万南非黑人的居住地如下：175万人住在黑人居住区和原

① 《雅歌》(*The Song of Songs*)，希伯来圣经中五卷诗卷之一，共117节，主要讲述男女间爱情的欢悦和相思之忧苦。

住民保留地，50多万人住在城市，近100万人是欧洲农场主的佃户。其他人要么是公路或铁路的雇工，要么辛勤劳动，自力更生开始务农，以获取资格成为欧洲农场主的仆人。

南非的佃户多是原住民，养有家畜，没有土地，从土地所有者那里租用农场、牧场或耕地，种植谷物养活自己和牲口。因此，当两院议会在1913年会议通过法案，6月16日由总督签署生效，6月19日出台，随即予以实施后，这些佃户遭受了巨大的打击。值得一提的是，格莱斯顿勋爵①那一天签署了至少16项议会新法案——有的卷帙浩繁——就在3天前，这位勋爵阁下又签下另外8项，其数量之庞大，没人能在4天内看完吃透。

但是，直到6月底他才发现，自己这么一落笔，原住民的生活状况便发生了翻天覆地的变化。通常，农场租赁的合约大多会在年中到期，1913年6月，原住民不知道无法制定新的契约，于是照常寻找新的住所，农场主也不知情，不经意间就租给了他们。他们去登记新的租约，政府法律官员却揭开了这一残酷的现实：禁止向无地的原住民提供住所，违者处以100英镑的罚款或6个月的监禁。这便是事情的来由。

实际上，其他原住民没把这项法律当回事，依然找到了新居

---

① 格莱斯顿勋爵（Lord Gladstone，1809—1898），英国自由党政治家，于1868—1874年、1880—1885年、1886年和1892—1894年任首相，初为保守党大臣，后加入自由党，并于1867年成为自由党领袖。

所，他们与欧洲农场主达成口头契约，无须登记。无论白人农场主还是原住民租户都未意识到，口头契约会让他们受到严惩。

为对政府公平起见，需要声明的是，警察并未依据该法在全国搜捕和起诉违法者。如果按律实行，在那个黑色的7月，也就是1913年格莱斯顿勋爵签署第27号《原住民土地法》的第一个月，不计其数的百磅支票将会涌入政府的金库。

法案生效后，政府高官需要到各省巡视，“教导”治安官如何执行，严刑峻法的复杂性由此可见一斑。最反常的是，面对《原住民土地法》错综复杂的困境，政府还在比勒陀利亚①召开治安官大会，群策群力推行国王法令。另外需要补充的是，几乎所有的南非白人律师，在我们与其谈及《原住民土地法》时，表示既未看过、亦未认真研读过该法案，鉴于此，他们也不清楚谁是《原住民土地法》的受益人。研究该法律需要比律师投入更多的时间，除非有简要汇报，否则他们几乎不清楚《原住民土地法》的问题之所在。有4个省的原住民对此了如指掌，这不是他们从书中所得，而是他们的亲身经历，该法仿若一台自动机床，自6月底起，就无情地压迫着原住民。每一项法律条款都讽刺味十足，其中最残酷和最可笑的部分便是附录，列出了所谓预留的原住民区域。什么叫作“预留的原住民区域”?

① 比勒陀利亚（Pretoria），南非行政首都，1855年由南非共和国第一任总统马蒂纳斯·维塞尔·比勒陀利乌斯建立，并以其父比勒陀利亚命名。

那是原住民居住区，本是为当地部落预留，以作专用。这些区域不得转让，也不许买卖。然而，法案里写道，在“预留的原住民区域”内，唯有原住民可以购买。这些区域不可转让，即使部落成员也不行，该地收益以信托方式持有，可用来购买土地。除非整个部落反叛，该区域才能售卖，也唯有在此情况下，土地才会被没收。只要部落忠于政府，没人能在该区置地。根据各地的章程，就算本部落成员也不能成为该地的主人，遑论在白人堆里长大，在白人的土地务农的外来的原住民了。

倘若我们把贝专纳的旱地排除在外，这些原住民区域的面积就极小，无一不是过分拥挤，由于空间匮乏，大量的人口被迫到白人农场主的农场定居。不过，大多数的立法者，虽然充分意识到这些不足之处，立法前却未做补救，显然是“自说自话”，假惺惺地让原住民在原住民区域置地。

再者，原住民区域仅占联邦总面积的1/18。那么，从理论上说，450万人的原住民只能购买1/18的联邦土地，其他17/18的土地则属于100万人的白人。更有甚者，《原住民土地法》的通过在数量上征得了议会两院绝大部分议员的首肯，但事实是，该法案不顾议会最杰出人才的强烈反对，最终以人数优势强行通过，成为法典。尤为古怪的是，提出这一法案的原住民事务大臣，在去世之前，宣布自己对此持反对意见，还说他迫使其通过，是为了避免更糟的情况。诚然，提出这一法案的萨奥尔先生，在议会再三发表反对的言论，这是不争的事实；他删除了温和的条款，加入更激进的修正条款，多次反对自己的修正案，概言之，他极力反对自己的观点，借大臣之势力挺政府，并为激进的修正条款摇旗呐喊。这般“时冷时热”只能说明萨奥尔先生为给全体选民立法，牺牲了那些没有议员代表的民众。纳塔尔省[1]、德兰士瓦省[2]和奥兰治自由邦[3]的非欧裔种族无法行使公民权，在选举联邦议员上也没有发言权，这些权利仅限于白人，因此，许多投赞成票的议员不用对黑人负责。

在阐明残暴的法案之前，不妨扼要地重述一番其形成由来。南非殖民地联邦已成既定事实，前共和主义者害怕开普省[4]开明的本土政策取代老共和国的高压政策，于是紧锣密鼓地采取具体的

① 纳塔尔省（Natal），位于南非东海岸，曾是布尔共和国，后成为英国殖民地，1893年获得自治，1910年成为南非联邦的省份，1994年被重新命名为夸祖卢/纳塔尔省。

② 德兰士瓦省（Transvaal），原为南非的一个东北省份，位于瓦尔河以北。1831年布尔人开始侵入，1852年成立德兰士瓦共和国（又名南非共和国），经英布战争，1902年沦为英国殖民地，1910年成为南非联邦的省份，后被新的行政划分所取代。

③ 奥兰治自由邦（Orange Free State），位于南非中部，班图语系部族占该省人口的83%。首府布隆方丹。19世纪三十年代布尔人开始侵入，1854年成立奥兰治自由邦。经英布战争，1900年沦为英国殖民地。1910年成为南非联邦的省份。

④ 开普省（the Cape），南非旧时省份，霍屯督人和班图语系部族占58%，混血种人占27%，1994年起被拆分为北开普省、西开普省和东开普省，小部分土地被划入西北省。

措施迫使联邦立法机构推行这些法律。姑且可以这么说，战前的荷兰总统在英国宗主国治下不敢向原住民强制推行法律。随着联邦的成立，帝国政府不知何故，把原住民毫无保留地移交给殖民者，而这些殖民者，往往受荷兰共和主义思想的支配。已故维多利亚女王统治下的英国宗主权曾是原住民仅存的精神堡垒，如今看来，这一宗主权已被撤回，或者放宽了限制，这些共和主义者，如同长期套着狗链的猎犬，利用帝国政府授予的全权决定权，不仅偏袒取代开普省完美理念的行为，而且积极地在联邦推行激进的原住民政策，该政策在名不副实的“自由”邦备受追捧，并极其严苛地予以执行。

联邦成立的元年，看得出博塔将军[1]曾想真诚地履行他对伦敦的承诺，梅里曼先生在议会二读《土地法》的发言中也提到过这一点。博塔将军力图消除英国的疑虑，关注原住民的福利。在该政策的执行过程中，博塔将军任命开普省的执政官H.伯顿先生为原住民事务大臣，这赢得了原住民的交口称赞。从原住民的角度来看，这一任命相当圆满，尤其是伯顿先生开创了联邦的先河，释放了被纳塔尔最高法院判处监禁的酋长蒂尼祖奴-卡-塞蒂瓦耶，还恢复了他每年500英镑的退休金。另外，为了表示对国民大会的尊重，伯顿先生废除了两项尤为可憎的纳塔尔议案，其中一项是

① 博塔将军（General Botha Louis，1862—1919），南非军人，政客，曾任南非联邦第一任总理。

令强迫劳动的“斯巴洛”制度合法化，另一项是未经政府许可，禁止原住民公开集会。废除议案后，纳塔尔的原住民虽然未被赋予公民权，但他们和开普省的原住民几乎享有同等的地位。1912年初，激进的《寮屋居民法》出台，刚成立的原住民国民大会派代表团会晤开普敦的伯顿先生。听取了代表团的意见后，他亲切地表示要撤销该议案，在新的居住地分配之前，被法案驱逐的原住民可以在那里找到避难所。国民大会的代表还获得了更多的声援，其支持者包括参议员W.P.施耐纳阁下、斯坦福上校和克罗赫先生。1911年1月，联邦政府推出了另一项法案，以修正当时集中在奥兰治自由邦的异常现象：原住民不能置地，也不能租赁，自由邦的原住民土地所有者只能把自己的土地卖给白人。

出台的法案提议，原住民的土地产权可售卖给其他原住民和白人，但并不允许原住民从白人手里购买。这一举措只能在奥兰治自由邦的一个地区推行。该法案旨在消除草案中提到的困难，即法律禁止“自由”邦的原住民继承叔叔留给他的地产。然而，由联邦政府提出并实施的如此不起眼的改革尝试，本是为了原住民的利益在极小的范围内推行，全然出于公平和正义，但这让前共和主义者暴跳如雷。

在政纲的条文以及媒体、舆论看来，博塔将军的政府过于亲英，需要彻底改革。乡村的荷兰农民听闻自己英勇的领袖想使全国英国化，不由勃然大怒。最令人反感的是荷兰农民的观点，在乡下的小型集会上，他们通过决议，声称博塔政府已经失去作用。这些决议日复一日地影响新闻界，成功地挑动荷兰选民反对内阁，尤其是内阁首脑。此时，博塔将军稳健的政策开始走向衰落。他将第一任原住民事物大臣平调至铁路和港口部门，同时向世人宣布，任命赫特佐格将军为原住民事务大臣。

一些和善的荷兰和英国农场主对原住民佃户颇为优待，原住民佃户也报之以高度的忠诚，初抵南非农场的观察者会敏锐地发现这一现象，并对他们的友好关系赞叹不已。观察者难免好奇传说中白人与黑人的可怕斗争究竟是为何意，这在现实中好像仅存在于政客丰富的想象之中。既然如此，让新来的人到伯利恒或哈利史密斯的农场去，让他们亲眼看看原住民是多么心甘情愿地耕耘在田野；亲眼看看他们如何收割庄稼，向白人农场主献上主人的份额；亲眼看看农场主如何从原住民佃户手中接过收益，把第一名的奖励发给本季收成最好的原住民佃户；也让新来的人看看原住民和拥有土地的白人农场主如何完美地遵循互利互惠的“共生”原则。从而，观察者便会得出结论，妄图破坏不同种族及肤色的人们之间的和谐关系，是十足的悖理逆天的行为。然而，残酷的《原住民土地法》无情地摧毁了这种融洽的关系。

首先，这位新上任的原住民事务大臣赫佐格将军在全国巡回演讲，告诫农场主别做傻事，把土地租给原住民；他那派的种族极端主义分子称赞他是理想的大臣人选，他也用行为向其表明，他会很快“解决”原住民。有那么一两个地方，居然像对待未来的联邦总理一样欢迎他。当时，博塔将军明显底气不足，极力讨好对他不满的支持者。他和副手不仅来回奔波，还斥责荷兰农场主没驱赶原住民，让贫穷的白人取而代之。这成了大臣们反对原住民的固定节目，于是，显而易见的是，如果原住民仍有落脚之地，肯定不是政府的意愿。总理在其运动中还说了其他令人不快的话，这与他两年前在伦敦的言辞大相径庭；荷兰殖民者埋怨他在全国实行英国化，英国的发言人和作家又指责他首鼠两端；漫画家将他夸张地画成两个脑袋——称其代表了伦敦和南非。

英国人不确定的公职任期是联邦议会论战的主题，政府雇佣有色人种一事亦前途未卜。他们被强大的种族扫帚从铁路和邮政行业扫地出门，只为给贫穷的白人，主要是荷兰后裔腾出位置。政府对狂热的荷兰候选人一步步退让，让出公职，让出政府的救济金和其他好处，后者就像《所罗门箴言》里蚂蝗的女儿“给我，给我”地叫个不停。这些事件无疑让我们转了个弯，退回到联邦之前的日子，甚至退得更远，一直退回到从前共和国的日子，（如果不加以控制）我们会稳步退到前荷兰东印度政府的时期。

法案提议改善如上文所述的自由邦的残酷行为，但其如烫手山芋一般被抛到一边。大臣们言辞轻率，不成体统，节选自亚伯拉罕·费希尔先生对伯利恒选民的辛辣演讲便是明证：

“你们要什么？”他问。“我们通过了所有针对苦力人[①]的法律，还通过了所有针对卡菲尔人[②]的法律。自由邦得到了捍卫，议会通过了全部有色人种法律。你们还想政府做什么？”联邦的大船在反动的海洋上一直前行，直到它撞上了冰山——赫佐格将军突然被解职。

赫佐格将军是无所畏惧的荷兰思想的鼓吹者，让他的崇拜者心怀愤懑的是，他被免去了司法和原住民事务大臣的职务——据说这是伦敦的建议。于是，那些荷兰极端主义分子，因其最喜爱的大臣下了台，便以乖戾的方式发泄愤怒。从他们在台上的演讲可以推断，在他们眼中，南非的其他人没有权利可言，尤其是黑人。

面对此种情况，政府的懦弱简直让人难以容忍。他们迎合种族极端分子的意愿，结果导致政府陷入僵局。一些残酷的法律，如《移民法》（反对英籍印裔和外来的亚洲人）和《原住民土地法》，在议会极为不妥地仓促通过，以抚慰自由邦共和主义者的敏感情绪。大臣们无暇着手有益的法案，譬如《有色人种职业法》《原住民纠纷法》《婚姻法》和《大学法》等等。伦敦的高级专员[③]

① 苦力人（Coolie），即印度后裔，南非对英籍印裔的蔑称，现在也代指便宜雇佣的无技术的东方劳动者。

② 卡菲尔人（Kafir），对南非黑人的蔑称。

③ 高级专员（High Commissioner），指英联邦之间互派的大使级外交代表或殖民地、托管领土的行政长官。

还被要求道歉，因他在南非的荷兰雇主深感其观点太英国化。总理也得道歉，因他经常忘记自己是英国大臣，而非仅是阿非利卡人[①]。自由邦的要求如此锲而不舍，以至于让大臣们忘了自己对伦敦英王政府的承诺，要关注联邦内英国有色人种的安全问题。他们践踏了自己在首届联邦大选的竞选宣言，即保证公平、公正地对待遵纪守法的原住民。

该运动密谋驱逐农场里的黑人，但农场主把地租给原住民，从中能获得极大的利益，因而此举完全不受农场主的欢迎。演讲者和报刊撰稿人杜撰了一个“卡菲尔外包”的蔑称，专指农场出租给原住民一事，还想证明“卡菲尔外包”就像“婴儿外包”[②]一样不道德。不过，土地所有者每年将租金收入囊中，并不打算用不太勤劳的“贫穷白人”代替勤劳的原住民。老主人M是典型的自由邦荷兰地主，1912年，他拿了自己那份收成后，针对驱赶黑人离开农场一事，用塔尔语对他的原住民佃户说了些鼓励的话：“那些头戴高帽、身穿大衣，花着别人的钱住在开普敦旅馆的人，竟敢命令我赶走我的人？这是我的地盘；掏钱的是我，不是议会。不用我动手，他们就要完蛋。”

---

① 阿非利卡人（Afrikander），指有欧洲血统的南非人，以17世纪至19世纪移居南非的荷兰移民和少量法国胡格诺教徒为主。

② 婴儿外包（Baby Farming），出现在维多利亚时代晚期的词汇，指收留婴儿或儿童以获得薪酬。如果婴儿年幼，通常会由非母亲的女性进行母乳喂养。一些婴儿奶农“领养”孩子会获得一次性收入，而另一些则会定期收到照顾婴儿的费用。

显而易见，这会使议会当局找上门，强迫顽固的土地所有者赶走原住民。大臣任由不满现状的共和主义者指手画脚，导致议会对其要求百依百顺，于1913年产生并通过了《原住民土地法》。法案以国王陛下的名义颁布，虽然尚待委员会提交报告，但前景未知，且不容乐观，因此，除了预留的原住民区域，原住民买地或租地均属违法。在深切的苦难和严厉的惩罚之下，原住民被剥夺了在这片土地生活的基本人权，除非他们愿意充当白人的奴仆——无论政客对原住民如何破口大骂，这些权利在共和主义政体下从未受到过如此严峻的挑战。

/ 第二章

是与非的艰苦斗争和乌云蔽日的岁月

祸兮，那些颁布不义之律、书写罪恶之语的人，

为屈枉贫困之人，为夺吾辈穷人的果实，

以寡妇为掳物，以遗孤为掠物。

——《以赛亚书》①

1913年2月18日，德兰士瓦马里科议员莱曼尔将军询问国土大臣：(1) 在过去三年间，德兰士瓦省有多少农场或农场份额是用原住民的名字注册的；(2) 登记的土地有多大面积；(3) 花了多少钱？

---

①《以赛亚书》(*Isaiah*)，《圣经》第23卷书，大约在公元前723年之后完成，以希伯来先知以赛亚命名该书。

国土大臣回复：(1) 78个农场；(2) 144，416摩根[①]；(3) 94907英镑。

问题本身和及时的回复令人不安。这类问题要花不少时间才能从议会议员传至比勒陀利亚，搜集相关信息耗时更甚，而开普敦众议院要获得答复则需更多的时间。比如，3月11日，T.L.施赖纳先生要求对相同的回复做出解释。4月1日他又追问了一遍，每次答复都是“您所询问的信息已去电咨询，闲暇时会提交讨论”(见《联邦议会议事录》，第777和1175页)。5月13日——两个月又两天后——施赖纳先生3月11日的提问才得到答案。

5月20日施赖纳先生再一次要求联邦的四个省对相同的回复做出解释*。德兰士瓦登记的土地最多，如果莱曼尔将军能轻易得到德兰士瓦的回复，那么获得开普省和纳塔尔省的信息也相对容易许多，而在奥兰治“自由”邦，原住民不能置地，不会有注册信息。说来也怪，大臣承诺施赖纳先生会在方便的时候给出答复，而在本次议会会期，这似乎没被记录在案。因此，难怪原住民怀疑，莱曼尔将军发问时，答案早已准备妥当，只要提问，随时都可以拿出来提交讨论。

(*似乎没人打算询问从黑人转到白人手上的土地情况。)

另外一个重点是，提问者并不在乎原住民的置地面积，只是

---

① 摩根 (morgen)，荷兰、南非及美国部分地区的地积单位，1摩根合0.8公顷或2英亩。

想弄清这段时间哪些土地“登记在他们名下”；施赖纳先生后来在会期里分析了该回复，指出这主要是由共和政府授予原住民部落的土地，还有一些是他们占领所得。这些土地包括了19世纪60、70年代原住民购买和被授予的农场，但是共和政府末期禁止原住民将土地登记在其名下，所以土地主人没有土地所有权。他们的土地被欧洲朋友和传教士代管，英国人占领后，土地主人恢复了权利，所以过去3年来，他们要求归还土地所有权。

然而，对莱曼尔先生的答复产生了恶劣的影响。这让全国的白人胆战心惊。他们惊恐地听闻原住民在这3年间“置地”面积高达每年50000摩根。

多亏了施赖纳先生的质疑，然而，让人虚惊一场的误导数据已经四处流传——令人遗憾的是，如今为时已晚。

麻烦的根源

1913年2月28日，自由邦议员J.G.凯泽尔先生提议：在本次会议期间，政府应向议会提交《通行法》和《寮屋居民法》，禁止有色人种：(1) 未经许可四处活动；(2) 非法占有农场土地；(3) 在共享体制下耕种。

另一位自由邦议员T.P.布莱恩先生*附议。

(*这位先生于1913年去世。)

德兰士瓦的议员P.G.W.格罗伯勒先生*提出（修正案）在提案

最后补充："要进一步采取有效措施，限制原住民购买或租用土地。"

(*格罗伯勒先生因参与最近的反叛获罪，被剥夺了议员席位。)

施赖纳先生强烈反对上述提议和修正案。

原住民事务大臣颇为反对凯泽尔先生的提议，不过他同意格罗伯勒先生的修正案，允诺推出《原住民土地法》作为弥补。

在该法案提交讨论之前，原住民事务大臣史无前例地宣布，总督向他保证，《原住民土地法》会得到御准。《南非宪法》第65款规定，总督签署议会法案后，国王可在12个月以内驳回。就该法案而言，宪法的废除的确让南非的政治自由主义者获得自由，把他们从法律束缚中解放出来，不用浪费时间聆听推理和辩论之类的琐事了。

下文节选自关于《原住民土地法》的辩论，由1913年的《联邦议会议事录》记录在案。

关于因提议二读《原住民土地法》而推迟的辩论由J.X.梅里曼先生（来自西维多利亚）重新开启。他极不情愿就此议案发表意见（这位尊敬的先生说）。默不作声的投票更省事，但他认为，也私下忧虑，南非原住民政策多年来备受关注，如果他不向议会呈上这些年的亲身经历——无论其价值如何——他就没有履行自己的职责。

他想强调这个问题积极的一面，即如果原住民得到妥善管理，他们便是本国人民的宝贵财富。(赞成，赞成。) 不妨让他们将我们的贸易额与英国其他大自治领做个对比，倘若以白人人口来衡量的话，我们的数据出乎人的意料，不过，如果他们比较的是南非以外最富有的英属自治领和白人的人均贸易值，在乘以欧洲人口数后，那么，不妨把贸易差额放到原住民人口上，结果说来也怪，以此为基础计算出的实际贸易值相当于三个原住民与一个白人。当然，用此方式看待原住民的价值极不妥当，因为某些原住民的贸易值远大于白人的价值。他不过是用贸易数字表明，在这一点上，原住民对我们而言是一笔多么巨大的财富呀。让他们想想，勤劳的原住民给我们带来了什么。谁给我们修建铁路、开采矿井，将国家建设到如此地步？谁是真正干活的体力劳动者？是原住民，这个国家的有色人种。我们绝不能忘记自己对他们的亏欠——我们还经常不承认这种亏欠。接下来，他说他们必须想想对顺从的原住民有何亏欠，想想正确对待他们的简单易行的管理方式。他还对真诚的原住民表示了敬意。

令人震惊的是，尽管法案在某种程度上，或在某些方面被认为是对待原住民种族的革命性的开端，可总督的演说中根本没有提及。这对他们而言简直是晴天霹雳。他记得那个下午，他们刚听完来自菲克斯堡的议员阁下热情洋溢的演说，内容是在自由邦擅自占地所带来的巨大危害，议员阁下还趁机引入对原住民的大政方针并提出法案。他认为事情闹得声势浩大并非他们所愿。他们经常听说关于原住民事务的总的政策宣言——政策实施的对象应是文明程度最高的原住民、农场主和赤身裸体的野蛮人。他们做不到这一点。要求制定此类宣言的人尚未具备他们中的某些人所具有的经验。在他之前发言的议员声称自己同意法案的基本原则。什么是基本原则？基本原则就是人们对法案的解读。有位议员阁下认为其中暗含种族隔离。如果两个种族在菲什河接触起初还可以做到，现在却没法办到。他们靠这些人的劳动建设国家，我们也帮助这些人不断进步。他们和这些人相互融合、不可分割，然后有人却说“我们要废除原住民政策，开始种族隔离”。他确信提出法案的议员阁下对隔离这回事毫不知情。其他人打算建个围场——类似围着栅栏的村庄，他们可以把这些人驱赶进去。接着，另一位先生对迄今采纳的政策嗤之以鼻，他说一方称对原住民的政策应坚定公正，另一方则说政策应公正坚定。

在他看来，他们信息匮乏，除了原住民事务大臣在他温和有趣的演说中提到的光秃秃的数字，就别无他物。他们要做的事会让南非天翻地覆，影响两个种族成千上万的人。至于原住民的想法，他们也没有任何头绪。遗憾的是，因为信息缺失，人们对这项法案产生了错误的看法。很难得知原住民对这些事情的看法，他怀疑是否有人真的了解原住民的心思。唯一可知的途径是他们刊登在报纸上的言辞，但他得说他并未信以为真。报纸上的文章让他感到恐慌，但并不惊讶，因为他们从全国各地党报的激烈发言和文章中获取信息，难免风声鹤唳。他认为在通过此类法案之前，应尽量征询他们的意见。就该条款而言，法案将划出范围——会有类似村庄一样的地方安置被驱赶的原住民，让他们自谋生路。要让他们走自己的发展道路，只需令其回归野蛮状态即可。他们的发展道路即蛮荒之路，残忍之路。自始至终，他们都在摆脱这种路线。这让他想起一位英国作家的话，说是爱尔兰有过类似的政策，当时英国人来到爱尔兰，对待当地的爱尔兰人犹如南非的极端分子对待原住民一样。他们想把爱尔兰人连根铲除。他们像对待狗一样地对待本地人，也打心底认为他们是狗。他们划出区域，把爱尔兰人圈禁在内，让其自生自灭。不过，一直有英国人在划定的区域内生活，就像有欧洲人在原住民的区域内生活一样。乔治·戴维斯先生曾描述过该政策，称政府打算将英国人和爱尔兰人隔离开来，适时根除爱尔兰人。如果他们把爱尔兰人换成原住民，就会发现例证同样适用。不能在南非开启注定失败的政策，这会让南非倒退，也许是永久的倒退。（赞成，赞成。）把文明的原住民赶回保留地会有什么后果？目前，每一个文明人（原住民）正在成为原住民保留地以外的土地主人，倘若他们正确待原住民，那么，原住民便是国家的中流砥柱。原住民对政府忠诚无二，不会冒着损失财产的风险。原住民还支持欧洲人。如果他们把这些人赶进保留地，那原住民就成了我们最棘手的敌人。因此，原住民对事态的发展持严重怀疑的态度。再者，法案未将那些文明开化的原住民和寻常的野蛮人区别对待。他们统统被冠以“原住民”一词。

眼下他讲到法案的主要目的：消灭非法占地的恶行。为何存在非法占地的恶行？这是原住民的错吗？（一位议员阁下说：不是。）是法律的错吗？（不是。）如今在他们尊敬的议员朋友（凯泽尔先生）的省份，针对原住民的法律之严苛，堪称全国之最。在他看来，没有什么比他们看到奥兰治自由邦原住民的人口增长速度更令人惊讶的事了。开普省的原住民数量庞大，1904—1906年人口普查期间，该省原住民的人口增长为8.33%——他希望议员阁下们多关注，因其是立法价值之所在。在纳塔尔省，原住民人口众多——实际上占了绝大多数。不过说来奇怪，就算具体到小数位，增长也别无二致，均是8.33%：不过还得考虑其他因素，因为有大量的原住民在外地的矿山干活。现在在德兰士瓦，由于人口增长主要来自在矿山干活的原住民，所以这些数据并不适用于寮屋居民。原住民在德兰士瓦增长了30.1%。他们谈到朋友所在的小小的自由邦，那里制定了最严苛的法律驱赶原住民，他们以为自由邦的原住民人口会增长多少呢？不低于44%。（反对派欢呼）这是原住民的错吗？不，都怪严苛的法律，人们发现最好避开这些法律。（赞成，赞成。）他希望他尊敬的朋友有容人之量。正人先正己，吾当三省吾身（赞成，赞成。）自由邦的法律异常苛刻，比如惩罚，令人叹为观止，可结果五年内原住民人口仍增长了44%。

对此他们应该提高警惕。表面上，他们摆脱了寮屋居民，其实这些人依然能靠出卖劳动力、当佃户为生。他们可以干掉这些佃户，但这些人还能靠当仆人谋生。政府又如何将这些人区别开来呢？在开普省，他们制定法律，限制农场佃户的数量。

在南非，他们想要的是管理而非更多的法规，倘若目前要实施自由邦强制推行的法律，毫无疑问会发生叛乱。（赞成，赞成。）他们会争先恐后地在台上表示，没有原住民，自己连一袋玉米都种不出来。但是，他们可以利用法律达到目的。现在，他们打算凭借该法案制定统一法。梅里曼先生对原住民事务大臣说："我可怜的朋友！我们一起奋斗了这么多年，在原住民事务上，他竟是所有人中统一法的缔造者！（大笑。）我这样讲是伤心大过愤怒——（大笑）——因为这四个省的情况迥然不同。"

梅里曼先生继续道，在自由邦，人们以为有最好的法律——严苛、残忍、暴力的法律将原住民拒之门外，可法律尚未实施，原住民便涌向了全国各地。他们不过是想把原住民佃户变成雇农，由此解救办法就唾手可得。他没看出这两者之间有什么区别，除了一个是心满意足朝前迈进的人，另一个则满腹怨恨，更像俄国的农奴——一个可怜的家伙。不久，我们就会听闻拥有众多黑人的农场等待出售。

在德兰士瓦，该问题变得更加复杂，一是由于法庭的裁决，二是由于祖特潘斯伯格地区离谱的土地分配方式，那里的一些土地已被划拨出去。他被告知，分给原住民居住多年的农场已被划分出去，这些有原住民居住的农场均已归公司和个人所有，现在有人提议将原住民赶走。这件事让人无法接受，但这是否公正，他并未表态。

他想回到自由邦《德古拉法典》[①]治下的状态。有本蓝皮书非常引入注目，内含多名治安官的报告，其中一位这样写道："有害的寮屋居民体制不利于辛劳的农场主，原住民夺走了他们所有的好处。"从长远来看，那个一直劳动的人获得了所有好处。在哈利史密斯地区，原住民与欧洲人的数量分别是4万人和8千人。他们怎么到那里的？作为自由邦的市民，他明白原住民不能强行闯入。这些原住民在收成共享的土地劳作，他想知道他们是雇农还是寮屋居民。假如他们是寮屋居民，稍使手段便能让其成为雇农。霍普斯塔德的治安官是梅里曼先生，曾经谈及原住民寮屋居民体系的害处。但是，为何自由邦的治安官不付诸行动，让法律生效呢？这也是为何议会被迫通过法案的主要原因，之前没有放出任何消息，没有让深切关注该事件的人们发表自己的意见，或让其知道自由邦的治安官不能执行法律，所以议会将通过法案。他确实认为相当艰难。概言之，梅里曼先生说："也许我说了很多让我尊敬的朋友不快的言语，但我的确是想引起他们的关注，在他们从前

① 《德古拉法典》（*Draconian laws*），指严刑峻法。

未居要职之时，我都在为他们寻求正义和公平。所以，在他们身居高位之时，也不应认为我是故意冒犯，因为在此事上，我同样会要求公平、宽容、克制和延缓。”

来自祖特潘斯伯格的H.门兹先生说，这位尊敬的先生以优雅从容的辩论赢得他们的感激之情。他发表的演说极有启发意义，虽然他并非完全赞同发言人的观点，但他亦同意谨慎处理此事。遗憾的是，根据法案，将会选派人员成立委员会。原住民事务大臣不应听从要求推迟这个问题，让特别委员会来做决定。如果他们将法案提交给特别委员会，今年就不可能通过。

来自鲁克斯威利的G.L.斯泰特勒先生对政府提出法案表示感激。他说，这并不能完全解决问题，但它无疑在朝正确的方向迈进。

来自乌姆拉兹的A.福克斯先生表示，作为纳塔尔省7万原住民的代表，据他所知，目前原住民还没有投票权，他代表他们感谢公正的西维多利亚议员阁下在处理该问题时所持的态度。这位尊敬的先生在发言时问道，原住民对摆在议会面前的法案有什么看法。他（福克斯先生）的回答是，原住民根本没什么看法。他认为南非千分之一的原住民都没意识到这件尚在讨论之中的事情对他们的将来有至关重要的影响。米德尔堡的议员阁下曾称原住民为“斯格普塞尔斯”（奴隶）。他相信我们称呼原住民为“斯格普塞尔斯”的日子很快就会过去。他们很随和，不大琢磨地契和土地法。在许多情况下，原住民如此热爱生活的土地，所以他们不能以高额地租将其驱逐。法案想剥夺这些人的财产，把他们赶出这片土地。摆在他们面前的数字显示，欧洲人人均持有的土地数量是原住民的50倍。当然，现在大可不必制定法律禁止原住民增加少许的土地数量。他认为倘若原住民愿意购买，而非租用土地用来居住，则不能把过错归咎于原住民。与此相关的数据发人深思。原住民在开普省人均拥有8英亩的土地，在纳塔尔6英亩，在德兰士瓦约1.5英亩，在自由邦1/3英亩。在他看来，法案有点操之过急，眼下根本没有必要。

来自莱迪布兰德的C.G.费查尔德先生表示，让他深有感触的是，提交议会的法案并未按规定全面推行，这正是出于司法平等。如果他们公正地对待本国的原住民，那么，根据人口数量，他们理应将国家4/5，或至少1/2的土地划给原住民。他们会怎么做呢？如同他之前的发言所述，他打算暂且接受《原住民土地法》以作权宜之计，不过他希望将来法案不会成为绊脚石。他宁愿这件事被深入探究，当着他们的面制定计划，从而能更好地判断法案的推行效果。正是由于这些困难，他认为他们会接受法案，前提是法案须规定，不得从白人手里夺走国家，将其交给黑人。

来自菲克斯堡的J.G.凯泽尔表示，自己尤其希望公开谴责自由邦的人民及政府对有色人种的无理、不公或压迫的行为。但相反，奥兰治自由邦对待有色人种总是体贴周到、公正严明。奥兰治自由邦制定了梅里曼先生所称的严刑峻法。他（凯泽尔先生）谓之为正义之法。他们明白地告诉有色人种，奥兰治自由邦是白人的国家，他们打算继续保持下去。（赞成，赞成。）他们还告诉有色人种，不许置地或租地，不会容忍黑人和白人享受平等的地位；他说他们在将来也不会容忍，如果要强迫他们接受，他们将不惜一切代价抵抗到底*，因为一旦他们接受这一事实，就会很快发现自己沦为卑贱的民族。他的经验是，应铁腕管制原住民，将其圈在自己的地盘并公正以对。他们也不会给原住民枪，让原住民用来对付他们。他们应如自由邦一样告诉原住民，这是白人的国家，禁止原住民置地租地，如果想呆在这里，就必须为白人服务。

*这项法案的通过表明政府同意了“自由”邦人所有过分的要求，然而一年后，这些人却拿起武器反对政府。

来自维瑞德福特的J.A.P.范・德尔・莫维反对将法案提交至特别委员会，他主张议会应自行裁决。他指出了自由邦的农场主所面临的困境。如果农场主拒绝原住民以共享体制耕种，原住民就不会干活。农场有成千上万的原住民，他们租用土地，却不思劳作。农场主不得不让自己的孩子在家干活。有的原住民佃户会种点庄稼，然后便去约翰内斯堡工作，把田里的一半出息交给农场主。可这并不令人满意。关于此事，他对原住民事务大臣提议的条款喜忧参半，表示自己希望原住民成为白人的劳动力。法案将满足他所认为的巨大需求，并且，作为当务之急，他希望不要通过把法案提交至特别委员会的提议。

三读辩论

来自耶维勒的莱昂内尔·菲利浦爵士表示：现在为什么要推出这类法案？政府以往还一派坦然地指定过特别委员会，他只想问在这件重要的事上，为什么政府不指派一个委员会采集佐证，再向议会提交议案使其通过。与之相反，他们正在剥夺南非原住民的权利，这恰逢任命委员会让其划定白人和原住民区域的尴尬。这有损议案的名声。

除了尊敬的原住民事务大臣迫于议会少数人的压力，亟不可待地促成法案外，他找不到任何正当的理由。从议会的发言来看，议员们一致同意，原住民不应在白人的土地上拥有农场，同理，白人也不应在原住民的地盘出现。就算他们告诉原住民，其权利正被剥夺，作为替代，他们将任命特别委员会，但他们也没有正当的理由让原住民满意该议案。他认为他们这般本末倒置终将一无所获。他不清楚施赖纳先生是否正确，但他告诉他们，在德兰士瓦事态最严重的地区，经粗略统计，原住民在12年间购买了大约1.2万或1.5万摩根的土地。这表明议案并非迫在眉睫。鉴于此，他完全赞同议员阁下，也认为原住民事务大臣最好将法案提交特别委员会，从而许多特别复杂棘手的细节问题就会在委员会而非在议院讨论解决。(反对派欢呼)

来自艾顿博格的E.N.格罗布勒先生说：眼下的这份是政府当

前提出的最好的议案，显而易见，他们的政府真正代表了公众的意愿。原住民问题的解决办法不可能拖延下去，过去一直在寻找解决该问题的法律途径*。同时，他并不完全赞同提出的解决办法，也不喜欢给原住民划出保留地的做法。一旦保留地划定下来，它会损害农业和畜牧业吗？农场主会缺乏劳动力，而且会愈演愈烈。他也不同意征收白人土地以扩大原住民保留地。他认为法案错综复杂。这件事情得用税收的方式来解决。为白人服务的所有原住民均应免税，尽量善待他们，鼓励其他原住民为白人提供类似的服务。原住民有大量的保留地可以生活**，如果他们拒绝到保留地，他们就得交纳重税，那么他们就会为白人工作了。泰布兰登的议员阁下极力反对本法案。他们该让这名议员当泰布兰登的国王。在全民皆盲的国度，有一只眼睛的人就可以当国王。

*说到原住民问题的解决办法，自由邦的农场主通常指的是重建奴隶制度。

**人们会发现，诸如此类不切实际的演讲随后成了博塔将军对哈考特先生的保证。

但这也让人看到，福克斯先生根据官方数据，就原住民保留地一事在演讲中展现了他的真知灼见。(福克斯引文，见前文第23页)

来自福德斯伯格的P.邓肯先生说，希望大臣不要采纳最后一位发言人的意见。根据法案，农场主在自己的土地上想要多少原住民都行，只要他们把后者当作仆人。（工党欢呼）照他看来，即使做到提议的地步，也不会大幅降低当前白人和黑人之间的社会联系。

来自昆士城的W.B.贝里爵士表示，他想知道为何大臣回避二读通过的法案，反而提交了另一份附带诸多修正条款的法案。人们自然会抱怨，既然议会里的原住民事务委员会，这个无党派的机构被专门派来处理原住民事务，那么这项法案，作为重中之重，涉及原住民事务的方方面面，就该交给特别委员会裁决。上次议会会期也有同样的事情发生，原住民事务大臣直到会期将近尾声仍对某个法案喋喋不休，到了最后一天，议会被迫采取非常措施，敦促委员会采取行动，让法案从即日起六个月内生效。他（W.B.贝里爵士）提议让类似的修正案在议会动议。他在发言中提到，当法案进入二读时，他大胆地表示，这样的法案完全没有必要，亦无须这样的法案让联邦对原住民的态度发生根本性的转变。为何提出法案，他们能找到的唯一的蛛丝马迹便是，议会里另一派的顽固分子让原住民事务大臣明白，除非他提出这种或类似的激进法案，否则政府的地位便岌岌可危。他希望那天晚上这些顽固分子站出来，直言不讳地表明他们为何提出法案，为何没有事先知会便在全国强制推行，为何要求议会彻底改变原住民关注的土地问题的进程和程序。这位议员阁下接着表示，要让法案进行下去，唯一合理的理由是大量的土地从欧洲人转到了原住民手里。

然而，对回复的统计数据稍作分析便知，过去3年间，德兰士瓦仅有16个农场发生了变动。当然，这也不能合理地解释为何联邦的欧洲人陷入恐慌，为何当时的政府要把最激进的法案纳入法典。他反对法案的另一个理由是据说要任命委员会，以调查在何种程度、在何时何地委员会可以在联邦划出原住民保留地。他们并未保证会任命委员会，亦未保证会给出报告，而与之同时，这些含糊的承诺却试图提交议会，但避不开这样一个事实：法案里生效的条款会有时间限制，但法案无终止之日。在他论及该法案时，言明支持它必有前提，要么加上时间限制，要么让其成为年度法案。他毫不犹豫地说，当法案在二读中，尤其是与大臣的修正条款一起出现在通告上的时候，它的整体趋势就是要把原住民农民赶出这片土地。城镇成了原住民唯一的避难所。

南非在各个方面都没做好迎接法案的准备。全国一片反对法案种种不公的呼声。如果确有必要引入此类法令的话，至少要能给原住民充裕的时间彻底弄清议案的内容。可他们没有这个机会，对此极为不满。这给联邦的安定与和平带来了巨大的隐患。那些精通原住民事务的人让他明白，让原住民心怀怨怼会对我们构成最大的威胁。分而治之是管理原住民的明智的预防措施。当四、五百万人心生不满，你就会明白怨恨的力量多么可怕。原住民事务大臣提出的修正条款必须停止。前任原住民事务大臣在上次会期向议员们颁布了《寮屋居民法》，其中最大的异议，在他看来也是该议案撤销的原因，是它将成千上万的原住民从居住了几十年的土地上驱离。法案致使联邦动荡不安，结果只能撤销。在其中一项修正条款中，现任原住民事务大臣暗中恢复了已被撤销的、最令人反感的法案条款。

议长先生：修正案尚未递交议会。

W.B.贝里先生：那么，是哪个法案要让委员会负责调查？（赞成，赞成。）是二读的法案吗？抑或是包含在原住民大臣修正案里的那个法案？他提议，从即日起到接下来的六个月里，议会要让委员会负责该法案。

来自泰布兰登的T.L.施赖纳先生不支持修正案，他表示没有充裕的时间对法案条款进行公告，但是多亏了二读以来的间隙，原住民对议案比之前更加了解。

施赖纳先生继续引用原住民报纸对法案的评论。金伯利的《人民之友》曾刊载："我们正站在悬崖边缘。我们曾呼吁议会议员反对萨奥尔先生《原住民土地法》里搁置的条款，结果托马斯·史马特爵士和大臣达成协议，让法案的第一部分继续实行。生效的协议比整个法案糟糕得多。整体来看，法案有保留条款，其中有一条实际排除了在开普省推行法案。根据目前的协议，所有的条款均要撤销，法案的第一项，即（在未来委员会报告之前）禁止欧洲人和原住民买卖土地，将在包括开普省在内的联邦各地实行。那么现在，如果中止的条款成为法律，将会发生什么呢？

简言之：整个南非联邦的土地政策就变成了奥兰治自由邦的土地政策，撤销上述条款的难度不亚于收回打穿脑袋的子弹，让人复活。那么，我们的目标就是不让手枪开火，毕竟防患于未然才是上策。”（施赖纳先生继续道）他曾援引的一份报刊喜出望外，因为该报相信，法案会成立特别委员会。另有一份在纳塔尔发行的原住民报纸，承认传教士就法案一事为原住民所付出的努力。还有一份在敦提发行的原住民报纸声称，倘若法案符合原住民的利益，且政府是出于对原住民的真诚关怀，那么政府将毫不犹豫地广而告之，而非仓促地迫使议会通过*。

（*所有促使南非政府向联邦原住民宣扬《原住民土地法》的译本的努力终是徒劳。——作者注。）

施赖纳先生（继续）谈到纳塔尔传教士会议通过的决议，以及德兰士瓦传教士大会主席反对法案的观点。他提到，已经决定在约翰内斯堡召开联邦境内传教士团体的大会，意在决定一旦条款实施，将采取何种行动。他还收到了来自威特沃特斯兰德教会委员会的电报，声称已致电原住民事务大臣，在特别委员会全面调查可选区域之前，强烈抗议推行第一项条款。施赖纳先生主张，倘若他们继续推行该法案，通过旧法案的条款一，任命委员会，那么，原住民担忧的买卖土地的限制，同样也是代表原住民的传教士所担忧、抗议的内容，终将成为现实。基于此，他认为他们最好推迟法案。

每个人都感受到了肩负立法职责所带来的重重压力。每项条款均需仔细地斟酌和审查，这是应该通过影响深远的议案吗？大多数人支持原住民事务大臣，表示他们肯定让法案在本会期通过，难道这就是正确的吗？他认为不对。对那些心里有解决办法的人来说，这并不公平。（欢呼。）

来自伊丽莎白港中部地区的E.H.沃尔顿爵士声称，他完全支持昆士城议员阁下提出的修正案。他收到一份来自伊丽莎白港原住民集会的电报，电文说他们希望议会推迟决定该议题，直到委员会启动并给出报告。在他看来，这是合理的要求，且大有必要，法案必须做出大幅调整。

他们收到了南非各地原住民对议案的抗议。只要人们看到法案提议的内容，这些抗议就不足为奇。（赞成，赞成。）因此，他认为这些抗议应得到议会各方议员的公允考量。这类法律对原住民来说并不恰当。睿智的原住民要求宽限时间。他们表示："你们把这事强压在我们身上，那就得给我们时间考虑。让委员会启动，让委员会展示你们为我们制定的条款，这些做好了，凡事只要公平，我们就服从。"没有人喜欢打破陈规，因为这让人感到不舒服，原住民也是人，和我们没有两样，也会害怕，也会反对它。他们得承认自己没给原住民领袖和酋长到开普敦畅所欲言的机会。不幸的是，议案多少有点仓促。在总督的发言中也没有提到这点，所以原住民并未准备好考虑该问题。

来自开普敦卡斯尔的M.亚历山大先生表示，他始终认为法案引入了危险的因素，尤其是对开普省而言。总督在本次会期的开幕致辞中丝毫未提及当前的议案，显然是事后想起才做的补充。总督演讲后肯定有事发生，否则无法想象如此重要的议案居然在演说中给漏掉了。在委员会提交报告之前，法案只能将诸事搁置，而如今议会却暗中立法。大多数原住民宣称自己反对法案。他并不想借议案捞取政党资本——（赞成，赞成。）——但他希望看到议案有政治家的风范，而非仓促失措。委员会将在下次会期前汇报，而在本次会期伊始，就会提出法案，择优采纳。为了南非的利益，为了原住民的利益，也为了法律的公正，让政府撤销法案，任命委员会，实现公平和正义。（赞成，赞成。）

来自巴克利的A.H.沃特金斯博士表示，如果大臣不打算接受专门的临时议案，那么他将法案提交特别委员会就是心照不宣的事了。在联邦议会，这3年来涉及原住民的每件事都提交到特别委员会面前，咨询他们的意见。不知何故，原住民事务大臣认为这样做并不恰当，这让他百思不得其解。自从开启二读法案，16天过去了，特别委员会本该日复一日地开会，着手处理法案。

今晚要通过的是临时议案，不是解决问题的永久性议案，这显然比二读更有必要。

来自纬纳的H.M.梅勒先生表示，自己支持比塞特·贝里爵士的提案。他认为强行通过对原住民极为不公，尤其是纳塔尔的原住民，他们对该议案一无所知。二读以来，他注意到一些法案条款，其中虽然囊括了关于合法契约的豁免条款，但根据纳塔尔的成文法，严格地说，目前绝大部分在纳塔尔原住民中生效的契约并不合法，因此仓促立法更加危险。根据大臣提供的数据，至少有38万原住民居住在纳塔尔的私有土地上，在他们为原住民提供备选住处之前，让这些人不好过将是致命的错误。问题在于，根据纳塔尔的法律，口头契约的法律效力不超过十二个月，许多寮屋居民虽无口头契约，但差不多都可以勉强获准留在农场。通过法律将非常危险，原住民为觅栖生之地，大量的人口迁徙在所难免。他反对仓促地立法，他们有4千5百万原住民，其中仅一小撮人可能清楚法案的本质，鉴于法案影响到白人和原住民，他们完全有权利要求政府官员给予解释，让自己的选区议员就此事表态。这会耗时数月，只有议员阁下离开议会一段时间，才能获得原住民的真实意见。总理阁下承认，他们应是原住民的保护者，也承认他们应该放慢步伐，他希望尊敬的原住民事务大臣在立法之前，愿意重新考虑法案，将其暂且搁置，让他们无论如何先从委员会拿到中期报告。

法案在各个阶段均有争议，分组表决也受到质疑。议长每次都会提付表决，“人多势众”总会产生不可避免的结果。表决名单从17比71到32比57，大多数人都赞成压迫原住民。不妨看一份表决名单，其中大多数是纳塔尔的议员（执政党议员），或是完全来自荷兰选区的代表：

分组表决

来自巴克利的A.H.沃特金斯博士要求分组表决，其结果如下。

赞成：32人

威廉·亨利·安德鲁斯

威廉·邓肯·巴克斯特

威廉·比塞特·贝里

乔治·布莱恩

托马斯·博伊德尔

丹尼尔·麦克拉伦·布朗

弗雷德里克·雨果·佩奇·克雷斯维尔

帕特里克·邓肯

阿尔弗雷德·福克斯

詹姆斯·珀西·菲茨帕特里克

詹姆斯·亨德森

查理·海伍德

大卫·亨特

约翰·威廉·贾格尔

约翰·加文·金

巴兹尔·凯里特·朗

唐纳德·麦考莱

沃尔特·贝利·梅德利

雨果·莫不雷·梅勒

埃米尔·内森

亨利·阿尔弗雷德·奥利弗

约翰·威廉·奎恩

威利·罗基

威廉·朗希曼

亨利·威廉·桑普森

西奥菲勒斯·林德尔·施赖纳

詹姆斯·瑟尔

托马斯·威廉·史马特

埃德加·哈里斯·沃尔顿

阿诺德·赫斯特·沃特金斯

计票员：莫里斯·亚历山大和J.赫瓦特

反对：57人

约翰尼斯·约阿希姆·艾伯特

海因里希·克里斯蒂安·贝克尔

亨德里克·约翰尼斯·博斯曼

路易·博塔

托马斯·菲利普·布莱恩

亨利·伯顿

沃尔特·弗雷德里克·克莱顿

弗雷德里克·莱因哈特·克龙涅

亨利·莱瑟姆·柯里

米希尔·约翰尼斯·德·比尔

安德里斯·罗伦斯·德·亚赫

昂德里克·德·瓦尔

赫特·约翰·威廉·杜·图伊托

罗伦斯·赫尔登赫伊斯

大卫·皮耶特·维利尔斯·格拉夫

威廉·亨利·格里芬

埃弗特·尼古拉斯·格罗伯勒

皮耶特·赫特·韦塞尔·格罗伯勒

克里斯蒂安·约翰尼斯·雅各布斯·朱伯特

约书亚·阿德里安·朱伯特

扬·格哈德·凯泽尔

皮耶特·吉斯伯特·库恩

罗德韦克·阿诺尔德斯·斯拉伯特·莱麦尔

吉斯伯特·亨利·马斯德罗普

南非原住民生活状况，欧洲大战与布尔人反叛前后

弗朗西斯科·斯特凡努斯·马伦

约翰尼斯·亨诺氏·马雷

皮耶特·格哈德斯·马雷

约翰·泽维尔·梅里曼

艾萨克·约翰尼斯·迈耶

马蒂纳斯·维尔姆斯·迈伯勒

安德烈·默里·尼斯林

约翰尼斯·阿德里安·内瑟

理查·格兰维尔·尼科尔森

奥克特·阿尔梅若·奥修伊森

托马斯·奥尔

雅各布斯·米希尔·雷德梅耶

雅各布斯·维尔姆斯·萨奥尔

亨德里克·菲利普斯·史芳坦

扬·克里斯蒂安·斯穆茨

妥拜厄斯·斯穆茨

约翰尼斯·彼得鲁斯·格哈德斯·斯特耶

乔治·路易·斯特德勒

亨德里克·斯查克·西伦

彼得鲁斯·雅各布斯·乔治·西伦

范·德尔·莫维，约翰尼斯·阿道夫·P.

雅各布斯·范·德·沃尔特

雅各布斯·威廉·范·伊登

赫拉克勒斯·克里斯蒂安·范·希尔登

扬·亚伯拉罕·温特

亨德里克·科尼利厄斯·维尔姆斯·威马斯

阿尔文·伊格内修斯·文森特

约翰尼斯·阿诺德斯·沃斯卢

卡尔·特奥多鲁斯·穆勒·维尔库克亨利·威尔特希尔

计票员：H.门兹和G.A.卢威

/ 第三章

《原住民土地法》

一想到陛下的代言人在如此情况下签署了这样的法律，我就羞愧难当。

——阿莫斯·伯内特牧师

（德兰士瓦和斯威士兰地区卫理公会主席及总负责人）

迄今为止，我们追溯了《原住民土地法》的历史，至于限制欧洲人的土地所有权一事，所有发言和政府公文至今都避而不谈。无论人们在法案中解读出何种原则，其本质不过是将自由邦的土地法在联邦范围内推行——如此推而广之，以禁止原住民购买可以安度一生的土地。

有充分的理由相信，政府得到了来自英国法律顾问的建议，即《原住民土地法》是阶级法律，绝不会获得英国政府的许可。

然而，法案的发起人决意绕过法律顾问的所谓宪法障碍，这让我们在劫难逃。法案巧妙地篡改法律字眼，改头换面，看似在限制欧洲人侵害原住民的权利。但该法案是阶级法律，自从法案通过后，作者在南非游历时，沿途遇到了很多拖家带口搬迁的原住民家庭，却从未见到白人遭法案逼迫，离开安居乐业之地。

寮屋居民是特殊的社会群体，《原住民土地法》对其影响巨大，不过南非的寮屋居民没有白人。虽然法律坚称其对象是欧洲人和原住民，但无法否认的是，它仅针对原住民。这是赤裸裸的事实，所有辩白不过是闪烁其词及推诿之语。读者可以从条款11看到，在翻印的成文法的末尾（至于遗漏欧洲人是议会法律起草人还是印刷者的疏忽，我们不得而知），上面明确地写道："作为1913年的《原住民土地法》，本法案可被引作他用。"那么，谁会坚持认为它也是为欧洲人量身打造的呢？

1913，第27款

《原住民土地法》进一步规定了原住民与他人在联邦若干地区购买和租用土地的条款，还规定了原住民及他人的土地所有权与使用权等相关条款。

由尊敬的国王陛下、南非联邦的参议院和众议院联合颁布的法案如下：

1.（1）自《原住民土地法》生效之日起，应遵照法案委任的委员会的报告行事，在议会制定其他条款之前，除非经总督批准原住民预留区域之外的土地须遵从如下条款，即：

（a）原住民不得从除原住民以外的他人手中以购买、租用或其他任何方式缔结任何涉及土地、权利、权益或使用权的协议或交易；

（b）除了原住民，他人不得从原住民手中以购买、租用或其他任何方式缔结任何涉及土地、权利、权益或使用权的协议或交易。

（2）自《原住民土地法》实施伊始，除非总督许可，否则除原住民以外，他人不得以购买、租用或其他任何方式占有原住民的预留区域，也不得以购买、租用等方式直接或间接地缔结任何涉及土地、权利、权益或使用权的协议或交易。

（3）总督根据条目（1）和条目（2）授予的土地数量、被授予人的姓名和地址、授予的原因和土地的位置等信息，需在每次议会会期开始后的六个星期内将其提交至两院讨论。

（4）达成的任何协议或其他任何交易，只要违反本条款，自始无效。

2.（1）法案生效后，总督应尽快任命委员会负责调查和汇报：

（a）划出何处土地，且使原住民不得购买、租用或从中牟利；

（b）划出何处土地，且除原住民外，他人不得购买、租用或从中牟利。

委员会提交的报告应包括：

(i) 所有按提议划分的区域边界详情；

(ii) 标明每个区域的地图。

(2) 自法案实施2年内，委员会应进行并完成调查，并向原住民事务大臣提交报告和建议，若是议会通过决议（倘若有必要）允许委员会延期完成调查，可以先提交中期报告和建议。所有的上述报告和建议一旦接收，应由大臣提交议会两院讨论。

3. (1) 委员会应不少于5人，倘若有人去世、辞职或因缺席及其他任何缘故使委员会陷于瘫痪，总督将派人继任其职位。

(2) 委员会可指定人员就现行法案开展调查，亦可任命人员和上述人员一道协助或评估调查，以规范其程序。

(3) 大多数委员会成员赞同的报告和建议将被视为委员会的报告和建议；若持异议的委员会成员提交的建议有他本人的签名，也将被视为委员会的报告。

(4) 委员会或委员会的成员、助手、顾问或秘书可在任何地方着手土地调查，从中获取必要的信息继续查证事宜。各政府部门、选区议会或地方当局，与土地相关的档案记录应免费对委员会开放。

4. (1) 为建立条款2所述的区域，在资金不足的情况下，这也是议会赞成的原因，总督可获取任何土地或土地权益。

(2) 因违反与土地所有者或土地收益人的协议，在土地或土地收益涉及因公征地的省份，应执行现行法律条款，倘若在省内没有该法律，应比照执行1902年德兰士瓦的第5号公告规定及其修正案。

5.（1）任何试图购买、出售、租用或出租的个人，或任何违反法案，违反依据法案制定的规章制度的协议、交易均属违法行为，可判处100英镑的罚款，若未支付罚款，则处以最高6个月的监禁或劳役，倘若再犯，则根据所犯时日，处以每天最高5英磅的罚款。

（2）倘若联邦的公司、企业或机构（非事务所或合资企业）违反法律，则公司、企业或机构在联邦内的负责人、秘书或经理均将受到起诉或处罚，倘若事务所或合资企业违反法律，在联邦内的每位事务所成员以及所有合伙人均将受到起诉或处罚。

6. 原住民在预留区域以外占用的土地可能会受法案的影响，该法案条款是对相关现行法律的补充，而非替代；然而，倘若《原住民土地法》的条款与其他法律条款相冲突，除其中特别规定外，均应以本法律条款为准，除非：

（a）本法律或其他法律没有限制作为农场劳工的原住民在德兰士瓦农场的居住人数；

（b）在违反本法律的诉讼中，须由被告举证原住民是农场劳工；

（c）在议会制定其他条款之前，应依照上述委员会的报告行事，在德兰士瓦和纳塔尔农场居住的原住民不会因任何法律条款受到处罚或被赶出农场，如果自法案伊始，原住民或原住民户主已因缴税等缘由在原住民事务部登记为农场的住户，那么，关于原住民占用土地一事，农场主将免受条款五的处罚，但不在此列的原住民将由农场主或承租人依法驱逐。

7.（1）《奥兰治自由邦法典》第34章法律和1895年的第4号法律依然具有法律效力，但须以本条款修改解释为准，下述（1）（a）款项将不适用于奥兰治自由邦。

（2）根据以上条款所述，奥兰治自由邦1895年第4号法律第20条提及的户主及其家人，应符合该省1904年第7号法令条款，或符合其后修订或替换该条款的其他律法。

（3）在《奥兰治自由邦法典》第34章中，一旦使用“出租”和“租借”二词，均指包含或涉及协议或约定，根据协议或约定，个人可以占用土地，须提供或许诺提供土地的部分产出或等价的物品，但不包括个人或其家人付出的劳动和服务。

8.（1）该法案所含内容不得解释为：

（a）阻止法案生效之前合法的约定或协议继续生效或续约（除非议会根据上述委员会的报告制定了其他条款），其中，出租或租用的土地已由本法案明确规定；

（b）以任何方式使在法案启动之前生效的置地协议或交易无效或受到影响，或者禁止他人购买辖区法院依法出售的、在法案通过前抵押的土地；

(c) 禁止在任何时候以授权转让、遗嘱继承或顺位继承的方式获得土地或土地权益；

(d) 禁止地契办事处（如有必要登记）就本款所述的协议、交易、授权转让或继承的文件登记生效；

(e) 根据1912年《水资源灌溉与保护法》第七章的规定，禁止任何人认领、获得或持有地役权，尤其是有权认领、获得或持有地役权的个人；

(f) 以任何方式修改涉及获取矿产、稀有金属、一般金属或宝石等已生效的现行法律；

(g) 适用于由市议会、镇议会、镇委员会、乡村管理会、卫生委员会或地方当局行使管辖权的土地；

(h) 适用于自法案启动伊始，经总督许可，可在原住民中推行教育或传教工作的任何团体所持有的土地；

(i) 在法案实施前依法建立的城镇，禁止原住民从他人手中获取土地或任何土地权益，除非获取的土地或土地权益在现在和将来均不会转让给除原住民或有色人种以外的人；

(j) 根据1909年的《南非法》的第147项或其他法律条款，允许转让土地或变更土地用途，除非《议会法案》禁止土地转让或变更用途；

(k) 无论如何修改法律条款，土地抵押或土地押记应确保预付的公共资金是为了法律所述的特定用途及预付款的权益，其中受押人或债权人可拥有抵押或押记的土地权益，但土地的出售应遵从本法案的法律条款。

(2) 本法案不限制个人获得土地、土地权、土地权益或土地使用权，上述限制条款均不得在好望角的开普省推行，倘若有人被禁止购买或被剥夺资格，他们将有资格在开普省的选区登记成为议会竞选的选举人。

9. 在城市、原住民村庄、定居点以及不受地方政府管辖的原住民聚集地，总督可制定规则，防止棚屋和其他住宅区过度拥挤，以维护上述地点的公共卫生以及居民健康。

10. 在本法案中，除非与上下内容不符：

“预留的原住民区域”指法案附表标记的区域；

“原住民”指所有土著或非洲部落的成员，无论男女，还指代原住民控股的公司、机构、法人或非法人团体；

“土地收益”指除土地权益之外，还包括受押人或债权人的贷款利息，以抵押债券或押记收购的土地；

“大臣”指原住民事务大臣；

“农场劳工”指居住在农场的、合法的原住民，但不一定长期受雇于农场主或承租人从事家政服务或农场劳动。

除非：

(a) 如果原住民居住在一个农场，工作在另一个农场，农场所有者或承租人皆为同一人，那他居住、工作均应视为同一个农场；

（b）原住民将不被视为合法雇工，除非他在一个自然年内，至少为这两个农场主或承租人的农场各工作90天，此外，他对自己居住的农场的业主或承租人，除提供服务外，无须支付房租或相关报酬。

根据本法，倘若个人获得许可占用土地或土地份额，下列行为将被视为租用土地：

（a）支付或承诺支付他人租金；

（b）向他人提供或承诺提供土地产出的份额或其他任何酬资，但不包括提供自己及家人的劳动或服务。

11. 作为1913年的《原住民土地法》，本法案可被引作他用。

“本法律”便是上述乱七八糟的立法结果，就像铜匠亚历山大[①]一样，该法“害吾辈匪浅”[②]。萨奥尔先生使法案获得成功，与其说是以理服人，不如说是靠人多势众，还有他的承诺也是成功的部分原因，虽然他后来未能践行诺言。这些言而无信的承诺便包括他对议会言之凿凿地保证，法案会提交给原住民事务特别委员

---

① 铜匠亚历山大（Alexander the Coppersmith），源自《新约·提摩太后书》。

② 出自《新约·提摩太后书》：“铜匠亚历山大害吾辈匪浅，主必照他所行报应他。”亚历山大不相信福音，在保罗受审时做了不利于他的证词，主必照他所行回报于他。

会。因此，议会中无人代表的原住民，他们的欧洲朋友和传教士团体是其代言人，他们可以在恰当的时候出现在委员会面前，表达自己对法案的反对意见。不过在那一时刻来临之际，原住民事务大臣断然拒绝提交给委员会。这一立场的变化极易解释，因为呈给议会委员会的证据分量不足，法案有通不过的危险。

不出所料，关于法案的论战让原住民警铃大作，他们热切地关注法案的进程。这无异于对他们宣战，所以才闹出这么大的动静。虽然有人还怀有希望，这些天来，一群人还像议会的执政党议员（其中大部分人的最大乐趣便是展示其种族的宗教特性）一样领取圣餐，牢记圣诫十一，己所不欲，勿施于人。我们的人民，其实亦是他们的一员，曾说过即使是荷兰人也唱圣歌[①]——包括第24篇的《旧约·诗篇》；他们认为，荷兰人除了《新约》所荐和荷兰归正教会的牧师布道之外，不信仰其他宗教，因此想把自己的安全托庇于这个美好平和的宗教。然而，其他的一些原住民对南非战争之前的事记忆犹新，对这些宗教事件持有不同的看法。这些原住民，尤其是经历了老共和国的原住民，明白德兰士瓦的原住民和彻头彻尾的奴隶制之间的唯一藩篱是《伦敦公约》；那么，既然《伦敦公约》不复存在，普通的共和主义者对待原住民的态度又几乎没有宗教顾忌，他们便有了不祥的预感，顿时忧心忡忡。

① 圣歌（*Psalms*），又称《诗篇》，《圣经》中一卷，收集为基督教和犹太教礼拜仪式上所吟唱的宗教诗歌，其中许多被认为是大卫王所作。

就个人而言，倘若有人在1913年初告诉我们，联邦议会的大多数议员将通过如《原住民土地法》之类的法律，意在阻止原住民越过奴仆的地位，和白人平起平坐，这会让我们视其为疯人院的疯子。但法案的通过与执行让我们猛然醒悟，联邦议会可以制定颠覆原住民利益的条款；这将完全阻碍原住民的发展，同时亦是他们力图在联邦设立保护领地的目的。我们认为，等他们在南非明确消除了英国因素，这也是其不遗余力努力的目标，那么，就算把保护领地排除在外，他们也有了超过一百万的奴隶，这就是他们设法合并巴苏陀兰、斯威士兰和贝专纳[①]的唯一的原因。

鉴于此，老巴苏陀人应验的预言愈发让我们深信不疑。大意如下："英国政府击败了布尔人之后，向他们归还了旧共和国，还把两个英国殖民地——开普殖民地和纳塔尔省——当成小礼物送了出去。如今布尔人把英国人逐出公职，当他们完成驱逐，便会制定法律宣布原住民在南非居住违法，除非他受雇成布尔人的仆人，而这仅仅是实现奴隶制度的第一步。"这一点正在逐渐变成现实，如今自由邦的法律已在南非联邦蔓延开来，它宣布原住民在农场居住违法，除非他是欧洲人雇佣的奴仆。另一自由邦的法律规定，原住民不得在城市居住，不得在市区拥有房产。在城里，他只能当欧洲人雇佣的仆人。如果赫佐格将军的支持者们获得许

① 贝专纳（Bechuanaland），非洲中南部国家，1966年后改称博茨瓦纳（Botswana）。

可，迫使联邦政府将自由邦反对联邦原住民的理念推行开来，鉴于他们已成功施行《原住民土地法》，那么，《原住民城市法》在南非出台便只是时间问题。然后，奴隶制的大旗（当然会冠以其他名义）将尽情飘扬在这片广袤的土地上。

当《原住民土地法》提交到议会，许多村庄和黑人居住区举行了集会，抗议大臣向共和主义者屈服，而法案就是他们屈服的产物。1913年3月底，原住民国民大会在约翰内斯堡召开会议，派遣代表团到开普敦，向政府指出议会立法可能带来的危害，或者至少是从2月28日《原住民土地法》出台以来所带来的危害。他们坚称，此类议案是最残酷的剥削，不仅会妨碍原住民的经济独立，使其永远沦为农奴，而且令其地位卑微，就像奴隶制在开普省废除后无所建树一样。原住民的欧洲朋友和传教士们也没闲着。他们从全国各地集会传来的一个又一个的电报、抗议和决议均被送至萨奥尔先生手中，建议其谨慎行事。甚至连德兰士瓦的土地所有者，虽然一直呼吁制定法案隔离白人和黑人，但也竭力主张不让法案在提交的会期通过，这样民众就有时间消化，倘若有必要，还可以修改。代表千万原住民的传教士团体也恳求公平正义。这些团体主张，在政府通过法律禁止出售或出租土地给原住民、驱赶寮屋居民之前，政府应向被驱逐的原住民提供落脚的地方。不过，所有的陈情对政府没有任何效果，政府反倒愿意理睬13份微不足道的请愿（有304个荷兰人签名支持法案）*，也不愿听取反对法案的主流民意。由此不难看出，在原住民自己的国家，他们的地位并不令人称羡，一旦法律生效，禁止向原住民出售土地后，南非议会基本不太可能再次修订法律。

(*在13份请愿书中，其中一份仅有4人签名，只比托利街的裁缝[①]多一个而已。)

政府最初向议会保证他们有人文关怀，接着却删除了最温和的内容，加入了残酷的法律条款；每逢法案递交至下议院，几乎就会出现一两条新的内容。令人欣慰的是，这些大胆的立法条款，就算议会也不是百分百满意。鉴于只有律师才能重订法案，因此，纳塔尔的梅勒先生卓有成效地指出法案可能造成的危害。我们希望他深思熟虑的演说和评论（许多内容均一语成谶）能从浩瀚的议会报告中被筛选出来，用简明的小册子刊印出版。

纳塔尔的另一名议员大卫·亨特爵士阐述了自己的观点：

人们满腔热情地盼望公平公正地对待原住民，不过，法案的某些细节仍需要修订。原住民事务大臣发表演讲结束了辩论，其中提到他同意议员修订法案的请求，那时他还相当满意。可没想到法案会变成这副样子。若是他早知道议案生效会带来翻天覆地

① 托利街的裁缝（Tooley Street Tailors），该典故来自20世纪，根据英国首相乔治·坎宁（George Canning）的说法，3名托利街的裁缝在给议会的请愿书里声称自己是“英国民众”的代表（We, the People of England），意在讽刺那些假借全体英国人民的名义而行私利的人。

的变化，这从大臣令人瞩目的二读演说中可见端倪，那他（发言人）就不会自觉地赞成二读了。如果在委员会报告前，没有提交法案的决议，他会更满意。这是他一贯的立场，希望现在这件事情也能这般处理。然而，如果法案要强制推行，那就应有相应的保障来打消疑虑。任何影响原住民的事情均应循序渐进地推进，在有所变动之前尽早知会他们。他希望采取措施，让他们放宽心。他读了纳塔尔一名先生的来信，了解到原住民的一些想法。这位先生极为关注原住民，坦言在委员会汇报之前，原住民会坚决反对改变现状。他希望大臣阁下尽量满足他们的意见。

来自路德普特的C.H.哈格先生表示，在那些把野蛮人成功地变成文明人的人眼里，该法案注定失败。法律不仅应在理论上公正严明，而且在实践上也须正确合理。很多人认为，就算法案目前进展良好，将来在很大程度上也是灾难。他们总是先于民众制定法律，没有为法案出台导致的变化做好充足的准备，这是他们最大的过错；原住民也没做好准备。西维多利亚的议员阁下表示，这在某些方面有压迫原住民的嫌疑。他（发言人）认为，白人觉得自己高人一等，黑人不过是劈柴挑水的奴仆[①]。他想说的是，白人倘若有这种想法，那就不可能公正地制定法律。他们没有比黑人劳动者拥有更至高无上的权力。在他看来，至关重要的是他们

① 原文（hewers of wood and drawers of water）出自《旧约圣经》的《约书亚记》9：21，原意为“劈柴挑水的人”，引申为“奴仆”或“干苦力的人”。

的政策是压迫还是激励？他们在一定程度上鼓舞了原住民，可当原住民一有企盼，就被告知不能继续前行。他们的政策是坦塔罗斯的政策[①]。该法案让原住民惴惴不安。还有人说，原住民要是不听话，就把他们消灭。但这不该是他们的政策。他们必须停止压迫，让原住民全面振作起来。

唉！可这些类似的请求对人多势众的大臣们来说就像耳边风一样。《原住民土地法》突然从下议院递交到参议院，参议员急不可待地采纳后，返还至下议院，随后飞快地送交总督官邸，得到了总督的签名许可，立即成了法律。倘若大臣们值得信赖，不妨说说总督阁下的签名，他早在法案提交至议会时就做好签名的准备了（或者早就表明自己的意图了）。这种随性而至的草率行为不由让人对法案的本质忧心忡忡。为何如此心急火燎、仓促忙乱？为何总督提前批准？其他经总督批准的法案会在某个特定的日子，如下一个自然年或财政年才开始施行。然而，《原住民土地法》一出台，便当作法律施行。

原住民国民大会的代表、个别议员及内阁大臣一起强烈抗议，结果白费了力气，依然无济于事，代表从距离总督官邸近200米的办公室给格莱斯顿阁下写信，请求他收回对《原住民土地法》的

① 坦塔罗斯（Tantalus），希腊神话里的人物，他是吕底亚国王，宙斯之子，珀罗普斯之父，因罪行而受罚站在冥界齐颈的水中，头上悬有果子，他却不能喝到水，吃到果子。

许可，直待大多数相关人士（如原住民）有幸让国王陛下知道他们的反对意见。格莱斯顿阁下回复道，这一做法“不在他的职责范围之内”。木已成舟，无法转圜，命令下达了，这一世人皆知的“唯一的奴隶邦”、奥兰治自由邦的《原住民土地法》成了整个南非联邦的法律。在此情境下，最糟糕的是就连前共和国政府的总统都有权豁免违反法律的原住民，而且历任总统均开明地行使了这一特权，但如今的南非不再有总统，国王在南非的大臣却断然否认了国王豁免的特权（由此可避免法律的害处），只有上帝知道这将是多么不幸。这些没有选举权的原住民，没有总统，也没有国王，只有一个“不在他的职责范围之内”的总督，完全处在奴役黑人成性的监工的控制之下。

/ 第四章

与逃亡者共度的一夜

哭，失了国王的体面，

不哭，不配为慈爱的父亲。

席勒[①]

耶稣基督说："你们应当祈祷，逃亡的日子不在冬天"，但直到1913年的冬季，我们才明白《新约》里这段经文的全部内涵。7月的第一个星期，我们乘坐早班列车离开金伯利，踏上调查《原住民土地法》的实施情况之旅；约摸中午时分，我们到达德兰士瓦的布罗姆霍夫。在矿区河畔，没找到受法案影响的实例，但法

① 约翰·克里斯托弗·弗里德里希·冯·席勒（Johann Christoph Friedrich von Schiller，1759—1805），通常被称为弗里德里希·席勒，德国18世纪著名诗人、哲学家、历史学家和剧作家，德国启蒙文学的代表人物之一。

案产生的影响的确随处可见。一些受《原住民土地法》迫害的逃亡者马不停蹄地渡过河流。他们比我们早两个星期到达矿区，这一事实表明，议会尚在争论，一些农场主就已虎视眈眈地瞅准了这个机会，企图马上把佃户变成农奴，侵占他们的牲畜。根据格莱斯顿阁下签署的法案，他们有权采取行动，就在6月16日，刚好在那个星期（或许两天后，也有说好像是正式签字的前两天），他们把新法案的传言告诉佃户，说不允许有黑人佃户，只有黑人仆人才合法。当然，没几个原住民表示反对，还有值得他们卖身的白人农场主，但问题在于：其中一个条件是黑人（奴仆）的牛自此须免费为农场主工作。于是原住民决定离开农场，而非把自己毕生的积蓄当作礼物送给农场主。一些人穿越矿区，在德兰士瓦寻找落脚之地。然而，随着新法律逐渐在全国各地推行开来，他们走得越远，发现前景愈加黯淡。

在我们到达前，有位农场主在布罗姆霍夫的镇上碰到了一个四处流浪的原住民家庭，他愿意雇用他们和其他无家可归的原住民家庭。他开出的条件是：支付每户家庭每个月2英镑10先令，丈夫在地里工作，妻子在家里服务，每个男孩和女孩分别多得到10先令和5先令，不过原住民的牛群要交给他使用。据说那个荷兰人还补充道，原住民有时还要离开家人工作的农场，带着马车和牛外出赚钱，以便主人支付规定的工钱，而外出的时间和地点也由主人决定。原住民起初还笑话这种想法，全家人带着物品和财产替主人干活，就拿点微薄的薪酬以资慰藉，还要他们替“主人”赚钱付自己的工钱。但是荷兰人严肃的神情表明，他的提议“并非玩笑”。有段时间，他需要有牛的原住民，好帮他在布罗姆霍夫、姆伊方坦、东伦敦和其他矿区之间搞运输，作为回报，原住民可以在他的荒地居住和耕种，不过现在这已违法。他只能“雇佣”他们；可他没有钱付工资，他们的牛就得在外面帮他挣钱。他们之前没听说过该法律吗？荷兰人问。他们自然听说过；其实这就是他们离开其他地方的原因，可他们认为这只是自由邦的法律，他们从自由邦来，以为反常的现象是自由邦多样性的表现之一，根本没料到德兰士瓦遭受了同样的荼毒。

毋庸讳言，原住民没法同意这种一边倒的不公协议。他们继续上路，结果发现下一个农场主提出了一模一样的条款，还附带更多烦人的细节要求——一个又一个的农场主皆是如此。于是，这个原住民家庭从一个农场辗转到另一个农场，有时会因带着未经认可的牲口“非法闯入他人地盘”而陷入麻烦，有时还要躲避无缘无故的抓捕，甚至因为身为黑人又没有主人而受到伤害。他沿路卖了一些牲畜，更多的牲畜死于饥寒交迫。在损失了许多财产后，最后他带着剩下的家畜返回布罗姆霍夫，能卖多少算多少，然后去替人挖矿了。

另一个原住民受难者的遭遇与之类似，只是他没替人挖矿。在贱卖了牲畜后，他和家人乘坐约翰内斯堡的夜班车，踏上前途未卜的旅程。更多的原住民家庭则在前一周渡河奔赴内陆，之后就杳无音讯，他们或许仍在流浪，终究彻底认清了这一让其无家可归的法律。

好吧，我们知道，该法律与其发起者一样冷酷无情，我们也清楚，一旦法律通过，会让许多可怜的人无家可归，但必须承认的是，我们并未料到它对原住民生活的地区产生了如此快速而广泛的冲击。第二天，我们把行李托付给当地教会学校的教师，然后渡过河流，更为深入地了解这部惨绝人寰的灭族法令。上午10点左右，我们抵达瓦尔河南岸——瓦尔河风景如画，在河畔以西100英里的地方，我们度过了童年时代最美好快乐的日子。漫步在美丽的河流堤岸让人觉得其乐无穷——30年前我们还是婴儿，母亲抱着我们去过那段堤岸，之后便从未涉足。后来在西巴克利的日子多么幸福啊，那么久远的过去，至今仍在我的记忆里涌现！——那会儿没有铁路，没有桥梁，也没有灌溉系统。那时的雨季远比现在有规律，当雨季来临，河水漫过高高的堤岸，淹没了周围的山谷，水大得连方头平底船也不能载货车渡河。因此，运输不得不暂停下来，许多货车被堵在两侧河岸好几个星期，等着洪水退去。每逢此时，鲜牛奶的价格飞涨到每品脱1先令。我们男孩子垄断了牛奶售卖，也没旁人竞争。还记得我们常背着无数个装着奶瓶的小背包去货车那里叫卖，带回多少个空瓶，就拿回来多少个先令。妈妈和哥哥们的皮包里装满了金子，并不在乎

“男孩子的小金库”；与附近村庄的男孩不同的是，我们没有姐妹，把自己的收入分些给要好的堂兄弟后，口袋剩下的先令还叮当作响。从小大人就告诉我们吃糖对牙不好，没了吃糖的乐趣，几乎就没地方花钱，许多梦寐以求的吃的、喝的和穿的唾手可得。我们每天早上抽空洗奶瓶，灌上鲜奶，再送到下面的货车，可以赚6到8个先令；牛奶总有剩的，我们的牧羊犬还能美餐一顿。瓦尔河畔植物丰饶，牲畜成群结队地享用美味的哈克多恩[①]的嫩芽、含羞草茂密的橘色花簇和其他野生植物，奶牛也在其中，产的奶自然越来越多。

众神残忍，其中最残忍的不作为便是没给我们示警。在不到25年的时间内，原住民家庭成千上万头牛、羊和马像清晨的薄雾一样消失不见，我们每月还要花30先令购买每日所需的同样珍贵的乳液，分量还非常有限。他们大概早就提醒过我们，英国人会附议荷兰人，判定黑人在自己的河岸蓄养奶牛违法，他们也许还让我们有所准备，以便事到临头不至于目瞪口呆。

从德兰士瓦的边界渡河，到达奥兰治自由邦，那里是我们36年前出生的地方，与波谢夫相毗邻。我们记得农场的名字，但因幼儿时期便离开了该地，所以不清楚农场的具体位置，也不知道现在的主人是他的荷兰律师还是犹太商人。不过我们明白，即使

① 哈克多恩（Haak-Doorn），又作Hookhorn，南非的一种荆棘灌木丛。

我们有钱，即使主人也愿意把我们初见第一缕阳光、初次呼吸天堂般纯净空气的地方卖给我们，该交易也会被罚款100英镑。南非的法律禁止出售土地给原住民。俄国是世界上最滥用法律的地方，但俄国的法典未必会剥夺农民购买其出生之地的权利，或禁止其在安息之地建立家园。

我们骑车前行，突然感到有什么东西从脚底蔓上后背，针扎一样的疼痛刺穿了我们的心脏，令人剧烈地战栗。到底怎么了呢？这仿佛是18年前父亲去世时的我的感受；但那时我们还年轻，悲伤极易随着眼泪宣泄一空，我们生活的南非还是一方乐土，充满了美好的憧憬，可如今——我们的遭遇每况愈下！雪上加霜的是，南非通过法律宣称，原住民的皮肤染上了不符合规定的颜色，南非将不再是他们的家园。

有人告诉我们，要原谅自己的敌人，不要让怒火过夜，于是我们低声祈祷，祝愿白人平安喜乐，希望他们以及现任联邦议会的迫害者，在自己的国家永远不会看到自己如现在的原住民一样被剥夺居住权和财产权。除非洲之外，历史并未告诉我们班图人在其他大陆生活过，如果殖民者有计划地虐待原住民是欧洲人争夺非洲的指导方针，那么，奴隶制便是我们唯一的结局，因为目前原住民只有充当农奴，才能合法地生活在这里。难道这是上帝在利用南非议会逼我们离开世居的故土，方便我们更快地进入天堂吗？但要从哪里上天堂？起初有人告诉我们，上帝创造了天空和大地，让人居住在大地上，是由于人们没有登天的途径。他们必须在尘世安家。圣人以诺[1]、麦基洗德[2]、以利亚[3]以及其他圣人，都是从人间上的天堂。上帝并未对受奴役的以色列人说：“孩子们，振作精神，欣然忍受吧，我在天堂准备了明亮的高堂广厦等着大家。”他说的是：“我的子民在埃及遭受的苦难，我当然看在眼里，他们因监工发出的哭喊，我也听在耳中；我知道他们的痛苦，所以我来了，要把他们从埃及人的手里解救出来，带他们离开埃及，到美好广阔之地，到四处流淌着奶与蜜之地。”上帝借助摩西在迦南兑现了对其先祖亚伯拉罕的承诺——“我要把这地赐予你的后裔”。希望布尔人在禁止有色人种入内的教堂做礼拜时，里面的人也读《五经》[4]。

也许有人不信我们在单车旅行中思绪如潮。不过此时，前方出现的警察打断了我们的沉思，心思也随之转到了别处，因为——我们没有通行证。荷兰人、英国人、犹太人、德国人等外

① 以诺（Enoch），《圣经》中该隐的长子，希伯来人的祖先，玛士撒拉之父。

② 麦基洗德（Melchizedek），《圣经》中撒冷的国王和祭司，受亚伯拉罕的尊崇。

③ 以利亚（Elijah），以色列耶洗别时代的先知，坚持上帝的信仰，反对其他宗教信仰。

④《五经》（Pentateuch），《旧约全书》的前五卷，即《创世纪》《出埃及记》《利未记》《民数记》和《申命记》，传统上认为是由摩西所作，现在学者认为是由前9世纪至前5世纪经文编辑而成。

国人可以随便在自由邦通行，可原住民不行。没有通行证四处活动会面临罚款和监禁。最初设立通行令是为了检查家畜在人口稀少地区的流动情况。在某种意义上，这是明智之举，因为它有助于甄别公路上家畜的归属，即证明赶牲口的人的合法性及其对家畜的所有权。不过白人仍大批量地从巴苏陀兰偷盗马群，运到纳塔尔或东格里夸兰出售，他们当然不需要提供通行证。这些白人盗马贼，为了逃避警察，雇佣原住民售卖偷来的马匹，并伪造执法官和治安官的签名，给他们开通行证。有时候，这些原住民不再受雇于非法交易，而是售卖自己的牲口，然而，即使原住民不负责牲口买卖了，出行仍被屈辱地要求携带通行证，这样做究竟目的何在，目前尚无人清楚。

不一会儿，警察走到我们跟前，我们在这位法律代表面前下车，站在这片被诅咒的出生之地上。警察停下来。从他的长相和熟稔地叫我们“黑人（Dag jong）”，我们注意到他是荷兰人，样子倒和蔼可亲。他开口说话，令人欣慰的是，他并未打算把无辜的人抓进监狱。我们离最近的警局有数英里，在这种情况下，通常能获悉巡逻人的真实想法。与办公室的刻板形象不同的是，我们的朋友非常友善。自然而然地，我们问及了灾难般的法律的执行情况。他说他是德兰士瓦人，虽然卡菲尔人是下等人，但他们也有人权，保罗·克鲁格在世时，卡菲尔人的财产权一直未受波及。他说：“这些可怜的家伙现在肯定后悔不迭，不该在英国军队进入德兰士瓦后，唱了‘天佑女王’。我执行公务时，看见如今卡菲人活得还不如以前，我相信没人会比德兰士瓦的卡菲尔人更后悔改弦易辙了。”信息量有点大，在和德兰士瓦的原住民接触后，我们相信了这一事实。他们说只有罪犯才会在英国国旗下欢呼雀跃，因为只有极重的罪行，英国人才用九尾鞭刑，不会赦免。

这名警察继续道：“我知道有些可怜的家伙，在许多方面过得像荷兰人一样，就算不富有，生活也相当不错，自己还有牲口。现在，他们很多人被迫离开家园。你们沿路骑，就会碰上这些人，他们在找新住处，如果这算枉费心机的话，也不过是卡菲尔人想为家畜和家人寻找新家罢了。”

“警察先生，那你觉得在如此不幸的境况下，那些人最后会怎样呢？”

警察回答说：“我认为要公平地对待他们。他们不该盼望英国人来统治，不该和共和国的敌人一道合谋推翻自己的政府。他们在战争中怎么不帮共和国的军队，反倒为英国人侦察献计？保罗大叔没有伤心而死的话，还会继续保护他们。嘿，要公平对待他们。”

他边说边策马赶路，只见马儿扬起了一对干净的马蹄。他离开得很突兀，我们还想问他，为什么在纳塔尔和开普省的我们也遭受了苦难，我们一直在英国治下，从未“和殖民地的敌人合谋”，可他走了，留下我们在路边沉思。

我们继续旅行，接下来邂逅了一位长途跋涉的原住民，听他老生常谈地讲起自己在荷兰人的农场过得如何富足：他们平均每季可收800包谷物，随着牲口和羊毛销量的增长，除了上缴农场主的份额外，每年的稳定收入大约有150英镑。据说有人碰到一个人，这人说有人无意中听见农场主和别人的对话，大意是卡菲尔人靠农场主的财产积累了太多的财富。这样的谣言无意中传达了这一印象，即农场主靠农场赚的太多了。原住民自己提供种子、牛，自己负责耕种、除草和收割，谷物打包后，还通知农场主接收上缴的份额，那是所有收成的一半。

一切进展顺利，直到一个星期前，农场主告诉原住民佃户通过了新法律，说是根据法律，“我所有的公牛和奶牛都得归他，我的家人要替他干活，一个月2英镑，否则就要我们4天内离开农场”。

我们沿途经过了几户农舍，那里看上去一派宁谧。到了傍晚，我们仍逗留在空旷的野外，刚好靠近霍普斯塔德和波谢夫交界的地方，那里通常会有热闹可瞧。我们所谓“热闹”是指家庭聚会，他们围成一圈，在我们经过的空旷原野里露营。残酷的《原住民土地法》给他们带来的悲惨遭遇令人不忍听闻。他们的牛群有的因草料匮乏死在路上，原住民冒着被监禁的高度风险带着奄奄一息的家畜迁徙。其中有位被驱逐的佃户，他的经历最有代表性，集中体现了别处遇到的几起事例。

以科巴蒂为例，他收到消息，说他在德兰士瓦省的岳父在没有事先通知的情况下遭到驱逐，原因是岳父拒绝自己、家人和家畜受前任农场主的支配，结果后者不让他继续呆在农场，除非他同意这些条件。德兰士瓦突然禁止非仆人身份的原住民继续居住，岳父只好让科巴蒂尽力帮他在可怕的自由邦找个容身之地；但是“欲望无止境”，最后科巴蒂和家人也带着财产驾车远行，顺带通知亲朋好友自己被逐一事。他在自由邦也没有得到事先通知，被逐的原因和岳父如出一辙。主人强迫科巴蒂向其服务，他的妻子和公牛也不例外。他一个月共有30先令的收入，这还包含了妻子当仆人的工作和干活的牛群，而他以前一年可挣100多英镑。他拒绝了不合理的条款，主人拿荷兰人的通知报复他，标署日期是1913年6月30号，命令他“在当天日落之前离开签名人的农场，否则他的家畜会被扣留，而他自己则会因擅闯农场被移交当局”。

正如溺水之人会抓住每根稻草，这些遭受苦难的人们反复向我们征询意见。对那些还未被驱逐的人，我们苦口婆心地劝告他们耐心等待，先接受荒谬的条款，等待我们向比南非议会更高级别的权力机构申诉，最终送达天听。我们相信一旦引起国王的关注，他肯定不会赞同我们在那一天的所见所闻。至于那些已被驱赶的人们，我们这些贝专纳人不由得感谢上帝，贝专纳（这个位于西部边界的准英国共和国）还完全在英国人的统治之下。早些时候，它是大卫·利文斯通[①]的活动基地，也是和平传教团反对葡萄牙与阿拉伯奴隶贸易的总部。我们建议他们协商解决从西德兰士瓦运输牛群的限制，并在贝专纳找个避难所。如果整个贝专纳都在冷酷无情的联邦议会的管辖之下，我们也不知自己能给这些居无定所的流浪者提供什么安慰。

我们骑车从德兰士瓦进入“自由”邦的那个下午，天气很冷，临近傍晚时分，还刮起了南风。刺骨的暴风雪整晚都在肆虐，被赶离家园的原住民母亲和身边的婴孩被冻得瑟瑟发抖。那晚我们瞧见孩子们冷得牙齿打战，不由想到自己在金伯利的孩子，他们穿着冬天的外套，傍晚和同学们蹦蹦跳跳地回家。我们不禁好奇，这些小孩在陡然得知家园不在之后，当时是什么反应。

当科巴蒂离开农场长途跋涉时，他的山羊刚刚产仔。这些在太平时代象征着资金收益的小羊羔，如今一只接一只地死去，速度和它们出生时一样快。它们就那样被遗弃在路边，成为豺狼和秃鹰的饕餮盛宴。

这次天罚并不仅限于科巴蒂的家畜。他们被驱逐的时候，科巴蒂太太还带着生病的婴儿，她把孩子从屋里挪到颠簸的牛车上，离开了农场。两天的户外奔波，由于物资匮乏，餐风露宿，孩子

---

① 大卫·利文斯通（David Livingstone，1813—1873），苏格兰传教士、探险家，1841年以传教士身份到达贝专纳，1849年发现恩加米湖，1851年发现赞比西河，1855年发现维多利亚瀑布，1866年开始寻找尼罗河的源头。

生命垂危。在我们碰到他们的头一天，这个幼小的灵魂从尘世的羁绊中解脱了出来。孩子的离世让悲痛的双亲更添迷茫。他们没有权力、也没有资格穿过农田：他们必须走公路——这是流浪者有旅行许可下唯一可用的通道。亡故的孩子还得掩埋，但埋在哪里？何时掩埋？如何埋呢？

这个年轻的流浪家庭决定趁人不备，在夜色的掩护下挖个坟墓，草草掩埋早夭的孩子——在偷来的坟墓里下葬时，这对悲痛欲绝的夫妇既担心又害怕，唯恐土地的主人或主家的仆人突然出现在当场。毋庸置疑的是，即使上了绞刑台的罪犯，也有权拥有6英尺的葬身之地，让遗体得到安息，但是惨无人道的《原住民土地法》却规定，孩子们不能在祖先的土地上安息，他们唯一犯下的罪孽便是上帝没让他们成为白人。

议会法案的受害者讲述了许多细节，这让我们整夜都无法安然入睡，第二天早上，我们很高兴没听到南非议会造成的其他骇人听闻的灭族事件。正如被议会瘟疫般的土地条款宣判有罪的全国无数不幸的同胞一样，我们在寒冷刺骨的夜空下度过了一个可怕的夜晚。凌晨五点，严寒加倍肆虐；我们从未如此感激我主的警言：“你们应当祈祷，逃亡的日子不在冬天。”

/ 第五章

和受难者共度的另一晚

在可怕的大屠杀和充满仇恨的日子来临之前，

在寂静的黑夜里死去的人是多么幸运啊！

在爱与人类梦想的交汇处，

满载希望的灵魂正在沉睡！

在被火焰吞噬的村庄里，

骇人听闻的事正在上演！

那里听不到少女孩童的哭泣，

听不到老人妇女的呻吟！

逝者万分幸运！

——莫里斯·科费哈斯[①]

---

① 莫里斯·科费哈斯（Maurice Kufferath，1852—1919），比利时音乐评论家，词作者，大提琴演奏家和指挥家。

我们心情沉重地惜别了这些不幸生活在冷漠无情的国度的流浪者，建议他们从联邦迁徙到贝专纳的干燥的沙漠。我们特别强调了他们长途跋涉穿越西德兰士瓦的昂贵开销，以及需要遵从的烦琐规定。但是，无论代价多么昂贵，他们和我们一样，明白法律摆在那里，只有到联邦之外才能获得幸福和平安。

我们继续前往霍普斯塔德地区。在那里，我们发现一些原住民可谓是如坐针毡，他们的房东只给了几天时间，让他们考虑是接受提议，还是离开。我们建议原住民佃户暂时接受房东提出的所有条款，等待我们诉诸于国王陛下。我们还路过了一些农场，那里的白人农场主显然对遭受侵扰的原住民十分同情。一些白人农场主不顾法律规定，同意原住民以佃户的身份继续呆在农场。我们自然感激他们的仁慈之心，继续上路时，许诺绝不向政府官员泄露他们的宽宏之举。其中有位农场主问："突然间出了什么事？我们和你们的族人本来相处融洽，法律怎么这般让人不得安宁？"

值得一提的是，两周之后，我们到达德兰士瓦博塔将军的选区。在我们抵达的前几天，刚好白人农场主在荷兰人的农舍召开了会议，商讨如何更好地利用新法律，将所有原住民人口置于农场主的掌控之下。后来他们商议决定，如果卡菲尔人拒绝成为仆人，将被立即驱逐出去。

农场主在另一个地方召开的会议也做出了类似的决定。会议的部分进程刊登在某些荷兰报纸上。为了信守承诺，不泄露维护正义的农场主的名字，而且他抵制的不义之举还披着法律的外衣，所以我们称他为X先生，他是布尔人，农场靠近某地，位于某镇和某河流之间。他在会上持反对意见，声称德兰士瓦人不用驱赶原住民，只需不引入新的原住民佃户即可；他说，无缘无故地将卡菲尔人从农场驱逐出去，让其无家可归，这种行为令人不齿，原住民一旦被赶走，既不能到另外的农场，也不能回到老地方。在直言不讳地表达了自己的观点后，这位先生遭到了同胞的暴力威胁！他的反对者还宣称，如果他继续在农场收留卡菲尔人当佃户，他们将让他赔偿他们家畜的损失。这位先生向原住民转述了这次会议。他还告诉原住民，他将斥资保护农场和农场的原住民，让气急败坏的邻居们无计可施。

在霍普斯塔德的一个农场，我们在原住民的小屋度过了接下来的一个夜晚。当晚，我们碰到一个人，他曾收到通知，限他一个月内离开农场，目前他正在各个农场辗转寻找新的落脚地。无论到哪里，都能听到骇人听闻的驱逐传闻。那晚我们听说了关于邪恶的《原住民土地法》的更多残暴行径。前些日子，许多原住民流浪者也路过了这座农场，他们漫无目的地四处奔波，寻找可以庇护他们的农场主。起初他们认为新法案的传闻是无中生有或夸大其词，但自己绝望的窘境和众多原住民的流离失所很快让他们明白这不是传言。

如果单独来看，受难者的相同遭遇难免单调乏味，不过到处都有让痛苦的记录与众不同的例子，对此，法案的推动者应该感到满意，这恰好证明了残酷的法案所取得的成就。其中一例是一位白人农场主，他曾劝说一名节俭的原住民从别的地区到他的农场耕种。合同履行时间是1913年5月。三方达成协议，原住民可以在6月的第三个星期收割谷物，将其上交给原来的农场主后，再到新主人那里去。可他到达后，新主人的态度让他心怀疑虑；后来主人几经踌躇，告诉他合同无效，证实了他的怀疑。他离开了老地方，法律禁令又禁止他回去，他只能离开现在的农场，带着家畜和家人四处流浪。他们朝克鲁恩斯塔德进发，从此杳无音讯。

另一个例子是自由邦里最年长的老人。他被赶出家园（那晚在农场，我们才听说），一道被赶的还有他年迈的妻子、四个白发苍苍的子女，以及孙子辈和曾孙辈。须补充说明的是，我们在哈利史密斯的英文周报读到了这则新闻。令人发指的驱逐事件就这样轻松随意地刊载在白人的报纸上，态度很不以为然。报纸没有涉及驱逐事件的险恶暗流和艰难困苦。这份有问题的报纸《哈利史密斯周刊》这样简单地写道：

一对年迈的夫妇

一位119岁高龄、德高望重的原住民，在98岁的妻子和年近80岁的儿子的陪同下，周二乘坐火车离开了哈利史密斯，前往沃尔克拉斯特。老人在德兰士瓦积累了一些财产，如今离开本地重新安家，冒险精神仿若二十岁的年轻人。老太太不得不让人抬上车，可老先生走得稳稳当当。这对年迈的夫妇是众人关注的焦点，铁路官员尽量让他们旅途舒适。在这些发生巨大变化的日子里，他们离开了古老的“自由”邦，我们失去了一位生于1794年、跨越了三个世纪的民众，这种心情难以言表。祝他们好运；愿他们康健长寿，万事如意！

事实上，如今这对“年迈的夫妇”并非出于自愿离开自由邦。他们的家畜被赶出了牧区，自己也被告知，他和儿子只有同意在农场主的农场干活，放弃耕种的佃户身份，才能继续放牧。收成共享的制度沿自布尔人创建自由邦之时，那时他们没有其他办法养活自己。幸而承天之助，这对“年迈的夫妇”动作很快，及时地在P.卡艾·塞米先生的农场找到安生之地，这位先生刚好是德兰士瓦的原住民事务律师。

在同一时间和地点，我们听说了著名的荷兰人和原住民之间的对话。这位布尔共和国的公民说：“法律的目的是要激起原住民的反叛，这样政府就能合法地没收他们微薄的土地，将被剥夺权利的卡菲尔人及其家人移交给农场主，让他们替农场主干活才能换一口吃的。”逼迫原住民反叛的政策在殖民地并不新鲜，但新法案对家畜令人发指的残酷行径开创了新的高度。所罗门国王曾说，“正直的人顾惜动物的性命，恶人即便怜悯，也同样残忍”，但这是一个妄称信奉《圣经》的政府，他们不顾《圣经》箴言，通过法律惩处部分民众，并根据主人的肤色惩处牛、羊、马和驴。惩罚款项（条款5）对庇护原住民的农场主处以100英镑的罚款；罚款后，如果原住民把家畜留在农场，自行离开寻找新的落脚点，原住民的牛在农场每呆一天，还要另罚5英镑。它们必须立即上路，日夜兼程，直到死于饥饿，或者被主人（条款1规定主人不得购买养牛的牧场）卖给白人。

对无法言语的动物而言，这种残忍的行径既前所未闻，也不合情理。虽然文字读起来无比残酷，不过我们希望读者与我们继续旅行。瞧，在八月第一个星期的寒流期间，我们从波切夫斯特鲁姆到弗里尼欣，碰到了成群结队的被驱赶的原住民。我们经常遇见带着饥肠辘辘的牛群的流浪者，心下好奇是否动物的主人比动物更值得同情。牛羊的主人是黑人，这是它们的不幸，然而这不是它们的错，牛羊无法选择主人的肤色，牛羊也没权利决定给它们挤奶的黑人男孩是自己的主人还是白人雇工，所以，为何它们要因主人的肤色问题而忍饥挨饿？我们听说有的法律禁止虐待动物，但我们从未想到有生之年会碰到无数口不能言的动物，沉默地祈求上天庇护它们免受法律的折磨。“有胆做，没胆看”，原来如此！倘若这些天姿卓绝的议员被召集在此，亲身经历工作一天拿一天报酬的悲惨遭遇就好了！但他们“把艰难的重担捆在一起”[①]，拿着议会的薪水，回到自己舒适安宁的家中，比服务上帝和人类的辛劳者享受到了更多的休憩。

在霍普斯塔德一个同样的夜晚，我们听说有位荷兰农场主在1913年6月中旬造访了他的原住民佃户。其中一位叫卡巴尔的原住民年纪很大了。他的两个儿子在约翰内斯堡的金矿挖矿，每年春天回家帮老人和两个妹妹耕地。卡巴尔的两个女儿照看田地，他照顾家畜。他们把一半的产出所得交给农场主，此外还缴纳了政府对原住民的征税，就这样，他们仍过着体面的生活。在我们到达前三个星期，农场主取消了和卡巴尔的口头协议，要把这家人变成白干活的仆人，作为让其呆在农场的交换条件。因为卡巴尔老得干不动活，农场主要求他的两个儿子必须马上从约翰内斯堡赶到他的农场干活，否则就立即从这里离开。他给卡巴尔7天时间叫回两个儿子。

当然，这个决定对卡巴尔和两个女儿而言不啻于晴天霹雳。这个可怜的老人东奔西走，试图找到能写字的人——这花了他两天时间——好给约翰内斯堡的儿子写信，告诉他们这个噩耗。7天过去了，他还没收到约翰内斯堡的回信。这个满口污言秽语的农场主，再次要求他的两个儿子马上从约翰内斯堡回来，第二天就

---

① 引自《马太福音》，全文是：他们把艰难的重担捆在一起，搁在人的肩上，但自己一个指头也不肯动。

得在农场干活。卡巴尔整晚都在祈祷，回来一个儿子也好。第二天天亮了，儿子们没赶回来，这个荷兰人一把火把老人的屋子付之一炬，然后命令他当场离开农场。看着虚弱的老人和他年迈的妻子及女儿被这样赶出他们心目中的家园，真是让人心碎。换作往常，一家人可以到下一个农场，等待儿子们归来做决定，那么这场飞来横祸倒还可以忍受。可是如今，在《原住民土地法》的禁令之下，富有同情心的农场主连一天都不能收留他们。鉴于此，据说卡巴尔踏上了到克莱克斯多普的旅程。

劫难发生一周后，卡巴尔的一个儿子回到家，发现曾经的家园已毁于一旦，年迈的双亲和孩子已成了万恶的议会法案的受害者。他渡过瓦尔河，踏上了寻亲之路。至于卡巴尔一家能否成功地找到栖身之所，就不得而知了。

还有位叫玛丽亚的寡妇，和卡巴尔一样是农场寮屋居民。她的丈夫终其一生都住在农场，去世前一直按份额耕种。丈夫去世后，玛丽亚延续了合同，日子过得还不错。她的大儿子和大女儿，分别是14岁和16岁的光景，轮流照看牛群，还帮母亲干其他活。在耕种的季节，她们雇用帮手犁地，自己照看、收割，并将一半的收成交给土地所有者。这就是她被允许留在农场的原因。作为一个寡妇，儿子们还年幼，玛丽亚希望农场主可以提供合理的条款，但恰恰相反，他要她放弃家畜，并让她的孩子成为劳工。这一险恶的提议表明，农场主不仅想让原住民提供无偿的劳动，还想让原住民为其繁衍奴隶后代。玛丽亚无法同意农场主的要求，加上她又没有可以提供劳动力的丈夫，因此荷兰人命令她“走人”，还信誓旦旦地对她说：“到下个居住的地方前，你必须找个男人，没有男人替主人干活，法律就不会让你停留。”农场主给了所谓忠告后，据说往玛丽亚的茅草屋放了把火，寒冷的东南风把她家燃烧的烟火吹向了西北方。玛丽亚头顶铺盖卷，背上背着3岁的儿子，带着头顶铺盖的儿子和女儿，赶着牛步行离开了农场。与曾经钟爱的家园渐行渐远，孩子们在懵懂茫然之中伤心地哭泣。他们被迫踏上危险的旅程，其结局如何，后来也未曾听闻。

/ 第六章

白人女性对我们的恩惠

女人啊！在我们轻松欢愉的时候，

迟疑，腼腆，难以取悦，

如光亮下白杨的阴影，

飘渺而善变；

在疼痛和苦恼让我们皱眉的时候，

你就是拯救我们的天使。

——司格特

有的农场主（可惜极少）开始打算改变原住民佃户的身份，后来在妻子的反对下被迫放弃了这一念头。其中一个例子特别有趣。在达奚方丹，有一些原住民家庭居住在荷兰农场主V先生的地盘上。有天早上，他的妻子起床后，发现厨娘很不高兴。早上的咖啡泡得恰到好处，但女仆的“早上好，女士”却叫得闷闷不乐，甚至有点傲慢无礼。那天早上，她照常做了洗涤工作，不过并未费心询问孩子的睡眠状况、女主人有没有神经痛等等。她只在被询问的时候开口，回答亦是简单应付。V太太对此困惑不解。

“安娜，出什么事了?”她问道。

“没事，女士。”安娜生硬地回应。

V太太讲了几个诙谐的笑话，不过安娜好像没什么反应。和女仆的玩笑没起效果，女主人开始责骂她。最终女主人说：“哦，安娜，你让我想起了过去的时光，那个时候，女仆如果不高兴，皱起眉头，要治愈的话得靠……”

安娜其实没听，就算她听到女主人的话，也不会在乎V太太的曾祖母用两根（或一根）麦秸治好了郁郁寡欢的女仆。实际上，卡菲尔人安娜早已失魂落魄，虽然她沉默地干活，可她脸上的表情似乎比她的言辞更有说服力。她显然在严肃地思考。女主人试图打消她脑子里莫名其妙的想法，然而并不成功，安娜依旧眉头紧蹙。其实安娜头一天晚上回到家，还兴高采烈着呢，因而V太太的疑虑有增无减。

什么办法都用了，安娜还是没有笑容，V太太下结论说：“肯定出事了，估计不太妥当。不知道是不是那些从波切夫斯特鲁姆来的、衣着得体的卡菲尔人在农场巡行时，慢慢地给安娜的小脑袋灌输了各种傻念头，什么小镇调情的人、花心的黑人和波切夫斯特鲁姆的丝绸裙子等没用的东西。如果镇上的卡菲尔人要娶安娜，我有事去镇上或是到海边度假，该上哪里去找一个值得信赖的女仆，放心地把家交给她呢？安娜走了，谁能烹饪并满足丈夫和孩子的特殊需求？安娜的心好像都不在农场上了，”她自言自语道，“昨晚她回家的时候，一切还很正常，显然昨晚有人盗走了她的芳心。安娜肯定犯了相思。我得找出这个人。必须要找到这个追求者，引诱他加入或监督我们的租户。不能让他把安娜带走，否则家里会成什么样？我希望她在农场结婚，给她上等的农舍，这样一来，其他卡菲尔姑娘也能瞧见认真干活的好处。安娜离开农场，哦，不行。要找到那个人；等等，老格特（她的父亲）来了，还有老扬（她的叔叔）。我要从他们那里探探口风，头一天晚上是谁和安娜在一起。我该警告他们保持警惕，以防安娜和别人私奔到波切夫斯特鲁姆，坐火车可能走得更远——能到约翰内斯堡或金伯利，就像克莱因·米耶特叶那样，本来我还想把她培养成女仆呢——”

“早上好，奥塔·格特，米耶特叶和小家伙们还好吗?”

“马马虎虎。”奥塔·格特回答，他的举止表现比他的女儿还让V太太费解。

V太太（左右为难地）问：“你呢，奥塔·扬?”

“我也是，女士。”扬答道。

V太太更加迷惑不解了，显而易见，这两个原住民是当代表来的，身负重任。她还未来得及开口，这两个原住民便要求谈一谈。

“女士，我就不废话了，”老格特说，“农场里的原住民听到了晴天霹雳，说达奚方丹不是我们的家了……”

“不是家了！”V太太惊叫起来。“我希望你们这些愚蠢的卡菲尔人别鲁莽地离开我们，离开主人，离开你们祖辈埋骨的农场。这周有很多原住民带着孩子和饥饿的家畜来找农场主，向他寻求落脚的地方，还悲叹自己无家可归，因为他们拒绝给共享收成的农场主当仆人。你们难道不知道吗？白人突然变成了禽兽，把原住民从孩提时代居住的地方赶走——原住民的劳动让白人变得富有，白人理应心怀感激，可他们却把原住民给赶走了。在恶魔支配了大多数农场主的时候，你会离开老家吗？撇开我和男主人的利益，你也要为自己考虑考虑，奥塔·格特，如果你有其他地方可以去，早就离开我们了吧。你又聋又瞎，听不见也看不到全国最近发生的变化吗？以前，白人会惩罚犯错的卡菲尔人，如今，他们只担心卡菲尔人固执己见。奥塔·格特，你肯定是疯了，才想离开我们。你的家人和健壮的牛群会成什么样。怪不得安娜那么难过。我还以为镇上的无赖会把她带走呢。”

V太太说话的时候，又惊又喜地发现她的叱责对丈夫的原住民佃户如当头棒喝，让他们顿时醒悟过来。她深知自己的影响力，尤其是这些年深日久的原住民家庭，在跟他们打交道和密切往来的过程中，她不记得哪次即兴发言能有这般立竿见影的效果。女主人说话时，这两个原住民立即面露喜色，还不停地彼此打量。最后，女主人转向门廊，安娜就在那里，首次对女主人说的话表示了兴趣和愉悦。通常，如果女主人说的话和安娜的洗涤职责不相关，她这样偷听便严重违反了屋里的规定；可看到安娜欣喜的脸庞，V太太也止不住地心满意足，这可是她费心忙碌的结果。

“你瞧，”安娜对父亲说，“如果太太帮忙，我就说这事儿绝不会发生。”

此时，这个男人忍不住要笑出声来。女主人又环顾了四周，说：“安娜，你们这些卡菲尔人今早是故意来捉弄我的？我特别在乎你的幸福，你就忘乎所以了，还纵容你的长辈到我的屋子，在我的农场捉弄我吗？到底怎么回事？”

奥塔·格特把来龙去脉讲了个清楚。男主人前一天到原住民的住所，召集佃户开了个会，讲了新法律。根据新的法律，卡菲尔人不能购买或租用农场，他还补充道，法律规定他们之前的地主和佃户的关系是违法行为，会被处以100英镑的罚款，因此男主人给他们10天的时间决定，是选择当仆人还是离开农场。

“别傻了，奥塔·格特，你做梦吧，我丈夫绝不会这样胡言乱语。你从小就跟着他，比我还早认识他，他不会说这种缺德话，你难道不知道吗？”

“他说这是法律，新的法律。”

“当然，我们需要一些严格的条款对付没用的、偷偷摸摸和游手好闲的人，但是不要担心，这样的法律不是针对你、米耶特叶和你的孩子。”

“但是女士，男主人要我们离开农场，因为法律让他……”

“赶你们走，奥塔·格特，他开玩笑呢。你要知道，不是法律买的这座农场，是老东家从菲兰德老板手里买来的。我帮忙增加了耕地数量和财产，政府没掏一个子儿。奥塔·格特，回家去，一切有我，别让我听见你说达奚方丹不是你的家了。”

“好的，女士，”他们松了口气，附和道，“如果您说没事儿，那就没事，我们回去安心地收玉米，要是警察来要100英镑罚款，就让他把我们抓起来好了。再见，女士。”

“再见，奥塔·格特，再见，奥塔·扬——可怜的安娜，我的小女仆，早上怎么不告诉我你在担心这事儿呢。说真的，安娜，我还以为你犯了相思病。老米耶特叶有什么反应？她该很难过吧。好了，我会和男主人说的。他无权给大家带来厄运，无权让这些邪恶的消息打扰我们爱好和平的原住民。转告你的母亲，就说女主人说的，一切都会好起来。”

几天后，通常V先生雇佣的农场经理亨德里克·普林斯会如期来到原住民的居所，察看蒸汽剥壳机的工作情况，同时来拿东家的那份收成。可这次不是经理，V先生亲自来了。每位原住民均把这次不同寻常的露面视为被驱逐的标志，一致以为那天是和老主人及东家的最后一次交易了。

装着玉米和谷物的袋子成堆地搁在脱壳机周围，V先生逐个清点。不少于12300包，他清楚自己那份共6，150袋，总计约3千英镑。如果穷苦的白人代替原住民来耕种他的土地，他能不费吹灰之力拿到这么多吗？他想。他亲爱的安娜终究是对的。这个法律盲目轻率，必须抵制。太为“贫穷的白人”（懒惰的白人的代名词）着想了，没为土地的主人考虑。他当场决定抵制，并承担相应的后果。

谷物都脱了粒；一些原住民女孩忙着缝袋子，开脱壳机的工人招呼手下给牛套上轭，把机器拉走。V先生命令奥塔・格特把人都叫来，他有事要宣布。奥塔・格特知道了女主人的决定，觉得会听到好消息，信心十足地照办。其他人来时却心事重重，以为大祸将要临头。邻近农场的原住民三天前被驱赶出来，无家可归，地盘也被别人占了，他们厌倦了流浪，不想一无所有，便以农奴的身份进来，这件事让他们的忧虑有增无减。奥塔・格特的脑海浮现出约翰内斯堡投机者的画面，心里的确没把开普省的新手当回事，就像他们对威廉・朗科，这位被驱逐的霍普斯塔德的寮屋居民一样。

农场主V先生费力地爬上身旁的马车，开始对格特叫来的、聚在马车周围的黑人讲话。

“大家注意听！”他说，“还记得上个月我给你们讲了新法律吧。好了，我明白上次的解释让住在农场棚屋的原住民很不安。

对此我很抱歉，但我告诉你们，你们的女主人，我的妻子说这不对，不该破坏我们过去赖以生存的条款。我也认为那不公平，仁慈的上帝一直在保佑我们，如果大家被赶出农场，流离失所，心怀怨恨，那么上帝也会不满。”（掌声持续了很久，其间V先生掏出一袋玛格利斯伯格烟草，点燃了烟斗。）他猛吸了几口，接着道：“女主人说我们不必遵守法律：她甚至还说，如果真的涉及驱逐租户的诉讼，他们把我投进监狱，她会亲自前往比勒陀利亚面见博塔将军。”（人群响起了更多的欢呼声，原住民分散开来，满怀喜悦地把玉米用车运走。）

作者1913年7月访问了达奚方丹，老格特逐字逐句讲述了上述内容。

老格特讲述的时候，他的妻子米耶特叶阿姨，从丈夫（他为庆祝这个重要场合特意杀了一头羊）那里及时得知了主编将要来访的消息，正在火炉的煎锅上烹饪令人期待的滋滋作响的美味。她头巾下方明亮的眼睛透着喜色，看得出以前是位公认的美人。粗糙的木桌覆上了原住民家庭最好的亚麻布，上面放着干净的盘子、留待重要场合使用的闪闪发亮的古老的餐具和其他东西，这一切暗示了即将到来的晚餐。米耶特叶阿姨从经验丰富的女主人那里学到了烹饪的技艺，加上自我不断学习、提高，她的厨艺在附近非常有名。对其专长，她唯一担心的是自己不知如何提高女儿们的厨艺。她常被派去接待达奚方丹的重要访客，彼时，她会穿上自己最好的色彩斑斓的德国印花服饰，系着之前V太太新年给的洁白无暇的围裙。尽管她上了年纪，却依然有本事让安娜和家里的后起之秀自发地当其副手。我们提议自己的妻子和她真刀真枪地（或者说真刀真叉地）比试厨艺，她轻轻一笑，说起“空言不如实证”[①]这句白人的谚语来。

在前一周令人肝肠寸断的经历中，我们被迫见证自己的同胞被赶出故土，家园分崩离析；毕生的积蓄因《原住民土地法》化为乌有，他们唯一的罪过便是不该和我们一样，有同样糟糕的肤色。如今，我们像突然踏入了绿洲，这个农场的主人是位和善的荷兰人，妻子品德高尚，在他们的许可下，农场里的黑人小孩可以不管法律，四处玩耍。我们能惬意地安坐，享用米耶特叶阿姨准备的盛宴，一切自然就不言而喻了。在她准备的过程中，每一步均在表明她丝毫未对自己的同辈有高人一等的轻视之意；她的举止让丈夫及家人交口称赞，她在各方面证明了自己比别人更像一名勤劳善良的主妇，没有什么比这更让她开怀的了。她对丈夫的叙述做了总结，令人印象深刻，她说：

“谁想得到哈妮特耶，淘气的小哈妮特耶，我姐姐照顾她那会儿还调皮捣蛋来着——谁想得到她会成为我们的救星呢？谁曾预料到我们信赖的这些强壮的布尔人，在我们的族人前途未卜的时

---

① 空言不如实证，原文为：The proof of the pudding is in the eating.

候，会弃我们于不顾呢？原住民从北迁到南，从南迁到北，一直都在寻找安身之所和放牧之地。最后这几周，道路被飞扬的漫天尘土所掩盖，那是成百上千的牛群，主人带着它们，徒劳地寻找落脚之处。但在达奚方丹，我们有真正的靠山阿勒山[①]，承蒙小淘气哈妮特耶的优待，上帝神秘的先见之明将其养育成了范·V太太，达奚方丹的女主人。如果我的祈祷有用，我希望她到天堂，上帝会特意给她留个好地方，虽然为了大家的好日子，我希望那天遥遥无期。不过，我希望她就在近旁上天堂：这样的话，当以利亚的马车来接引她的灵魂时，我就能陪着她，在车上为她尽点绵薄之力，当她在未知的空中朝天堂疾驰高飞时，如果有人质问她的少女时代为何反复无常，我就可以证明她早已百倍弥补过了，以此助她升入天堂。不，不，哈妮特耶不是布尔人的妻子，她是天使。”

① 阿勒山（Mount Ararat）：根据《圣经》记载，大洪水后诺亚方舟即停于此。

/ 第七章

奥兰治自由邦有色人种妇女受到的迫害

酝酿的迫害，

如同人人夸耀的摩卡咖啡植物的起源，

苦果就此诞生，

其价值在烘烤时才能显现。

当自由邦的前共和党人利用南非宪法——格莱斯顿爵士说它照顾了布尔人的感情——毁灭有色人种，他们的迫害对象应仅限于黑人男性（其他三个省份行事就比较温和），放过妇女和儿童。根据阶级立法，奥兰治自由邦的原住民妇女不能居住在自治区（无论其有无父母或丈夫），除非她们拿到市政委员会颁发的许可证，证明自己是白人雇佣的奴仆。老共和国的所有镇压措施均温和地予以实施（在此类问题上，总能体现对英国宗主国的敬意）。

如今在联邦治下，帝国当权者告诉共和主义者，因为他们自治，他们便有最大的行动自由，包括为恶的自由，不用担心帝国的干涉。联邦的白人居民充分利用了这一许可。他们像一头长期套上锁链的恶犬，要求把以往严苛的法律全部用在黑人身上，当局为了迎合选区的支持者，对没有选举权的黑人从严执法。

因此，以前布尔人从未用通行令来针对牧师的妻子或受人尊敬的原住民家庭，可如今，不仅牧师的妻子要按要求获得许可，而且，所有有色人种的妇女都必须在月底花1先令购买新的通行许可，也就是说，一个家庭如有1位母亲和5个女儿，那须得付市政当局6先令，至于这处罚是针对肤色或是性别，便就不得而知了。

女性通行证一事有些无法解释的反常现象。如果笔者要到“自由”邦生活，他要申请获得通行法豁免的文书，但是他的妻子，就算比他接受过更好的学校教育和更古老的文明的熏陶，在“自由”邦也要和女儿们一道被迫随身携带通行证，还要遵从男警察查看通行证的命令，在大街上被这些人随时搜查裙子口袋。通行法将这些妇女置于暴徒的手中，目前就有几个白人因玷污有色人种女性，被奥兰治“自由”邦的巡回法庭判处长期监禁。更多的母亲则将冒犯女儿清白的证据遮掩起来——这种事情在正常情况下绝不会发生。

“自由”邦的原住民从宪法的角度再三呼吁反对这些凌辱。省政府回应了他们的诉求，斥责了市政当局。市政当局又将其归咎于法律和联邦议会，事情就这样不了了之。我们参阅了“自由”邦的法律，它授权市政当局制定法令控制原住民等等，但须承认的是，凭我们有限的才智，也看出有色人种女性无法摆脱恶劣的通行法和税收重担，其罪魁祸首市政当局也不会得到严重的惩罚。正如上文所述，在联邦政府向“自由”邦反动分子屈服之前，尊敬的H.伯顿先生是原住民事务大臣。来自布隆方丹的女性——大家熟悉的牧师的妻子——A.S.加巴谢恩夫人、科特赛夫人和卢乌夫人等组成的代表团在开普敦焦急地等着向他申诉，他向她们保证，当地议会会对此现象作出答复，还写信给省里的行政负责人拉姆斯博顿，请他规劝“自由”邦的市政当局将原住民妇女从此重负中解放出来。正如市政当局所宣称的那样，如果原住民妇女要摆脱这一在联邦其他地方视为非法的重负，皇家法律顾问伯顿先生将是最后一位要他们违反法律的人。

随后，这些女士请格莱斯顿夫人说情。当时负责递交请愿书的是原住民事务部，但我们怀疑它是否交到了格莱斯顿夫人手上。尽管做了所有努力，“自由”邦的原住民女性仍需每月购买通行证，否则就要进监狱，每日每夜还会受到男警察的侮辱，而法律还认可了这一无耻的行径。

奥兰治“自由”邦的男性原住民目睹了《原住民土地法》给妇女和孩子造成的麻烦，并为女性同胞穷尽了所有法律途径，后来他们发现，女性同胞们扔掉披肩，拿起了法律武器。1913年7

月，600位妇女到布隆方丹的市政办公厅示威游行，要求面见市长。市长不在，她们要求见市政委员。副市长出来后，她们当面交给他一个袋子，里面装着她们前一个月的通行证，礼貌地表示自己不会再购买任何通行证。后来就有了英国佬所说的“图穷匕见”。

在雅格斯方丹，黑人莫桑比克女士发起了类似的示威游行。她和一群人被捕，还被以各种名目处以监禁，徒刑从3个星期到3个月不等，罚款从10先令到3英镑不一而足。她们全都拒绝支付罚款，声称自己的孩子可以托付给上帝，直到他们的母亲和姐妹通过消极抵抗打破压迫的枷锁。监狱机构对突如其来的囚犯几乎没有准备，难以容纳这52位女性，于是，她们被驴车送至福尔史密斯附近的村庄。

这一切发生之时，自由邦的旧都温伯格亦陷入同样的麻烦之中。800名妇女唱着圣歌，从家里到市镇厅示威游行，对当局发表演说。她们厌倦了年复一年徒劳的和平诉求，所以她们下定决心，要求废除随身携带通行证的规定，而且每人每月的通行证花费应少于1先令。数量众多的妇女游行队伍即使在皮卡迪利街[1]也备受关注，在自由邦的小镇，这是了不得的大事，特别引人注目。结果许多妇女被捕入狱，然而她们坚持拒付罚款，据说中央政府已

① 皮卡迪利街（Piccadilly），伦敦中部一街道，从海德公园向东延伸到皮卡迪利广场，以其时装商店、酒店和饭店而著名。

经申请资金和物资，打算修建新监狱来解决这一难题。

本次运动激怒了当局，后者毫不留情地把她们送进了监狱。第一批来自布隆方丹的囚犯从南方被押送到艾登伯格；布隆方丹后来的几批被送到北边的科隆斯塔德。在1913年8月与《原住民土地法》息息相关的旅途中，我们和A.P.皮特索牧师在最后落脚的小镇共度了一个周末。34名参与消极抵抗的妇女被羁押在此，干着重体力活。周日一早，我和皮特索太太、迈克尔·彼德勒斯太太一道探访了监狱的囚犯。

在监狱的高墙内，女狱警撤去隔栏，我们看到认识的女士和年轻的姑娘变得瘦弱不堪，内心受到了强烈的冲击；她们鱼贯而出，向我们问候、致意。这周尤其寒冷，我们心痛地看着这些布隆方丹的年轻女士，她们以前一直呆在首府，完全没尝过不穿袜子走路的滋味，如今却赤脚走在冰冷的水泥地面和锋利冻人的砾石路上。她们告诉我们，她们的靴子和鞋子被拿走了，整个冬天被强迫赤脚干重体力活。

还有比这更冷血、更不人道的行为吗？

因为这是法律的制裁，所以这些自由邦的人就不觉得残忍吗？

上帝对我们的遭遇完全不以为意吗？所以他漠不关心，不仅冷眼旁观无辜的男性遭受接连的屈辱，甚至连温和无害的女性都置之不理。

她们的双脚皲裂红肿，冻疮反复发作，那副模样像极了罹患口蹄疫的绵羊，此情此景让我们眼泪直流。对我们而言，获悉她们遭受的惩罚和劳动的内容不啻于一种折磨；当着监狱官员的面，我们得知了这些真相，顺理成章地，她们通过我们向原住民事务部门传达信息。但是，残酷地惩罚这些城里的姑娘真的有用吗？令人惊讶的是，她们发誓即使会再次入狱，也决不购买通行证。

一个月后，我们来到布隆方丹，大多数在科隆斯塔德服刑的女性已经返家，家庭医生生意火爆。而当受难者坚持拒购女性通行证，这一繁荣景象极有可能长盛不衰。

鉴于她们拒购的决定，有白人建议，“与其把她们投进监狱做苦工，不如鞭笞这些狂妄的女人”——可这些女性不过是拒绝接受法律的凌辱罢了。

我们在抵达科隆斯塔德之前，科隆斯塔德原住民居住区的白人警官因侮辱有色人种妇女，刚好被巡回法庭宣判有罪。白人警官在居住区逮捕她，理由是她拿不出居住通行证，在押送她到监狱的途中，即在居住地和城市之间的田地，他犯下了暴行。他被处以4年的劳役，首席法官说，倘若黑人男性对白人女性犯下同样的罪行，会以死刑论处。

在困难重重的时刻，博塔将军担任了原住民事务大臣一职，笔者当时是南非原住民国民大会的秘书长，代表大会向其致电问候，并指出目前有200多位有色人种女性因欲加之罪在监狱受难，而这一罪行在自由邦以外的地方也非常严重。将军彬彬有礼地用荷兰语在电报做了回复，礼貌周到地说：“我将从即日起尽力维护这片土地居民的合法权益，不分肤色。”

博塔将军的保证如此诱人，尤其是对那些不影响其选区支持率的人而言。如果结合他们过去的经历，对大臣的保证、特别是“从即日起”这句话分析一番，便不能责怪明白“美好”承诺的原住民。在他们看来，这传达了一个意思，即“如果将来南非政府的政策发现把有色人种妇女送进监狱更能取悦白人，他们将从即日起毫不犹豫地照办”。

而就原住民妇女一事，十分遗憾在这一年间，英国为自由事业发动了可怕的战争，南非的总督阁下一意孤行，签署了《巴苏陀兰宣言》——1915年第3号文件。法律规定，根据相关刑法，原住民妇女“未经丈夫和监护人的允许”，不得离开巴苏陀兰。从表面上看，宣言相对无害，但一旦实行，将导致广泛且严重的后果，其危害不啻于拥立堕落的一夫多妻制度；该法令一旦推行，文明便与野蛮为伴，巴苏陀兰女性将永受束缚、堕落沉沦。

事实是，正派的莫苏陀妇女并不想离开丈夫和监护人；然而现今的经济状况让一夫多妻制下的妻子压力重重。她们的丈夫无法一次性提供半打的房屋，身为妻子，她们肩负重责，焦灼不安，毫无欢愉可言，换言之，只有在一夫一妻制里，妻子才能享受到丈夫全心全意的关爱和慰藉。

为缓解压力，有些一夫多妻制下的妻子搬到了欧洲人的居住区，在那里，她们可以自谋生路，还可以供给孩子的吃穿用度。女性陷入一夫多妻的处境并非她的过错，这往往是她顺从年迈双亲的结果。老一辈总爱用自己的幸福生活来判断当前的经济状况，那时土地众多，雨水充沛；富有的牛群主人的妻儿们有充足的粮食，可以吃肉喝奶，生活过得很幸福。然而时事易也，即便一夫一妻的人也发现妻子的需求多得惊人。国家如此拥挤，留给他们可耕种的土地极少，几乎没有产出。我曾见政府公文里有人建议，没有足够的牧场，巴苏陀兰就应限制羊的繁殖数量。在这样的经济压力下，过剩的妻子有时会被迫接受无耻之徒的表白，他们逐渐引诱她们沉湎于原罪，由此生下了低人一等的巴苏陀兰人。

令人大失所望的是，该法律应在格林菲斯首领统治时推行，这人曾统治巴苏陀兰，是他们首任基督教首领和首位一夫一妻主义者。我们厌恶英国当局在联邦的政策，它压迫黑人为白人牟利，我们同样反对该部门在原住民的地盘上，为黑人男性的安逸而侮辱黑人女性。上帝知道南非黑人女性命运多舛、悲惨如斯。联邦政府任命的委员会的报告就有调查黑人女性受辱一事，人们只要读过，就不难发现她们的处境每况愈下。据推测，这些证据委实惊人，无法公开，但报告似乎表明，南非的卖淫业之前并不为人所知，而今有色人种妇女逐渐走上邪路，堕落为次大陆各民族家庭生活中污秽一般的存在。

在远古时期，引诱者会受到严厉惩罚，原住民女孩被保护起来，远离引诱和道德腐蚀，文明制度引入后，便废除了保护措施。部落摸索着从野蛮走向文明，自然卫生及道德法规受到践踏，白人的统治当然难脱其咎。法律应像以前一样规定，玷污未来的母亲是犯罪行为，女性应被继续视为种族的摇篮，她的族人依然神圣不受侵犯。

对早期原住民社会主义体系的不利指控是它容忍一夫多妻制，使纳妾合法化。但通盘考虑之后，而今成熟的卖淫业是否圆满地取代了过去的一夫多妻制，这就不得而知了。

没有母亲会不要孩子；没有流浪儿，便没有孤儿院；没有剥削，便没有穷困，原住民就没有或鲜有精神错乱；他们没有妓女，没患过癌症和梅毒，也没患过性病。

在欧洲文明的统治下，难道我们没有权利期盼一个更美好的未来吗？

显然，战争爆发之时，英国和欧洲大陆的女性正在同样糟糕的情形下挺身而出，争取选举权，力图从血缘羁绊和种族中解放出来。南非有色人种妇女沦为恶魔的猎物——这样的罪恶之源，任何国家都无法容忍——在“神圣的怨恨”里，她们的灵魂奋起抗争。

这种堕落可追溯到原住民良好社会体系的土崩瓦解，他们的健康受损，以往非洲民族健壮的体格不复存在，众所周知的卓越耐力也在不断丧失。这些罪行和酒类交易带来的恶劣影响如今在部落显而易见，给他们辉煌的过去蒙上了阴影。

英属南非的行政先驱者曾吹嘘，要用合理的政策保护我们的未婚女性和妇女同胞，使其免受不可原谅的通行法导致的饮酒、贪婪和暴怒的危害，要根除男性的不良习性，提升效率、忠诚和幸福。风气一旦形成，将源源不断地为英国输送无与伦比的宝贵财富。

但是，有色人种妇女受到攻击时，她们还低声下气地奉上“另一边脸”。她们特有的谦卑，在自由邦的一些城市确实有例可循，南非政府迫害有色人种妇女，其行为不难找到佐证，这也促使本章得以问世。战争爆发后（布隆方丹的“朋友”告诉我们），该市的原住民妇女忘了自己的困境，加入缝纫班，给在欧洲受苦的比利时人送去衣服。毋庸置疑，这些于社会大有裨益的成员值得正义之士的同情，而后者在英国殖民政府的举措中有发言权；所以，让我们期盼她们谦卑的请求最后不要落空。

/ 第八章

萨巴恩科：秘书的惨败

人类相残，令无数人为之哀痛。[1]

——彭斯

1913年9月初，我们到达雷迪·布朗德地区。除了获悉该地无数人受难以外，笔者还得知了一件令人扼腕的事，附近的一对原住民夫妇被赶出了农场。在四处寻找落脚地无果后，他们带着家畜和通行证前往巴苏陀兰。但他们没到达目的地。有人说他们被荷兰人伏击身亡，他们的牲畜也被侵占。这则消息在外乡人听来简直难以置信，但是对土生土长的自由邦人来说，这同样异乎寻常，像极了父辈在附属国初期耳闻目睹的事件。我们还获悉，其

① 选自苏格兰诗人罗伯特·彭斯的诗歌《使人类哀痛：挽歌1784》(*Man was Made to Mourn: A Dirge in 1784*)。

中一名荷兰凶手被抓捕归案，等待下次刑事法庭的裁决。鉴于原住民夫妇皆被枪杀身亡，如何找到指控谋杀的关键证据似乎大为不易。

一、两个月后，审判如期在布隆方丹举行，法庭的证据比我们预料的更清楚明白，只是旁证不足。被告占了失窃的牛群；在难民（沿用了法庭的阐述）的尸体旁还捡到了子弹，刚好与被告的手枪相吻合。赫佐格将军亲自出席了布隆方丹的庭审，并为被告辩护；大概他比旁人能言善辩，从而说服白人陪审团相信被告无罪；后者被判无罪后，在庭外还被友人誉为英雄人物。值得一提的是，警察还算公正，他们又逮捕了这个人，指控其偷窃霸占已故原住民的牛群。几个月后，根据这条指控，巡回法庭宣判被告有罪，并处以3年劳役，据说主审法官还提到了之前的审判和被告逃脱死刑的伎俩。

我们从雷迪·布朗德南行至维普勒，该地离巴苏陀兰边境不远。方圆四周的驱逐事件不胜枚举，好在除了家人无法避免地突然被赶离家园之外，他们并未遭受更大的伤害。靠近巴苏陀兰边境的地方，那里的原住民被驱逐时，能迅速地带着家畜穿过边界，借助旁人的怜悯之心，把它们暂寄在友好的牧场，自己去寻找新的落脚点。但显而易见的是，大量的外来者涌入巴苏陀兰，照此速度继续下去，会使巴苏陀兰的土地问题变得棘手，而酋长们本就对捉襟见肘的耕地争执不休。

无论如何，看到这些被赶出奥兰治自由邦中心地带的人们，不禁令人心生怜悯。听到他们讲述自己被逐出家园，带着饥饿的家畜辗转各个农场，徒劳地请求容身之地度过冬季，莫不令人伤心悲切。一些农场主显然深表同情，但达摩克利斯之剑[①]不容他们收留这些申请者——《原住民土地法》的条款5会对他们处以100英镑的罚款——他们只得将其拒之门外。附近的农场归布尔人和英国殖民者所有，但更多的土地隶属德国人、犹太人、俄国人和其他欧洲大陆人。一些业主是犹太商人或律师，根本不在农场居住，他们住在远离农场的城里或村庄。许多人完全不想和忠于主人的原住民分开，但在法律的逼迫下，他们只有照办。

讽刺的是，南非把自己的原住民专横地赶走，却张开双臂，热情地欢迎逃离欧洲专制统治的波兰人、芬兰人、俄国人和德国人。这是彻头彻尾的拆东墙补西墙的行径。

9月的一大清早，我们站在小山旁，瞧见巴苏陀兰的山顶被冉冉上升的太阳映出雄伟的轮廓，远处是加里东河，将自由邦和巴苏陀兰分隔开来。

那时，数名逃亡者正驱赶一群牲畜穿过宽阔平坦、延伸至巴

---

① 达摩克利斯之剑（the Sword of Damocles），指临头的危险，传说中这位叫达摩克利斯的廷臣，大肆赞美锡拉库扎统治者迪奥尼修斯一世的幸福；迪奥尼修斯为了向他表明这种幸福是何等岌岌可危，于是举行盛宴，让达摩克利斯坐在国王的宝座上，用一根马鬃拴住一把锋利的宝剑悬挂在他的头顶，并告之：统治者的幸福通常是伴随着随时可来的杀身之祸。

苏陀兰保护国的浅滩。令人欣慰的是，一旦这些背井离乡的人渡过河流，他们便能合法地让疲惫的双腿得到休息，给家畜喂水。其实，在看到这些瘦骨嶙峋的动物的那一瞬间，我们首次不由自主地意识到，在南非，当黑人的牲口和当黑人一样受罪。

想一想，这些在自由邦被驱逐的人曾一度并将继续成为巴苏陀兰的组成部分；曾记得，眼下这些逃离自由邦法律的原住民，父辈曾是布尔人的同盟，帮他们将巴苏陀人从耕种、居住的土地上赶走；他们的父辈自带口粮、马匹、步枪和弹药，为了（套用当时的言辞）获得更多的“生存空间”，协助布尔人迫使巴苏陀兰人退居深山野林，在那里，许多地方连交通工具都不便使用。如今，他们被自己及父辈为之流血牺牲的国家所驱逐，逃离忘恩负义的荷兰同盟的法律，而栖身在狭小拥挤的山岳之州的巴苏陀人却冒着激化自己内部矛盾的风险，为有夺国之恨的敌人无私地提供庇护；一想起前共和主义者在英国的保护下无耻地背叛了原住民盟友，巴苏陀兰人的所作所为，无疑让黑人的高贵品行沐浴在荣光之中。

看吧，这些流亡者一窝蜂地涌入巴苏陀兰边境，有人还把财产顶在头上，驱赶着因饥寒交迫而瘦骨嶙峋的牲口。孩子的脸也冻得发青。逃亡者数量众多，像在躲避战火，敌人在后紧追不舍似的。

真是令人痛心疾首的一幕。自从布尔战争爆发以来，在马弗京被围前夕，我们从未在德兰士瓦的边境见过类似的场景。即便如此，1899年因布尔战争导致的逃亡也轻松许多，战前还下过最后通牒，这与眼下悄然临近的赶尽杀绝（法律导致而成）截然不同。老实的纳税人在和平年代被拿着高薪的议员逼迫逃亡，而正是这些在议会无一席之地的逃亡者，温顺地支付了议员的高额薪水，哭泣着望向天堂，正如扬·保罗所言，“天堂有他在人间的期盼之物”。倘若过去的原住民被如今背信弃义的荷兰盟友出卖，而“我们不清楚是谁”这话却蒙蔽了现在的英国士兵和纳税人。为了在这片土地高扬自由的旗帜，他们投入金钱，为之奋战牺牲，却得到我们眼前的悲壮景象。这必定是A.H.基恩所指说的“英国民众同样麻木不仁，对一个自恃才智出众、道法自然的人来说，被骗成这样真是非同寻常”。

我们走访农场时，发现一些原住民佃户接到解雇通知，正要离开。我们告诉他们，原住民事务秘书爱德华·道尔先生下周将抵达萨巴恩科，我们建议他们到城里去，向联邦政府的高级代表倾诉自己的困难，并请他斡旋，让总督根据《原住民土地法》的条款1，特许他们继续住在农场。鉴于之前的请求始终被置之不理，我们不敢给他们承诺。但我们希望政府秘书在会见受难者，并与他们当面交谈后，能打动无情的官僚作风和官方遁词，进而修改暴虐的行政立法，结果我们大错特错。

1913年9月12日星期五，会见如期进行。一千名原住民聚集在赛马场，该地地处宽阔平坦的乡间，恰在火车站和萨巴恩科镇之间。一些历史事件倒与萨巴恩科相得益彰。

萨巴恩科（黑山）之名来自位于城镇下方的小山。非洲这个地方从前住着布须曼人[①]，后是巴苏陀兰人。巴若龙人是贝专纳人的一个分支，从自由邦西部的莫特哈纳彼特斯迁徙而来，早在19世纪20年代，便被热利卡斯的游牧部落从瓦尔河赶到了“自由”邦。19世纪30年代，巴若龙人与莫西西的酋长达成协议，从此定居在萨巴科恩。巴若龙人的分支色利卡人在此落脚后，在酋长莫若卡的带领下，与布尔人的移民相处融洽。布尔移民于19世纪30年代陆续从南方和纳塔尔向北部进发，与热利卡斯的马塔贝勒人的军队短兵相接。在贝专纳，骁勇的马塔贝勒人曾散居在其他巴若龙人的部落，他们强迫巴若龙人南迁，加入莫若卡的队伍。因此，在30年代的形势下，相同的目标把布尔人和巴若龙人联合起来，将可怕的马塔贝勒人视为他们共同的敌人。

不过，布尔人和巴若龙人的关系无须赘言：它符合布尔人的大政方针，在原住民看来，朋友与仇敌并无差别。基于此，亨德里克·波特希特[②]等移民先驱拒绝了更公平的开普殖民地的法律，

① 布须曼人（Bushmen），非洲西南部土著，尤指卡拉哈里沙漠及丛林中以采集、狩猎为生的人。

② 亨德里克·波特希特（Hendrik Potgieter，1792—1852），移民先驱的领导者，1840—1845年间为波切夫斯特鲁姆第一任行政长官，并于1845年至1852年担任鲁特潘斯伯格的首任行政长官。

尤其是解放奴隶的法律，启程北上，一心建立一种可以奴役原住民且不受英国人干扰的社会形态。英国对获得解放的奴隶给予了经济赔偿，但这显然不能泯灭布尔人对奴隶制的满腔热血。他们急于摆脱讨厌的英国人的统治。他们带着家人、牛群和其他财产，驾着马车稳稳当当穿过乡村。在行进的旅途中，波特希特在远离自由邦西部的维克特–科普附近遭遇了马塔贝勒人。北迁者用上了火器，但这未能使他们免受马塔贝勒人的沉重打击。马塔贝勒人带走了他们的马匹和家畜，他们及家人还要面对敌人的再次袭击，这让布尔人陷入绝望的境地。波特希特给莫若卡传信求助，立刻得到了对方的首肯。

莫若卡酋长在部落里大力募集耕牛，将耕牛和一群巴若龙战士送去救援战败的布尔人，并把他们带回萨巴恩科山后的安全之地，那是普通的难民营，布尔人称其为“莫若卡的隐谷”。但现在这些徒步旅行者受到饥饿的威胁。作为族人尊贵的客人，莫若卡酋长再次募集牛群，巴若龙人报之以史无前例的慷慨。数量充足的奶牛、绵羊和山羊被大方地分给布尔人的家庭，当然与众多好客的主人相比，布尔人的数量不值一提。部落还收集皮革和鞣制的动物毛皮，他们的鞣皮工动手帮衣衫褴褛、带着脚伤的布尔人及孩童制作鞋子、皮裤和羊皮毯子。布尔人在维克托普收到的牛也未被收回，这让他们的耕种和运输极为便利。毫无疑问，阿切贝尔牧师，这位卫斯理循道宗的传教士，是首位成功地在巴若龙人里传教的人，并在巴若龙的救援委员会中扮演了积极的角色。亨德里克·波特希特及其队伍里罹难的徒步旅行者心怀的那份感激之情，彼时在世上无人能及。

在开普殖民地和纳塔尔逗留许久并与友人交流之后，荷兰领导人与巴若龙的酋长们召开了作战会议。荷兰人请他们支持其征讨马塔贝勒人。当然，部落要自己提供物资和弹药，作为回报，从马塔贝勒人处缴获的牲口归其所有；但巴若龙人不太满意这些条款。托阿纳还特意告诉波特希特，自己是哥哥莫若卡领地的流亡者。他的祖国是贝专纳，除非马塔贝勒人在瑟恩雅勒（今德兰士瓦西部）的要塞被击溃，热利卡斯人被赶出周边地区，巴若龙人回到故乡贝专纳，布尔人占据该国的东部和南部（如今的自由邦和德兰士瓦），否则他不会出兵征讨。托阿纳无疑会这样做，自从他们来到萨巴恩科，巴若龙人就学会了使用枪支这一远程武器，而马塔贝勒人对此还一无所知，只会投掷长矛。双方达成了协议，并立誓为盟。为了慎重起见，托阿纳派自己的儿子莫特西特尔去争取与格里夸人[1]皮埃尔·杜特的合作，后者同样与马塔贝勒人有仇。

皮埃尔·杜特同意合作，带着骑兵加入了远征军，此时，布尔人-巴若龙人-格里夸人的组合队伍颇令人满意。远征军的成功

① 格里夸人（Griqua），欧洲人与科伊人的混血儿，主要居住在南非的开普省。

远远超过发起人最乐观的期望。马塔贝勒人全面溃败，热利卡斯的国王被赶到了北方，建立了马塔贝莱兰王国①（今南罗德西亚②），远征同盟瓜分了他的南方老巢。

远征的成功是友好的自由邦布尔人和萨巴恩科莫若卡巴若龙人联盟的直接产物。但在非洲，布尔人是糟糕的邻居，所以，自由邦政府后来一直是其东边邻居巴苏陀兰人的威胁。为了实施侵略，布尔人针对巴苏陀兰人的借口信手拈来，还不时策划恶意的袭击，亦经常在袭击中利用巴若龙人的友善，使其动手将巴苏陀兰人赶进深山老林。然而，与后来的自由邦人相比，幸亏有19世纪的自由邦人：早期的自由邦人为酬谢忠诚的同盟巴若龙人，承认并视萨巴恩科为友好的原住民城邦。另外必须阐明的是，该交易终究是一方获益；因此，巴苏陀兰人占据的地盘均是自由邦的属地，而作为战争主力的莫若卡黑人战士，辛苦一番却一无所获。于是，之前还处在自由邦和巴苏陀兰之间的萨巴恩科，后来则完全处于自由邦的包围之中。

最后，莫若卡酋长死了，他的儿子们就酋长一职起了内讧。布尔人各有偏袒的对象，从而加大了分歧。1884年，莫若卡的继

① 马塔贝莱兰（Matabeleland），原为南罗得西亚一省，位于林波波河和赞比西河之间，由马塔贝勒人居住；现被分为津巴布韦的两个省，即北马塔贝莱兰省和南马塔贝莱兰省。

② 罗得西亚（Southern Rhodesia），原非洲中南部一广阔地区，分为北罗得西亚（今赞比亚）和南罗得西亚（今津巴布韦）。

任者斯皮内尔酋长在夜袭中被暗杀，凶手是其兄弟塞缪尔的追随者，并获得了一些自由邦布尔人的支持。有人言之凿凿地指出，不幸的酋长英勇地进行了自卫反击。最妙的是那天他从被围困的住所窗户开枪，牵制了袭击者；袭击者只好放火，企图逼出酋长将其射杀。其实，给房屋点火是布尔人的主意，据说也是布尔人的步枪子弹击毙了斯皮内尔酋长。

布兰德总统是死去酋长的忠实盟友，冲突平息后，他将汇集在萨巴恩科的布尔公民召集起来，还把萨巴恩科纳入自由邦，把敌对的酋长及其跟随者赶出了自由邦。刺杀酋长的那帮布尔人被拘押受审，后被布隆方丹的白人陪审团免除了监禁。

当然，倘若冒险的举措无法立竿见影地掠夺土地，布尔人便不会以身犯险。幸运的是，巴若龙人故去的酋长毕生都在勘测农场，还将其以终身保有的财产分授给部分族人。实际上，他刚好死在其民主行为进行之时。布尔人的政府吞并了该地，没收了所有未被勘测的土地，并通过法律，规定那些获得土地财产的个人只能把农场卖给白人。不过尚需补充的是，历任布尔人总统均书面赦免了这一激进的条款。所以，任何想买农场的原住民只要获得总统的许可，总能如愿以偿；当然，卖给白人无须获得许可。据笔者所知，几名原住民经总统的允许，从原住民和白人手里购买了农场，也没觉得禁令有多严重。但1900年英国占领后，原住民发现当他们恳求获得购买农场的许可时，总督一概回复说自己没有权力违反法律。因此，在英国人的统治下，交易皆是黑人卖给白人，没有白人卖给黑人或黑人卖给黑人的情况。那天早上，在人群里碰到道尔先生的是两名巴若龙年轻人，他们最近分别继承了过世的叔叔留下的农场，但法律却不允许他们登记过户。他们无数次向联邦当局呼吁，得到的仅是口头承诺，而律师则趁机圈钱，征收的律师费远超过土地本身的价值。他们得到的最好的法律建议是将继承的财产卖给白人。如今，《原住民土地法》已在整个南非联邦推行，它以自由邦人神共愤的条文为蓝本。《原住民土地法》的条款7所述的6个月的监禁，100英镑的罚款，以及违反《原住民土地法》的其他处罚，均借用了“自由”邦第三十四章法律。《原住民土地法》的条款8是备受斥责的“自由”邦《原住民土地法》里的若干条款，后者在1900年英国占领该地后便被废除。《原住民土地法案》提交议会后，反对派提议将剩下的原住民农场划为原住民区域，原住民可在该区域从其他原住民那里购买农场。修正案的通过比《原住民土地法》还出乎人们的意料，它堵死了原住民从原住民或从他人手中购买农场的各种可能的渠道。正式提议被否决之后，萨巴恩科的原住民惊慌不已。他们电告萨奥尔先生自己的不安，后者许诺在议会休会时拜访他们，然而，法案通过没多久，萨奥尔先生溘然离世，打算就此落了空。

回到道尔先生的会面上来，这位原住民事务秘书受到了热烈的欢迎，原住民希望他的来访能给他们消解困境带来曙光。如前文所述，上千名原住民来自周边的农场，有的骑马，有的骑车，有的坐着两轮或四轮马车等等，里面还包括别处被驱离的难民——正如有人所言，这些难民“在马车上不断奔波，忙着为无家可归的家人到处祈求安生之所”。

那天上午伴有阵雨。萨巴恩科山高耸入云，数英里外的各个方向都看得清清楚楚。山石林立的山坡轻雾缭绕，默默地见证了巴若龙人和布尔人之间剑拔弩张的协商过程。

道尔先生在其秘书（阿普索普先生）、萨巴恩科治安官（罗伯逊陆军少校）和黑人居住区负责人的陪同下，对原住民做了半小时的发言。耶利米·马克戈瑟先生流利地口译了发言内容，这人是原住民农场主，曾做过当地学校的老师。为了著名的基督教知识普及协会，他携手克里斯普教士将《圣经》翻译成了瑟若龙语[①]，P.K.莫迪雅勒牧师和当地卫斯理宗的牧师协助完成了本次口译。

道尔先生悲伤地提及了已故的J.W.萨奥尔阁下的生平事迹，这位不久前与世长辞的伟大的政治家；但他接着详尽地说到当地各种各样的小问题；他反复强调自己很高兴能与原住民会面，但从未提及毁掉本国原住民的这一重要议案，政府秘书重新回到座位上，周围满是惊恐错愕的原住民。

---

① 瑟若龙语（Serolong），茨瓦纳语的一种方言。

J.D.格罗恩雅勒牧师第二个发言，这位绅士曾是已故酋长的秘书，在19世纪布尔人和巴若龙人的关系里发挥了举足轻重的作用。他感谢秘书的到来。他说，对萨奥尔先生的过世，巴若龙人比任何人都要痛惜万分；关于《原住民土地法》这一笼罩全国的新乌云，巴若龙人曾盼望与萨奥尔先生会面商谈，可却受到上层权力的阻挠，对此他们深表遗憾。他朝道尔先生说道："您跟前的人都被新法律吓坏了。他们来到这里，不过是想知道怎么活下去。"

其他发言人紧随其后，不过当真正的受害人开始讲述他们的经历时，许多人都想自告奋勇地诉说一番，于是领导们决定，由于他们的遭遇或多或少有些相仿，他们就等着听政府代表如何处理已发言的受害者的案例。

如下是道尔先生的答复。

正如一位发言人所说的，有的人以一己之私，戴着有色眼睛解读《原住民土地法》，对此他深表遗憾。其他人似乎乐于模棱两可，煞费苦心地转动不满的车轮。有人确实对原住民施加了不当的压力，但总体而言，遵循《原住民土地法》合情合理，尽管它总被误读。许多人收到了通知，但几乎无人受到驱逐。通知的发放源于误解和不愿违反法律，治安官解释后，通知实际已被撤销。"所以你们最好向自己的治安官解释一下，如果可以的话，当着主人的面。"（有人问："谁能把他带过去？"）解释《原住民土地法》的原理只是迈向领土隔离的第一步，道尔先生说它保护了国内之前未受保护的区域。例如，他提到，在该地区，以前原住民拥有的一半以上的农场将不再归他们所有。在其他省份，《原住民土地法》是限制性法案，而在自由邦，却是禁止性法案。“共享耕种”的老办法随着法律合同的生效由来已久；但正如议会决议废除的那样，合同期满后便应终止。这等于说白人和黑人是合伙人。该体系对文明开化的原住民是好事，不过未开化的原住民会屡屡吃亏。他建议原住民在法律允许的范围内，暂时做出最好的安排。可以采用如下3种选择：1. 成为仆人（主人便可依法给他们土地耕种或放牧）；2. 搬进保留区——（旁白：“保留区在哪里？”）；3. 将家畜卖掉（众人哗然）。这些安排只是权宜之计，议会将针对委员会的报告采取进一步措施。这总好过四处奔波，最终一贫如洗，连牛群都保不住。农场主有权赶走原住民佃户。（有人说：“那我们去其他地方。”）由于一些作废的古老律法如今重新生效，不能让他们想着害人。“正如你们所言，它们可能不公正，但这并非议会出台的最后一部法律。最终有待于委员会的建议，其举措将与白人和黑人的永久利益息息相关。土地委员会议召开了首轮会议，你们最好把自己的情况告诉治安官，从而上达至委员会面前。为了争取公平正义，请谨言慎行。煽动蛊惑于事无补。不要心存怀疑，把真实的苦难告诉负责《原住民土地法》顺利实施的治安官。但是，根据法令的条款1，自由邦的《原住民土地法》没有总督的特赦。”

这番结语让盼望政府庇护的人息了心思，会面结束后，他们的沮丧之情难以言表。该法律令人猝不及防，政府发言人那天还告诉原住民，在其他3个省份，总督会特例特办，而在自由邦，就算在这种情况下，法律亦不允许他行使特权，所以只有政府清楚为何插入该项条款。

/ 第九章

致命的数字13

他曾经羞辱我，讥笑我的亏蚀，挖苦我的盈余，

侮蔑我的民族，破坏我的买卖，离间我的朋友，煽动我的仇敌；

他的理由是什么？只因为我是卡菲尔人。

难道卡菲尔人没有五官四肢、没有五脏六腑，

没有四体五感、没有七情六欲吗？

他吃着同样的食物，会被同样的武器伤到，

会得同样的病，会被同样的办法治好，

冬天同样会冷，夏天同样会热，不就和阿非利卡人[1]一样吗？

---

① 阿非利卡人（Afrikander），指有欧洲血统的南非人，以17世纪至19世纪移居南非的荷兰移民和少量法国胡格诺教徒为主。

你捅我们一刀，我们不是也会出血吗？
你搔我们痒痒，我们不是也会笑起来吗？
你给我们下毒，我们不是也会死吗？
你欺侮了我们，我们难道不该复仇吗？

要是在别的地方我们都跟你们一样，那么在这一点上，我们也没有区别。

——《威尼斯商人》

总体而言，南非原住民极度迷信。与其说他们温顺听话，不如说他们易受外界影响，似乎自然而然地皈依了宗教，这完全有悖于朱尼厄斯所言的“有从无神论者皈依宗教者，而无从迷信皈依宗教之人”。在某些南非部落，男方的父母会给新娘聘礼，如果动物里有山羊，便十分不吉利；同样不祥的是聘礼牛群沦为单数。聘礼必须是成对的牛、绵羊等动物，或成双成对的物件，如2、4、6、8、10件等等。倘若男方负担不起两只以上的绵羊，为了缔结婚约，须得把山羊换成一对体面的绵羊，这样才合礼数。如果男方实在太穷，也可以用针或其他物件替代，凑成一双，从而避免出现奇数聘礼。他们清楚地意识到至高无上的力量的存在，但并不信奉神祇，无论真假，白人的宗教要求人人信奉上帝，借助媒介在易受影响的民众身上轻松地找到了传教途径；同样被轻易接受的还有白人的文明。然而，原住民不仅接受了白人的宗教和文明，甚至还被哄着接受了白人的迷信，所以他们惧怕数字13代表的含义。早期的原住民巫医利用了他们的轻信，文明人利用了他们易受影响的特点，半开化的原住民则利用了更为敏感的同胞的恐惧心理。

如下两个具体的事例便是明证。在修建金伯利水厂的主水库之时，有位工人在周末丢了整周的薪水。他在能想到的地方四处打听寻找，但没人见过他丢掉的钱包。星期一早上，他想了个找回钱包的主意。他按计划在周一请了一天假，然后对工友说自己要去最近的黑人居住区请教占卜师。可他没去居住区，反而去了旷野，采了些植物回到宿舍，那时其他人还在干活，他把草药放进罐里煮开，然后放到一旁冷却。工人们回来吃午饭那会儿，他宣布了向占卜师咨询一事，还说占卜师帮他算出了钱包的下落——钱包是被偷了，且在某位工友的手里。“巫医给了我一些草药。”他说。“我把它们煮了，根据他的指示，请你们每个人把手放进冷却的汤剂里。如果你不是小偷，就不会有什么事，但如果你偷了我的钱包，”他继续强调道，“巫医说药剂会齐根折断小偷的手指，只留下光秃秃的手掌。”

工人们准备依次地把手放进“药剂”里，在他们轮流走到罐子边时，终于有个年青人信以为真，变得局促不安起来，他不想没了手指，于是承认了偷窃，归还了偷走的金钱。

还有个例子。特兰斯凯有位传教士听说有位原住民身体很不舒服。大家认为这不是寻常的毛病，是巫术，因此传得沸沸扬扬。未开化的原住民相信这远非医生能力所及。他们说白人医生对巫术一无所知。白人医生不信巫术，又怎么能察觉病人身中巫术呢。只有巫医——倘若他经验丰富——才能发现并控制其他巫医下在患者体内的诅咒。

听闻了原住民的巫医理论，这名传教士用当地话说他能治疗，这不由让原住民大吃一惊。他果然替人治好了。特兰斯凯的大部分地区岩石林立、崎岖起伏，他从中抓了只小蜥蜴，把它藏在外套的内袋，手里拿着真正的药品来到病床前。凯洛格医生①说："一个没病的人认为自己有病，那肯定是真病了。"的确，与这番话互为应证的是，这位原住民病势危急。占卜者也在场，了解到病人的病情后宣布，病人不仅被蛇施咒，还被蛇上身，会被吞噬致死。在此情况下，传教士当着一些心存疑虑的旁观者的面，给不情不愿的病人进行了催吐，那些旁观者从未听说白人能给被施咒的原住民驱蛇。此外，传教士在催吐之际，从无人注意的口袋迅速掏出从岩石里抓到的小蜥蜴。这手法天衣无缝，包括病人在内的所有人均相信，在传教士的药物治疗下，病人体内的蛇已被驱逐干净。病人马上起身行走，那些见证了奇迹的旁观者视传教

① 凯洛格医生（Dr. Kellogg，1852—1943），美国著名的医生、营养学家，与其当食品生产商的兄弟合作，为疗养病人开发出一种由烘烤过的小麦和玉米制成的爽脆的薄片状早餐谷物，最终带来了西方饮食习惯的一场革命。

士为周边最伟大的巫医。

新年那天，文明的基督教徒聊到数字13，而更迷信的原住民则飞短流长地说1913年会给自己带来什么麻烦，尽管当时没人知道，1913年这个多事之秋，会出台一部影响深远的德拉古式①的严刑峻法。

强大的非洲统治者、阿比西尼亚的皇帝孟尼利克二世（在过去的12年来至少7次被误传死亡），真正死于1913年。

半独立的巴苏陀兰王国的最高首领莱齐耶二世，也在同年与世长辞。

蒂尼祖鲁（伟大的塞奇瓦约的儿子，其祖鲁战团1879年谋杀了皇太子），生来便是皇位的继承人，他是那个时代坎坷的失意人之一，多年来在监狱和流亡中度过，被誉为黑色拿破仑；联邦政府把他从监狱里放出来，每年给他500英镑的津贴。受惠于政府昔日的善意，他和他的子民曾满怀希望，然而面对日益高涨的共和主义，希望变得虚无缥缈，祖鲁兰将被归还给祖鲁人，而他将成为英属祖鲁人的统治者。但是，蒂尼祖鲁同样死于1913年。

高尚尊贵、大大小小的名人都在那一年相继辞世，数量异常

① 德拉古式（Draconian），该词源自德拉古（Draco）。德拉古，雅典政治家，制定了雅典法典，该法典因限制了贵族的违法乱纪而受到一部分人的欢迎，但该法极其残酷，规定所有罪行均处死刑。后人常用德拉古式（Draconian）一词来形容严酷刑律。

惊人。

鲜为人知的是，几乎没有哪位英国政治家如A.利特尔顿阁下一样，在殖民部门的短暂任期内，为南非原住民做出了巨大的贡献。他也是在动荡的1913年遽然与世长辞。同一年，南非大旱，年长者称其严重程度史无前例。荷兰人对此做了点评，有的简明扼要，有的口出恶言。他们皆记得父辈的神祇常在早春时分送来及时雨，并在整个夏季灌溉植物和大地的其他作物，他们总结道，神祇如今不下雨，肯定事出有因。笔者偶然听到大多数荷兰人将天罚归罪于外来者的冒犯，后者快速囤积了土地，并让不信神的人安置于此，从而种下祸根。有一两个人把此视为至高神祇对其黑色子民遭受无辜迫害的报复，但是他们不敢大声讲出来。“瞧，”有人说，“在自由邦的干旱没有更严重吗？新法律似乎对那里的卡菲尔人迫害甚重。”的确如此。“自由”邦里荷兰人的牛群都快饿死了，一些地方的土地干涸，很难相信日思夜盼的雨水最终降临之时，这些地方还能长出草来。

1913年10月9日，即我们诞辰那天，他们绞死了4个在之前的刑事庭审中被判死刑的杀人犯。在金伯利执行的死刑，10年来也就一两起，偏偏这次选在我们的故乡、我们诞辰的上午处决4名囚犯，这事难免古怪；当然，这事纯属巧合，可人到中年的原住民却天赋异禀地记住了每次巧合之后，祖祖辈辈所历经的大灾难。在我们诞辰也就是行刑那天，凶险的海上惨案也在大西洋上演。

装载着乘客的沃尔图诺号轮船燃起了熊熊大火。无辜的白人男女被活活烧死，因为海浪汹涌，他们无法从燃烧的船上逃到救援的客轮；于是他们“在恶魔和深海之间”覆灭了——死在了救援范围之内。

通常来说，荷兰人和原住民极为相似，他们珍惜生命，但也慷慨赴死。同样在那一天，德兰士瓦的一名荷兰农场主用事先准备好的左轮手枪杀光了家人。同一天，拉德方丹的英国矿工突然精神错乱，开枪打死了妻儿和姑母，然后冷静地把枪放进口袋，骑车跑去学校，叫出自己的两个孩子，残忍地杀害了他们，接着找了个安静的地方结束了自己的性命。那个悲惨的一周惨祸连连，后来加的夫又发生了矿难，上千人失去了家庭的经济支柱，更遑论财产损失，预计超过了10万英镑。此外还有造成生命和财产损失的铁路事故和空难。6月，约翰内斯堡①的罢工导致商业动荡，罢工带来的后果也反映了这座“黄金之城”对南非商业的影响力。在劳工圈子的悲惨剧变中，许多无辜的人失去了生命和财产，然而不幸的是，历来皆是如此，这不但大幅增加了纳税人的负担，还严重影响到与罢工无关的人。然而，当我们的一些朋友庆幸一年没有13个月的时候，我们就是不肯浪费宝贵的时间考虑这个问题。

因为种种原因，普罗大众也和社会团体一样，在1913年饱受

① 约翰内斯堡（Johannesburg），南非第一大城市及第一大港，随着金矿的发现和开采发展为城市，是著名的“黄金之城”。

折磨。笔者的家人亦经受了痛苦的洗礼。1913年新年那天，笔者3个月大的健康的小儿子在家里牙牙自语。他生于1912年的最后一个季度，出生之日恰逢我们印刷厂开业冠名。因而洗礼时，我们用伟大的活字发明者的名字为他取名为约翰·古登堡[①]。不知何故，他从新年后就不大好，虽然他尽力高兴起来，但显然力不从心。结婚15年来，我们的孩子幸而身体都很棒；可这个小家伙的免疫力显然走到了尽头。来势汹汹的百日咳突然席卷了孩童。有的人在冬季逐渐好转，不过古登堡的咳嗽导致器官发炎等问题。从1月到12月，整整一年的时间里，毫不夸张地说，这个小小的孩子仅享受了3个月不到的健康身体。到了年末，他无疑走上了6名堂兄弟的老路——夭折在1913年的12月。1914年新年前的一个星期，已是家里常客的医生给我们下了病危通知。

过去一个月来，在日常看护和夜间照料上，几位慈爱的姨母悉心地帮我们这对父母减轻了压力。医生下了最后通知后，便是“暴风雨前的宁静”。不过就持续了一天，孩子暂时的回光返照也到了尽头，既定的反应不可避免地降临。哦，要是他大一岁就好了，就可以把自己的感受和愿望告诉我们！这个顽强地忍受了长期病痛的小男孩变得羸弱不堪。他明亮的眼睛、高高的前额和圆

---

① 约翰尼斯·古登堡（Johannes Gutenberg，约1400—1468），德国印刷匠，西方第一位使用活字和印刷机的人，约在1455年出版了被后人称为《谷登堡圣经》的《四十二行圣经》。

润的脸颊仍在勇敢地抵抗疾病的侵害。牧师过来说了些鼓励的话。他指着病床说道（他对这种事司空见惯）：“死亡的征兆还为时尚早。”但我们却听到病床周遭突然响起6道轰轰的雷鸣，在高声命令说“受苦的孩子到我这里来”，神明的命令只有我们这些受令者才能明白，它比肉体凡胎的牧师给予的鼓励更令人信服。神仆清楚自己的主人的行事方式，他们一面鼓励病人或病人的亲友，同时也建议他们服从神的命令。孩子的祖母泰然自若。“主的意愿必须达成之时，”她说，“没有人可以违背。”不过孩子的姨母们却焦躁不安。“去，赶紧去叫医生。”她们吩咐道。医生来了，神情凝重，默默伫立。他诊脉后说：“孩子已经不行了。我尽了全力，但实在无能为力。”接着，在场的其他人都露出了忧心忡忡的表情，邻居们前来探问，还给远近的亲友带信说孩子“不行了”。

时值午时，人人都以为他最多能撑两个小时，可他神奇地强撑了一个下午。他那圆圆的大眼睛朝上张望，尽管眼下他看不见周遭的事物。他的眼睛似乎无法看清屋内的东西和焦急的人们；的确，他再也看不见明天的太阳、当晚的月亮和星星了。金伯利已不再是这个小男孩的故乡，他的短暂生命显然走到了尽头。如今，他陡然明亮的脸庞呈现出新的景象。他的目光聚集在圣城新耶路撒冷[①]，似乎在和一个月前先行一步的小堂兄们倾心交流。显

① 新耶路撒冷（New Jerusalem），《启示录》中，约翰在异象中所见的从天国降临到地球上的神的城市名称。

而易见，他们示意他离开罪恶的南非，离开这里的一切，奔向永恒的荣耀。即使在此情况下，下午我们还是早早地离开他，听从召唤，干着夜以继日的苦差事——如果称其为“责任”则是严重夸大——这份工作不容有悲伤时刻。晚上9点15分，大约他16个月前出生的时刻，这个小小的生命终是摆脱了尘世的羁绊。

他身穿简洁的白色长袍，躺在那里一动不动，毋庸讳言，1913年，他的短暂停留给家人留下了不可磨灭的缺憾。但他神圣的表情、深棕色的皮肤和紧闭的眼睑似乎在对我们说：“放心，我已大获全胜。”

诚然，不得不承认这种离别是最痛苦的经历，“汝亦会功德圆满”[①]的信条比纯粹的信仰告白有用多了。亲友和其他送葬者的同情、他们吊唁的言行，还有严肃的宗教仪式终于抚平了苦难带来的伤痛；然而必须承认的是，孩子的母亲如此痛彻心扉，我们竟一时无法直视她的脸庞。

第二天举行了既痛苦又无比庄严的仪式和程序，在朋友真心实意的支持和帮助下，这些悲伤有所缓解，他们是约瑟·特瓦伊先生、H.S.珀霍先生等等，其中有的还是金伯利禁酒大会的与会代表。

圣保罗教堂的两位牧师不在，他们都去参加普尼埃尔的年度

① 这句话是《圣经》中的祷告文。

宗教会议去了，两位卫斯理宗[1]的牧师——金伯利的乔纳森·莫特苏米牧师和福尔史密斯的沙得拉·拉米雷恩牧师——主持了葬礼仪式，还有一队马车随着灵柩到达西区公墓。

队伍在金伯利的库珀街角转入格林大道，我们从马车窗户向外张望；只见队伍里的一辆马车正在前行，里面坐着死者的亲戚和小女伴，她们穿着素净的白色裙子，上面点缀着黑色丝带，脸上带着女孩子特有的腼腆默默地哀悼，分外引人注目。她们雪白的裙子与马车、马匹的颜色，以及葬礼暗淡的黑色形成了鲜明的对比。我们瞧着肃穆的队伍，听见马蹄踢嗒作响，遽然想起1913年6月的旅行来。那时，我们碰到因《原住民土地法》逃亡的一家子，可怜的人儿，年纪轻轻便四处流浪。一想到他们在暗无月色的漆黑夜晚，趁着监控松懈之时，被迫偷个墓穴安葬孩子的情形，一阵剧痛便向我们袭来，心里开始滴血。我们过去以为，这片土地上的每个人，无论是俄国人、犹太人、秘鲁人或其他民族的人，在南非均有权要求至少六英尺的安息之地，可这些在南非出生的原住民流浪者，就因为肤色的原罪，联邦议会便让他们的日子过得像该隐[2]一般，就像这个流浪的原住民家庭，连幼小的孩子都无

① 卫斯理宗派（Wesleyan），遵奉英国18世纪神学家约翰·卫斯理宗教思想的各教会团体之统称。

② 该隐（Cain），人类祖先亚当及其妻子夏娃所生的两个儿子之一，该隐为兄长。他因为憎恶弟弟亚伯，杀害了亚伯，后受上帝惩罚，被放逐。

处掩埋。

出殡队伍庄重肃穆，我们是其中的主力，但此时我们的脑海里几乎没了庄严肃穆的葬礼，纷至沓来的反倒是其他念头，充满了对种族迫害的反抗。我们不禁问道，难道我们的族人对殖民者做了不可饶恕的事，所以他们故意通过法律予以报复？难道不是我们替他们挖矿？难道不是我们25万人深入地下、拿着区区微薄的薪水替他们干活吗？为了让南非满足白人的贪婪，难道不是我们成千上万人付出生命和四肢，每年献上价值5000万英镑的矿产吗？难道不是我们挖掘石头，混合压模，把砂浆拿去建设南非的城市吗？难道不是我们准备材料修建铁路吗？难道不是我们每年卑躬屈膝地定期缴税吗？难道不是我们给国家财政提供资金，为自由邦和德兰士瓦的荷兰孩童提供免费教育吗？但我们却必须为自己的孩子上学额外支付学费。难道不是我们带着妻儿，为了白人的利益，在庄稼地和果园辛勤劳作吗？难道不是我们的族人在照料白人妇女吗？——包括已婚的布尔女性在内的所有白人妇女——她们的丈夫、兄弟和父亲远在前线，忙着摧毁我们的自由。可你瞧瞧他们是怎么感激我们，是怎么知恩图报的吧！啊！为此——

把这生殖繁密、饱满的地球击平了吧！

打碎造物的模型，

别让忘恩负义的人类种子遗留在世上！[1]

人在悲痛欲绝之时，最大的安慰莫过于恰到好处的《圣经》语录。在送殡队伍里，我们破碎的心无从安放。我们的思绪回到了6月草原的葬礼及其可怖之处，一想起《马太福音》[2]的这段韵文："狐狸有洞，飞鸟有巢，人子[3]却无安枕之处"，就不由心生慰藉。草原的葬礼多么像耶稣基督的葬礼啊！像极了弥赛亚[4]的葬礼，同样没有马车，没有马匹，没有正式的牧师，亦没有训练有素的唱诗班的歌声伴着尸骨长眠于葬身之地。草原的葬礼和人子的葬礼相仿，对法律代表极度恐惧。与那次葬礼一样，既没有太阳，也没有烛光，而蜡烛这东西，一般而言，在我们的时代，慷慨的朋友们通常会资助给最困窘的穷人。然而，各各他[5]并不寒冷，或许今天不是第一个耶稣受难日[6]；即使圣母玛利亚和众门徒都得有间房屋，方便聚在一起讨论处境。

---

① 出自《李尔王》第三幕第二场。

② 《马太福音》是《新约》的一卷，共28章。

③ 人子（the Son of Man），在《圣经》的新约福音书中，耶稣基督常用该词来称呼自己。

④ 弥赛亚（Messiah），希伯来语，指耶稣基督。

⑤ 各各他（Golgotha），耶稣被钉死在十字架上的地方。

⑥ 耶稣受难日，一个纪念耶稣为赎世人的罪被钉十字架而死的基督教节日，时间是复活节的前一个星期五。

在南非白人对原住民的不公待遇里，其中最令人惊骇的是荷兰归正教会的缄默，如今该教会成了南非的国教。基督教会不让有色人种的教徒参与宗教仪式，一旦他们在平时踏足宗教场所，就会用法律武器控告他们，或猛烈地攻击他们。

曾记得在前共和国时代，荷兰归正教的牧师不敢在有色人种的会众里赐福，我们就觉得，布尔人敢肆无忌惮地算计南非有色人种，主要源于荷兰归正教会的支持，这样想一点也不过分。除非有利可图，譬如从被践踏的人们身上攫取劳动力和税收，否则布尔人就会像对待讨厌的疾病一样对待他们。可是，一旦荷兰归正教的牧师告知会众，这一做法严重玷污了他们的基督教信仰：只要牧师这样教导会众，那么，这些有损布尔人基督教品格的污点将被清除干净。

荷兰人大多膜拜他们的宗教导师；只要他们相信自己获得了教会的首肯，他们将继续残忍地对待原住民。那么，让这些牧师告诉他们的信徒，即使受害者是其他种族，苛政亦是苛政，南非的荷兰人应马上停止这一暴行。

如下两例便是明证。10年前我们在伯格赫斯多普参加竞选会议，那是开普省一个典型的荷兰选区。现任铁路和港口大臣当时在那里拉票，3个候选人中他似乎最受欢迎。荷兰人从附近的农场蜂拥而至，赶过来参加集会。演讲用的是塔尔语[①]。镇上没那么大的会堂容纳所有参会的人，3个候选人就在集市广场发表讲话。伯顿先生这样向荷兰选民拉票：“无论何时，谈到让阿非利卡人[②]舒服地在南非生活，不要忘了黑人才是最早的南非人。我们在这个国家发现了他们，倘若无视一个南非种族，而让另一个得利，没有哪个政策可以取得成功。”

人群中有少许原住民听众，顿时觉得发言人会让听众暴跳如雷，这些坦诚的字眼至少会让他损失50张荷兰人的选票。可我们却惊喜交加，欢呼声在露天广场此起彼伏，还有成百上千大嗓门的布尔人高呼“听，快听[③]”。有位年老的农场主转向汤米——人群中一名黝黑的原住民——把着他的肩，卷着舌头用塞索托方言突然高喊：“听，快听，快听[④]！”

伯顿先生得票最多。

举个最近的例子：1913年，南非制定的《亚洲人法案》对英籍印裔极其严苛，英国议院和孟买当局要求立即进行改革。出于对外部意见的重视，联邦政府任命所罗门委员会过问此事。调查尚在进行，反对“外部干涉”的强烈抗议却层出不穷。一些南非

① 塔尔语（Taal），早期的南非荷兰语。

② 阿非利卡人（Afrikander），有欧洲血统的南非人，尤指荷兰后裔。

③ 原文使用荷兰语：Hoor。

④ 原文使用塞索托（Sesuto）方言：Utloa。该方言是南非11种官方语言之一。

人甚至断言，“如果帝制意味着‘印度佬’统治南非，那么是时候切断南非和英国的联系了”。这些抗议者认定调查是对外人妥协，他们几乎在命令委员会不要做任何“有对‘苦力人*’投降意味”的事。

(*南非对英籍印裔的蔑称。)

不过，斯穆茨将军基于委员会的报告和对英籍印裔情绪的让步，在1914年提交了一份法案，以弥补过去一年他们所承受的苦难，抗议马上就销声匿迹了；我们亦未听说南非有人因“外部干涉”和“向印度佬屈服”而损失了一分一毫。

荷兰人只服从他们的领袖。让这些领袖带他们走上残暴的道路吧，目前他们好像正在这般行事。这样一来，倘若伯顿先生的断言正确无误（我们认为，在他说一边倒的政策绝不可能成功时，世人皆认可其正确性），这些领袖建立的不是繁荣富饶、幸福安逸的南非，而是一个贫穷潦倒、怨声载道的国家。那些对南非怀有美好愿望的人，同时也是现任政府的支持者，让他们也努力奉劝内阁，停止损害有色人种纳税人的利益，废除拖拉推诿的政策。南非境内的荷兰人就会像开普殖民地的荷兰人一样，在扬·亨德里克·霍夫迈尔[①]的英明领导下，找到一条全新的道路——一条政治公正的道路。当工党发现单是白人的投票不能保证其执政权柄

① 扬·亨德里克·霍夫迈尔（Jan Hendrik Hofmeyr），1929—1933年间任南非联邦众议院议长。

之时，其领导者极有可能在北部殖民地赋予原住民选举权，正如开普省的原住民那般。我们可以向他们保证，首位成功做到这点的人不仅能确保其政党获得新增的选票，而且今后还可以随意支配开普省有色人种选民的满腔感激之情。

至于荷兰人，我们同样相信，如果一名值得信赖的荷兰领袖提出赋予北部省份原住民选举权，那么这一提议终将得到认可。

荷兰归正教的牧师对南非荷兰人的领导阶层影响巨大，他们理应明白英国的殖民者在肤色问题上和布尔人一样残忍，也应清楚在此事上，他们中有些人不但手段高超，还受过良好的教育，比布尔人更胜一筹；但即使是他们也受制于英国教会。所以，明白了荷兰人会顺从牧师的命令，不由令我们担心，倘若有朝一日要清算对原住民的各种错待，那么，默许这些冤屈的荷兰归正教有着不可推卸的责任。

/ 第十章

非洲政治组织主席/枢密院成员阿普杜拉曼博士

——（开普省的原住民，爱丁堡浸信会教士）

南非有色人种问题的非洲政治组织主席

如下是1913年9月29日阿卜杜拉曼博士在金伯利第十届非洲政治组织年度会议的开幕式致辞。金伯利市长、议员E.奥本海默阁下主持了该会：

距离我们上次开会见面已快两年了——这两年事情繁多，且与南非，尤其是有色人种的未来关系重大。不过，多亏了非洲政治组织的报纸，每一位有远见卓识的有色人民对这些事件均耳熟能详，我也无须赘述其细节信息。不过，为了回答我向你们提出的问题，有必要在此概述一二：回顾当时普遍存在的情况大有必要，那时，南非的白人一片欢欣雀跃，齐声高唱和散那[①]，热烈地欢迎《联邦法案》，视其为照亮千秋万代的指路明灯，称其是南非和平与繁荣的开始，一个全新国家——新民族主义诞生的基础。

在发起者嘹亮号角的引领下，在对引以为傲的成就的自我陶醉中，必然不会掩饰他们乐观的希望，也不会证明其不过是阿尔纳斯卡[②]的南柯一梦而已。欧洲人是否满意联邦的结果是他们的事；可我认为，应让我们从自己的角度寻找法案成果卓有成效的蛛丝马迹。但在此之前，让我们稍微留意一下有色人种在联邦建立之前的境况，快速回顾那个难忘的日子后的法律法规后，我们不禁扪心自问：有色人种对这些事件有何想法？我们对自己和国家肩负了何种责任？

这就是我今晚打算提出的问题，我将尽我所能开诚布公地给予解答。正义和公平是吾辈所求，也是人人固有的权利，尤其是生而自由的英国公民，即使南非也不例外。因此，至于我们的观点是否会取悦南非的特权阶层并不重要，无所畏惧地说出自己忠实的信念，我们责无旁贷。所以，我会努力阐明我的观点，不会热情洋溢，而是冷静自持，这是唯有历经苦难之人才有的特性，其言辞亦出自确凿的事实和不争的现实。

---

① 和散那（Hosannah），尤指圣经、犹太教和基督教中赞美和崇敬上帝之语。

② 阿尔纳斯卡（Alnaschar），《一千零一夜》故事中的人物，总是怀有不切实际的幻想。

近来，联邦的新闻界兴起了一股风潮，把说出煞风景事实的人戏称为以情动人的演讲者。这自然无须论证。南非有色人种默默受苦的这些年也不大可能给人留下感性的印象。然而，今晚我供诸君讨论的便是这些无法接受的事实；值此之际，我相信自己的论述真实可靠，面对他们亦不胆怯。若有可能，他们或许会对其准确性提出异议，或质疑由事实推演的正确性。他们的做法无可指责。并且，我相信南非的白人，尤其是夸耀英国传统的那些人，将铭记这是英国公民不可剥夺的权利，不管他在英国的哪一端，都会对他的同胞谈及这一重大的政府问题。一名英国律师宣称："假若无人让公众意识到英国政府的错误和错待，它又怎能历经改良和变革，世代相传下去，又怎能从野蛮愚昧臻至幸福圆满呢?"眼下我提出的问询自有前事可鉴。如果南非理应完成其使命，如果南非忠于自己的责任，如果南非正在促进文明的事业，如果其行为是以人道主义为基础，那它会把进行的事业兢兢业业地大力开展下去。但倘若南非对待有色人种的政策没有道德规范作为基石，作为主导的人道主义始终缺席，且构成南非当前政策的基础偏偏是加强阶级固化，那么，我们便要在为时未晚之前，敦促南非停止施行该政策，另寻出路。

开普殖民地

虽然白人和黑人的实际地位——公民地位和政治地位——从

未有过平等的时刻，但在旧的开普法令下，理论上的平等倒是有所保证，并不存在种族或信仰的差别。在开普省，就算有色人种没有完全享有平等的地位，但也被尊重对待。开普政府提升他们地位的做法一直备受世人推崇。应遵循公平的政策来统治不同的种族，这是众所周知的有力证明。自从颁布老开普省宪法以来，有色人种和平的天性表明，60年前英国政治家推崇的广泛的自由绝对合理。“这是女王陛下最迫切的愿望，即她在开普省的所有子民，不分阶级和肤色，均应由忠诚联合起来，我们相信，人皆享有的政治权利将证明这是达到目标的最好的方式之一。”因此，在纽卡斯尔公爵给总督卡斯卡特的报告中提到“好望角开普殖民地的法令赋予英属领地中的每位子民最开明的法律”。

但在联邦成立之前，即使是在开普省，轻微对抗的痕迹已初露端倪。尽管伟大的《罗兹宣言》复兴了构成开普省宪法基础的平等权利原则，但后者正在逐渐失去效力。不过，纵然存在些许违反平等权利原则的行为，以及插手干预这一原则的情况，在工业和政治领域亦损害了机会均等的权利，但我们对白人在开普省的统治完全没有异议。

北部殖民地

现在让我们看看北部殖民地的状况，特别是名不副实的自由邦的状况。那里的局面完全不可同日而语。从移民先驱力图逃离英国统治后，从那时起，他们得到了酋长莫若卡的盛情款待，可他们对待奥兰治河以北的黑人却历来是劫掠和贪婪成性，并无独有的美德来弥补以文明为名而犯下的惨状。任何中立不倚的学生在研究了匮乏的记载之后都会得出上述结论。如果可斩获所有信息，记叙的内容必然令人毛骨悚然，这大概是世人从未听闻之故。然而，即使是在北部殖民地，有色人种的遭遇从其历史中也可推断出一二。文明的约束被束之高阁，基督教戒律的精髓被抛之脑后。移民先驱的北迁之旅沦为大肆强抢掳掠。他们像肆虐的瘟疫席卷了这片土地，所经之地一片狼藉，原住民被毁坏的家园至今尚未恢复，可他们却对自己犯下的滔天罪行残酷地一笑了之。他们的政府建立的原则颠覆了所有基督教的伦理，无论在其教会还是政府，有色人种皆无被认可的可能。宛如对待农奴般的残暴和压迫至今仍是自由邦的显著特点。倘若有人坚称，与白人接触让自由邦的原住民得到了发展，那他简直是无耻之尤。在此情况下，发展绝无可能，没有任何迹象表明，自由邦曾受到利他主义动机的驱使。

这就是当时联邦的情况。不公、压迫和残暴是有色人种在北方的典型遭遇；公正、仁慈和机会均等是南方的特征。如今，世人皆称“废除奴隶制的地方，才有公民自由；没有公民自由的地方，就有奴隶制的存在”。每个学历史的学生都承认，这些醒世箴言在南非历史上已有丰富的例证。例如，可以对比一下金伯利和奥兰治自由邦首府布隆方丹的有色人种的状况。你所在地区的议员曾说，我们的种族在金伯利为该地区增光添彩，是南非最先进和最进步的有色人种。毋庸置疑，这是因为长久以来，你享受了出色的教育服务、自由的权利以及欧洲人的友善待遇。而在布隆方丹，孩子其实没有受教育的机会，他们年满15岁，就得为白人服务，不然就会被抓进监狱。这里毫无自由可言，英国奴隶州首府的有色人种因此变得无知、贫穷、堕落。

那么，很容易就可以看到，两种统治有色人种的不同体系所产生的结果——仁慈和残暴。在北部，公民权利被拒之门外，名副其实的奴隶州从此诞生，最近又在联邦完全否认了有色人种的选举权，导致了《原住民土地法》得以通过，这不啻于在联邦境内实施部分的种族奴役。两种截然不同的政策在南非实施，有色种族当然会忧心忡忡，他们视其为联邦殖民地的基础，会赋予北方殖民地足够的权力和影响力来决定联邦的立法。我毫不犹豫地宣称，一旦联邦达成了目标，有色人种被剥夺部分公民权后，便敲响了有色种族政治平等的丧钟，也预示着北方对南方的胜利。

受南非法案的影响，我们的权利被剥夺，优待受到限制，对此，我们的朋友表达了诚挚的歉意。开普省的政治家们寄予厚望，不仅希望我们不再遭遇不公，而且希望北方有色种族的地位有所提高，权利终能得到承认。盲目乐观的人以为开普省的理念能潜移默化地发挥作用，让北方人的暴行有所缓和。我们没有理由怀疑朋友们诚挚的信仰，可我们对北方缺乏信任——在对待有色种族时，这些人的公开主张和行为没有丝毫的公平和敬意。

1904年11月，联邦问题正在讨论之中，因此，我清楚地表示："在中央议会，让北方的政策逐渐侵入我们的殖民地、破坏我们的宪法十分危险。北方人早就说过他们掌权后的打算；尽管欧洲的朋友数量众多，影响巨大，却不会捍卫有色人种的利益。"有色人种都清楚预言有多少得到了证实。

在彼时的联邦，有色人种的地位便如上所述。

联邦之后

在联邦议会首次召开会议之时，上帝的祝福并没有降临，法典增加了一款法律，耶稣基督被排除在荷兰归正教之外，这是永远无法抹去的耻辱。会亵渎上帝的议会就会为所欲为。

之后便是《婚姻法》和《寮屋居民法》，尽管两个都是失败的法案，但却淋漓尽致地体现了白人统治者对有色种族的态度。为了给贫穷的白人提供工作机会，他们辞退了为南非忠诚服务的有色人种铁路雇员。联邦议会和各个政党纲领宣布南非受白人统治。白人种族必须保持其统治地位。为了达到这一目的，严酷的压迫政策得以采纳；开普省的政客和英国议会本已打算考虑将选举权拓展至我们的北方同胞，而今，这一热切的愿望就像希腊的初一[①]一样遥不可及。我将不再描述名单上一长串的迫害和不公。我们已在生命的某个阶段有所感触。

1911年，情况变得非常严重，所以，在我警告原住民小心该政策必然导致的危险时，还在我们约翰内斯堡的会议上无畏地宣告，等欧洲人准备就绪，他们就会发动灭族战争。我因给欧洲人冠上了野蛮的动机而受到严重批评，并遭到了公然指责，其措辞之严厉远甚形容近来罢工的工人领袖的言辞。侮辱谩骂不足以中伤我。我的陈述几乎遭到白人媒体主编的一致谴责；但这种责难并非因为我的陈述与事实相悖，而是因为这样评述不合时宜。距离我给出预测仅18个月，联邦议会通过了《原住民土地法》，造成了目前的状况，倘若这不算是种族灭绝政策，那也是要奴役这个国家的原住民。这一专横的法令将大量的原住民赶出家园。他们的大地之母如今成了后母。他们要么永远在农场受奴役，要么在有损健康的矿井过着“永无天日的生活”。

眼下，自由邦的迫害正在抬头。黑暗时代的旧法律在严酷无情地实施。神圣的家园受到侵犯。妻子被迫携带通行证。母亲被迫离开年幼的孩子寻找工作。女儿被强行带走，远离父母的关爱和庇护，被逼着为白人恶棍服务。每个月不交5先令获得特许，丈

① 希腊的初一（Greek Kalends），Kalends是罗马日历的第一天，而古希腊不用罗马日历，意指永远不会有这一天。

夫就会被禁止以劳动谋生。这就是奴隶州的情况。英国国旗在全省飘扬，而在飘扬的英国旗帜的权力背后，上述一切正在发生。然而，当自由邦的权力不足以对抗英国公众舆论时，这些行为却不可能发生。另外，在开普殖民地，逐渐引入了自由邦的法律。《宵禁法》通过实施。明显的种族界限出现在生活的各个角落，更明显的界限是斯穆茨将军的宣言，他说肤色，并且只有肤色才是分界线。

我可以列出一长串残酷迫害的单子——对有色种族这个阶级以及对该种族个人的迫害——所有这些迫害只有一个结论，同时白人也不惜任何代价镇压有色种族对美好生活的渴望，否决他们一切可以改善的机会，让他们在政治、公民权和工业上保持奴隶身份，甚至迫使他们回到比奴隶制还不如的境地。南非很快成为了

暴君之国，奴隶之穴，
那里的可怜人想有个简陋的安葬之地。

欧洲人的责任

欧洲人对南非的有色种族有什么责任呢？在此可以借用欧洲人再三重复的话语。他们的领导人喜欢谈论对我们的责任，过去一直把冠冕堂皇的话挂在嘴边，如“对我们有色人种同胞的义务

和责任”，直到最近才有所收敛。这些话难道不空洞乏味、毫无意义可言吗？如果欧洲人对有色民族有责任，还有什么比仁慈地对待他们、改善他们的命运、提升他们的文明更有必要的呢？如果上述这些是他们的所谓责任，那他们又做到了多少呢？

恰恰相反，他们的态度不是友善仁慈，而是残忍野蛮，极不人道。不是改善我们的命运，而是加重了命运的惨痛。不是提升我们，而是侮辱贬低。不是帮助努力改善的那些人，而是严酷无情地打压。不是让他们享受开明的基督教和高贵的文明的祝福，而是否决他们生存的权利，除非他们乐于成为农场主的奴隶，或是到地底下挖金子，在黄金的魅力面前，自由遥不可及。简言之，就目前而言，白人统治的目标不是发展有色种族的才能，让他们过上幸福圆满的生活，而是永久地让其处于奴隶地位。这是统治有色种族的基本思想，传遍了联邦殖民地，整个南非无人不知，无人不晓。

有色民族对此深恶痛绝，人们也不会对突然涌现的强烈敌意感到惊讶。这是自然的结果。套用卡莱尔的话，“无论有色民族承受了其他什么悲痛，这种极致的痛苦——不公——无疑是雪上加霜：这种无法容忍的思想观念让他们受到不公的对待，使其命运既未建立在公正的基础之上，也未在必要和权利之上，亦未在道理和意愿之上”。有色种族是血肉之躯。他们的心灵因不公而感到愤怒。他们用消沉阴郁的情绪反抗白人的统治。他们不再对白人毕恭毕敬，拒绝竭尽全力报效祖国。

欧洲人的责任一目了然。请向有色人种表明，政府是为所有人好，不只是为特权阶级。请证明首要目标不是让我们为掌权者当奴仆。请用心关爱有色种族，赋予他们同等的机会。如果你能做到，美满的和谐社会便指日可待，有色种族还会充满感激地用爱和尊重回报你。

倘若统治的民族和我们易地而处希望得到什么待遇，我们就盼望他们给我们这种待遇。在南非这块土地上，我们和他们享有同等的权利。我们同样有权要求对我们的统治应同样以人道主义为基础。如果这些先生毫不迟疑制定的、适合非洲情况的原则确实有理的话，用英格兰最伟大的政治家的话来说，欧洲人自己早被排除在和平、幸福和自由的祝福以外。威廉·皮特说："如果这些原则是真的，此刻我们就陷入无视、残暴和打压的悲惨境况中，历史证明我们的祖先也曾置身其中。倘若其他民族用这些原则来对待我们，倘若其他民族把英国参议员用在非洲的这一论证用在英国，那么，即使度过了漫长的岁月，我们也无法摆脱野蛮；而我们，享受着英国文明、法律和自由的恩赐，此时不过比粗鲁的几内亚海岸的居民在道德、学识或教养上稍占优势而已。"

上述是皮特在1792年就奴隶贸易的辩论所做的发言。他的观点与强忍着没用皮鞭[1]的南非总理大相径庭。后者告诉我们，没有其他理由可以伤害他了，只要上帝打定主意让他担任最高统治者，就绝不允许联邦议会出现原住民代表。他也不像皮特说的那样，盼望有朝一日“我们（英国人）会看见科学和哲学的曙光在非洲落地生根，在瓜熟蒂落之时光芒万丈”。然而，压迫的政策不会长久。如果一些印度人内心坚决抵制他们认为的不公，如果有色种族也采取消极抵抗的行为，还有什么是他们做不到的呢？我们当然钦佩印裔英国人之前和如今的表现，他们能坚定不移地维护属于自己的权利。残暴的自由邦迫使我们的女同胞抵制该法律。她们许多人宁愿进监狱也不愿携带通行证。有色种族赞扬勇敢的非洲女儿的高尚行为。这让我相信，只要我们的人民团结起来，做好受难的准备，在博塔将军还活着的时候，我们就能让莫大的冤屈平反昭雪。我们被逼到那个地步了吗？欧洲人该扪心自问。以白人工党的话为例，如果20万矿上的原住民“放下”工具，不下矿井而去享受日光浴；如果农场的工人在收获的季节拒绝为了1先令6便士的日薪劳动，南非的经济基础会立即遭受剧烈的震荡，以此为基础的完美的南非白人上层建筑将会坍塌，势必会造成前所未有的金融崩溃。如果欧洲人想防止南非发生这样的灾难，他们必须沿着正确的道路前进，鼓励南非的有色民族提高他们的地位，

① 皮鞭（sjambok），通常由犀牛皮或马皮制作而成。

成为更有用的公民。如此，他们将自行加入祈祷行列，祝愿我们进步昌盛，不再干预我们的进步，“对这一姗姗来迟的善意（如果算得上善意的话），他们将收获丰厚的回报”。

我们也应敦促欧洲人回归公正一途，沿着他们最近行进的路线回溯前程往事。他们可以影响立法。议会的所作所为均是以白人的名义，如果白人希望南非成为一个幸福、繁荣、和平的国家，就应制止议会的疯狂行为。愚蠢无知地在歧路上越走越远是最糟糕的选择。许多不比我们压迫深重的人都起来反抗了。目前，我们除了默默忍受迫害我们的暴君、顺从强加的奴隶身份之外别无出路。我们大可宣告，在这个国家

白人不怀好意地制定新的刑法，
白人折磨黑人，白人控制法律。

不过，亡羊补牢，为时未晚。两个种族的隔阂疏远并非不可调和。如果欧洲人尚有良知，那就向有色民族表明，白人的规则利在双方，而不仅针对特权阶级，这于国有益。如果他们给有色种族平等的机会，不因种族和肤色处罚他们，他们将看到最英明的政治家的梦想会完美地实现，各个种族都心满意足，为共同的利益并肩奋斗。

在本周和接下来的一周里，阿普杜拉曼博士的发言为南非报

刊提供了头条素材，除了极个别以外，批评或多或少火药味十足。不过没有一个人指责他说谎；可他们十分讨厌他演讲的腔调，形容其为煽动性的语言。有份日报对此的态度前后不一。它斥责博士攻击严苛的法律，2年后，或许深思熟虑之后，它的社论又敦促欧洲人检讨对黑人的压迫，要求他们从自己的利益出发，公正地对待原住民和有色群体。据原住民称，在当前的形势下，如果发言态度温和一些，可能效果会更好，不过他们表示，这是在南非论坛上最清楚、最准确地体现了联邦原住民状况的演说。

应该铭记的是，阿普杜拉曼博士发表演说的时间，恰好是《原住民土地法》在北部省份如瘟疫般肆虐的时候，受害人还包括深受白人邻居尊敬的119岁的老人，还有这位老人90多岁的妻子，以及他们70多岁和80多岁的儿子。

在原住民看来，令人欣慰的是，真正研究原住民问题的白人学生如金伯利的J.E.·麦肯齐博士和约翰内斯堡的查尔斯·菲利普牧师，断然拒绝了与“残忍、不人道”的阿普杜拉曼博士划清界线的要求，原因是博士句句属实；然而，列举事实比耸肩同意难多了。

再则，尚不清楚南非的记者是否有《比勒陀利亚新闻》编辑维尔·斯滕特先生的经历。斯滕特先生是金伯利人，年轻时在德·比尔的矿区大院待了多年，和几乎所有非洲部落的原住民一起劳动。他是阿散蒂和非洲其他地区的战地记者，上个世纪80年代曾在德兰士瓦北部朱伯特将军治下的共和国部队待过，亲眼见证了布尔人堵了洞口，用砖石封起来，（他们的简易大炮轰不开建在山洞里的牢不可破的原住民部落）把洞里原住民，无论成年男女或小孩，连着财物一起活生生地闷死在山洞里。斯滕特先生还陪同赛西尔·罗德到马托普山，这是已故的伟人赤手空拳地与马塔贝勒人的酋长举行非正式会谈的地方，该会谈为南罗得西亚带来了和平。马弗京[1]被困期间，斯滕特先生是路透社的战地记者，通盘考虑，必须承认，相较于其他批评者，他更有资格评论阿普杜拉曼博士的演说。

社论里刊载了他对阿普杜拉曼博士的演讲评论。

斯滕特先生评述道：

没有雇用的煽动者，只有一位专业人士、一位学者，在对南非有色人种的劳动者致辞，演说对象不一，从地位最低的土著到班图人，从班图人到有色人种的商人，从有色人种的商人到专业人士，其中有一小撮人和他相仿，是许多无选举权、被剥夺资格和遭遇明确不公的人。

广大的工人阶级渐渐团结起来。部落的宿怨正被遗忘。南非反有色种族的法律，尤其是北方的法律——并无本质差别，无论

① 马弗京（Mafeking），南非西北省的城镇，1899—1900年，即在第二次布尔战争期间，一小股英军在该镇被围困了215天，最终由巴登鲍威尔勋爵解围，英国国内为此进行了广泛庆祝。

是乡村来的野蛮的祖鲁人还是威严的马来人，无论是马沙昂干还是阿普杜拉曼博士这类人——藉由一腔怨恨，将这些广大的民众紧密地团结在一起，而以肤色为准的法律是导致怨恨和限制的罪魁祸首。

万一有朝一日，也许比我们预料的更早，这些民众变得灵活，学会了合作，势不可挡地一起行动起来了呢？

再则，在弥补他们委屈之前，倘若这些人意识到自己沉寂的力量，倘若他们只是依照宪法、和平地决定采取行动，那又是何种情形呢？

当然，据说阿普杜拉曼博士是个古怪的极端主义分子，据说他的立场难免反常，还说大体上他并未替有色人种和原住民说话。但对最后一点，我们也别过于肯定。

至于第一点，浏览整篇讲稿，很难找到可以攻击之处，只是普通的陈述——通篇有理有据。

对移民先驱的描述，他的见解相当独特，他说：

“移民先驱的北迁之旅沦为大肆强抢掳掠。他们像肆虐的瘟疫席卷了这片土地，所经之地疮痍满目，还对犯下的滔天罪行无情地一笑了之，原住民被毁坏的家园至今尚未恢复。”从原住民种族的角度看来，这般描述俱是事实。

谈到《原住民土地法》，“这一专横的法令将大量的原住民赶出家园”不免夸大其词。目前仅有少数的原住民受到侵扰，但其他许多人必然会因《原住民土地法》遭受同样的命运。其实，虽然以演说家的语言宣之于口，但整个演讲却公正地概述了有色民族的冤屈，而且还发出了郑重的警告。欧洲劳工的鼓吹者大概会对阿普杜拉曼博士羡慕不已：他的逻辑，他的学说及其大张挞伐的力度皆令人称羡。他有那么多可供控诉的内容，可他的要求却微乎其微，不过是公平的机会罢了。他未曾提议在政府内建立政府贸易厅，亦未谈到或试图煽动暴乱或革命；他没为少数技艺高超的工匠说话，这些人靠黑人额头的汗水过着舒适甚至奢侈的生活；他为500万贫穷蒙昧、慢慢失去曙光普照的南非人说话。

同样值得一提的是，早在阿普杜拉曼博士成为有色组织主席之前，针对南非英王治下有色人种和原住民的待遇问题，白人曾发表演说，有的人相当愤愤不平。我们将列举几则为例：

1909年2月27日，塞尔伯恩阁下在好望角大学集会的演讲中说道：“鲁莽轻率的白人对原住民愚蠢冷酷的行为，我将略过不提；我只想让白人想想，他们是否衡量过这种烦人的政策对原住民日积月累的影响。有的地方，无论原住民身份多么清白，多么努力教化自身，都不被允许行走在公共街道的人行道上；有的地方，原住民不被允许进入公园，不许花钱观看板球比赛；有的地方，即使有轨电车有专门留给原住民的位置，他们也不能乘坐；有的地方，原住民除非呆在狗窝一样的地方，否则不得乘坐火车；有的地方，原住民被白人官员无情残酷地对待；有的地方，原住民没有通行证无法出行，比如，和其他成千上万的原住民一样，他从劳动生活的农场出来——（该行为对国家有利，所有白人也都大加赞赏）——他不仅得不到任何服务，反而受到煞费苦心的妨碍。在远离家乡的路途中，他必须拿出至少8种通行证，有的通行证他只能购买，虽然不要通行证他会更高兴；在特殊情况下，他必须遵从不少于20个通行规则。要是眼下白人处在黑人的位置上，看看他们会有什么感觉，让他们扪心自问，这些规则和法律是否真的使他们的工作更便利?”

尊敬的多元文化助理杜德利·W.德鲁是南非最重要的记者之一，也是奥兰治河英属殖民地政府的立法委员会委员，这地现在叫奥兰治自由邦，相当名不副实。大约4年前，在其关于原住民问题的小册子上，德鲁先生做了如下评论：

大多数欧洲人对原住民行使了贵族特权——但也不总是以贵族的方式。许多白人理所当然地希望原住民恭恭敬敬，给自己做好服务，在他们犯错误的时候，也会顺理成章地教训、纠正他们。心怀愤恨则易招致严重的惩罚。在法庭上，原住民不像白人一样受到公平对待。首先，被判有罪的原住民通常会受到鞭打，但对白人的惩罚却因其肤色而有所优待。让审判原住民的偏心的白人陪审团指控白人犯罪无异于让陪审团制度声名狼藉，律师争论的焦点便是如何让他们完全脱罪。原住民的自由受到诸多限制；他们不能使用人行道，也不能在晚上某个时刻后到朋友家造访，还不许出国；没有通行证，甚至不能在“白人的国度”里生活。所有警察，即使不是欧洲人，都有权逮捕搜查他们，而这一权力有时还无耻地用在骚扰女性上。在其中一个殖民地，原住民被禁止拥有土地，而在其他的殖民地，原住民能拥有土地的条件几乎令人望而却步。如果居住在农场的佃户家庭超过一定数量——3或5个——多余的将被警察依法驱离。一般而言，薪酬最少的工作才被允许派给原住民，即使这样，白人也不乐意。有位殖民地的立法机构成员提议，所有政府机关的原住民信差和雇员应立即遣散，换成贫穷的白人。在另一个殖民地，报纸和公众不胜欣喜地齐声高呼，据说是战争搜索救援组织减少了原住民雇员，报纸和公众还希望该组织最终能把他们全部辞退。在有的自治市，原住民如果驾驶出租车，他们的驾照比白人要贵，而且他们如果不是白人的雇员，也不被允许造砖。在这些城市，他们的孩子16岁后便不能接受教育，年满16岁的女儿也不许呆在家里受家长的庇护，除非她们找到活干，离家不远的话，还可以住在父母家。自然，原住民交的税比白人多。他们用的物品白人几乎不买，还加了专门的税。比如，白人农场主的机械是免税的，但有几个殖民地，原住民的锄头要征收物价25%的税费。至于欧洲人用的披肩，海关官员能收到12.5%的税就心满意足了，但原住民的披肩，征税仍是25%。除了这些很重的间接税，原住民缴纳的直接税占其年均收入的1/6。不仅他们，连最受尊敬的有色种族的代表，同样被禁止乘坐有轨电车、进入公园、参加公共体育运动和晚间音乐会，甚至不允许给白人扶柩到欧洲人的墓地，即使死者是自己的父亲。至于法律，他们意识到除了一个殖民地以外，在其他所有殖民地，惠灵顿对人类的伟大理想与他们没有任何关系，他们只有一个法律，那就是服从，别的与他们毫不相干。从恼人的小麻烦到压迫，除了待遇不同以外，在新闻媒体、公众演讲和私下言论之中，原住民大多数时候被蔑称为“黑鬼”和“黑色的畜生”。偶尔闹事的几个原住民，通常是喝了欧洲人卖给他们的酒，醉了发的疯，结果败坏了整个种族的名声。那些听说了强奸案、谈论黑色威胁的人，显然忘了这主要是恶劣环境导致的结果。在自己的国家，原住民绝不缺乏对白人女性的尊重。一名欧洲女士没带护卫，在巴苏陀兰独自旅行，可能比她在英格兰旅行还要安全。尊敬的开普殖民地的总检察官H.伯顿先生在报告中说，他去过特兰斯凯，那是一大片保留地，上万的欧洲人被数以百万的原住民所包围，但那里从未风闻白人女性被骚扰的事件……显而易见，大体上原住民得到的待遇和其想象的很不一样，而事情的改变似乎变得更加糟糕，尤其是严苛的通行证法和无情地剥夺产权的行为。我们一个议会的委员会刚刚做了汇报，支持废除保留地，让原住民生活在类似于奴隶制的体系之下。

/ 第十一章

开普殖民地的《原住民土地法》

众人必定不会忽略，欧洲人用武力和外交手腕占了非洲的土地，

原住民被白人赶出家园，

所以，我看不出拒绝原住民回购土地的理由；

在我看来，理应鼓励他们才对……

他们是良民，比浪费的欧洲人好太多了，

那些欧洲人现挣现吃，也没改善周围的环境……

要谨慎立法，以防剥夺了受尊敬的原住民获得土地所有权的权利。

在德兰士瓦，为了限制原住民购买土地而煞费苦心；

但这一措施却毫无公平和理性可言。

倘若原住民因教育、正直、节俭和勤劳可以置地，

那在德兰士瓦，又有什么理由去阻止呢？……
南非的土地问题把原住民“压榨”殆尽，
是时候停止“压榨”了。
他们得有生存空间。
国家没有了他们，我们该怎么办？

——开普省治安官J.赫明先生

1913年10月间，《原住民土地法》的不公条款残酷地推行开来，就连一些有英国血统的《纳塔尔日报》的编辑都摒弃了殖民偏见，大肆鞭挞一揽子针对爱好和平的原住民的邪恶不公的法律。有人指出，在原住民事务秘书开始巡视这些地区，教治安官如何实施瘟疫般的新法律之时，此次巡视在一些人的眼中便成了继《原住民土地法》推行后缓和苦难的计划之一，不过原住民和那些跟从道尔先生路线的支持者很快发现，政府当局正在发动对黑人的灭绝战争，他们一心减少独立的黑人雇农，将其变为奴隶。1913年10月4日，《纳塔尔广告报》就道尔先生巡视自由邦一事做了如下评论：

道尔先生对萨巴恩科的巴若龙人解释过《原住民土地法》，澄清了法案不得人心的恶劣行径，这自然值得重视。但原住民事务部的秘书说，要更彻底激进地谴责法案比试图赞美它困难多了。他无非是对不幸的原住民说，最好当劳工或变卖家产，也好过四处奔波流浪，最后连牛群都死光。说到农场主有权驱逐的时候，插话的原住民一针见血地指出：“我们可以到其他地方去。”

10月5号，日报刊载了约翰内斯堡的来电：

《原住民土地法》通过后，原住民成群结队地在各个省份寻找新的土地。他们跨越自由邦进入纳塔尔，然后到达德兰士瓦，接着进入英属贝专纳……

昨天，一名原住民从纳塔尔的乌木沃缇地区来到约翰内斯堡，报告说有位酋长及其部落子民从纳塔尔格雷顿地区的一个农场被赶了出来，事态非常严重。

在德兰士瓦西部，成百上千的原住民长途跋涉到贝专纳保护国，在德兰士瓦东部，他们聚集在瓦克斯特鲁姆地区的3个农场里，那里已被原住民土地公司购入。

目前，那些力主废除该法的人正在集中力量募集资金，派代表到英格兰。他们希望通过演说等方式，唤起当地的公众舆论。

《纳塔尔信使报》写道：

“我们当时指出，法案在议会通过得过于仓促，没有真正展开调查，没有就影响原住民切身利益一事尊重他们的意见和感情。得到的回复是，法案会温和地推行，萨奥尔先生将亲自负责实施的部门，使原住民免受苦难。萨奥尔先生的溘然离世令其巡视的计划化为泡影，工业危机亦接踵而至，法案目前似乎得到大多数部门的许可，出台在即，这让原住民风声鹤唳。最近一次传教士会议于7月8号在玛瑞兹伯格召开，讨论的便是这个问题，还通过了一系列决议。

“如今的问题是，在许多地方，原住民正被赶出世代居住的家园。他们认为法案要把他们变成奴隶，无以计数的原住民正走投无路。”

然而，并非所有英国殖民地的记者都对推行残酷法律感到痛惜。譬如，《开普时报》就与赫佐格的媒体竞相恭贺大臣成功通过法案，还轻描淡写法案受害者的苦难。一名英国农场主致信《农场主周报》，声称驱逐卓有成效，同时他还遗憾地表示，“只要原住民继续呆在公路上，他就有歇脚的地方”。原住民被立法成功地从土地上赶走，农场主显然还想把他们从道路上驱离。另一名记者在《周日邮报》写道，苦难被过分夸大，他在一天之内仅看见12个家庭从同一个农场被赶走。这段话的问题在于：一天之内一个农场要驱逐多少家庭才算得上苦难；如果法律罔顾这些人和农场主的意愿，强行把12个白人家庭赶出农场，这些记者是否会同样冷漠以对？

再者，也不能说所有南非的政客都对《原住民土地法》不幸的受害者漠不关心，他们不过掩耳盗铃地认为受害人没那么多，良心就好过点。不过，这种乐而忘忧、自我满足的错误想法在德兰士瓦A.伯内特牧师的言辞下无所遁形，他说：“由于只有少数人受其影响，我必须学会把严刑峻法想得温和点，把不公的法案想得没那么不公。”

剥夺原住民租用土地的条款尤其残酷。据说条款的主旨是把原住民变成农奴；但值得一提的是，反对原住民从土地得利的法案条款是要赤裸裸地夺走他们的牲畜。农场主如违法收留原住民，条款5列出了100英镑的罚款或6个月的监禁。倘若缴纳罚款后，原住民去找其他落脚的地方，把牲口留在农场一段时日，那么，每头牛每天的罚款是5英镑。一旦下达驱逐的命令，牛群必须马上上路，在主人没卖它们或找到农场主雇佣主人之前，这些牲口都得饿肚子。因此，条款5似乎不仅禁止原住民占有土地，而且还不让原住民拥有牛群。

等这些严苛的法律条款引起了开普政客的注意，他们耸耸肩，说很高兴开普省的情况没那么糟。可这完全无法开脱，根据法案的措辞，开普省原住民的情况许多时候比纳塔尔或德兰士瓦的更糟，这亦得到了开普原住民的证实。在这两个省份，欧洲人没打算驱逐原住民，反而会依照规定，让其继续服务；而在开普省和奥兰治自由邦，根据条款1，原住民无法享有土地的任何权益，包括“共享收成”。

从格拉罕斯顿到特兰斯凯[①]边界，富裕的原住民就是靠这种劳作方式获得财富。他们借此过着体面的生活，送孩子接受教育。

---

① 特兰斯凯（Transkei），原为南非科萨人的自治区，现为东开普省的一部分。

新的禁令要把原住民赶进人满为患的黑人居住区，理所当然会产生各种严重的内部问题，如因地方狭小造成的混乱的卫生状况，因牧场有限造成的牛群大量死亡。正像原住民如实称呼的那样，牛群是他们唯一的资产或“银行”，所以，失去了这一工作，在冷漠无情的现任联邦政体这一准共和政府的统治之下，原住民必将迅速走向衰落。

《原住民土地法》让开普殖民地传统的自由政策分崩离析，这是无可争辩的事实：诚然，原住民唯一的安慰是希望萨奥尔先生让《原住民土地法》成为一纸空文。后来这位政治家过世了，我们急于看到开普省原住民的情况，于是在1913年11月1日，我们离开金伯利，前往开普省东部地区考察。我们计划拜访两名所谓法案辩护人，洛夫戴尔的詹姆斯·亨德森牧师和金威廉斯顿《科萨小报》的编辑滕戈·嘉巴乌先生。此次拜访是为了了解他们的观点，如果可能的话，和他们达成一致意见。

下午时分，我们抵达爱丽丝，步行穿过小镇来到著名的原住民机构。我们首先来到洛夫戴尔，记忆中未曾见过如此多的原住民青年男子汇聚一堂。年轻小伙子被法律剥夺了祖国的土地所有权，想到众人未来的命运，不由心痛不已。

我们在洛夫戴尔待了3个小时，其间与校长亨德森先生见了面，讨论了一般事务，尤其是原住民大学的规划，最后谈到了《原住民土地法》。遗憾的是，我们从这位著名的教育家那里一无所获，他的结论都是基于第二手资料。他从未见过政府官员或代表，实际上，校长听到的全是新闻。我们来到洛夫戴尔的那个早上，从爱丽丝治安官办公室出来不远，路上碰到了很多人，他们明确表示，治安官警告他们不准再去农场的旧址耕种。他们忠诚服务的政府如此无情地对待他们，亨德森先生当然对这些人深表同情。似乎洛夫戴尔的校长自此进行了独立调查，因为我们从洛夫戴尔的报纸看到不在我们监管之下的严刑峻法的实施证据。因此，1914年7月28日，为支持英国议会里的原住民代表团，艾伯特·斯派塞爵士还阅读了洛夫戴尔机关报《基督快报》的文章。

洛夫戴尔的一名教师热心地借给我们一匹马，莫伊康果先生陪我们参加了涉涉谷的一个通宵会议，这是一次著名的政治集会，它兼容并包，涉涉谷是许多黑人小居住区的中心，离附近4个治安官办公室都很近。参加涉涉谷通宵会议的有酋长、首领，以及来自佩蒂、波弗特海要塞和爱丽丝地区的原住民。这些地区还来了一些学校的教师和两三位原住民保管员。就《原住民土地法》在原住民中实施一事，几位发言人披露的事实令人心如刀割。款待与会人士的是卡珀克·穆格吉马酋长，他在《原住民土地法》里的经历与众不同。他不仅被禁止在自己的土地耕种，还被命令把牛群从欧洲人的农场挪出来，那是他放牧了14年的地方。另一位原住民本来在金威廉斯顿耕种，官方警告他1913年不能续种。他只能受雇为白人地主的仆人。他还被进一步警告说，倘若他和白人合谋佯装主仆，愚弄法律，一经发现，将受到重处。

农场主火冒三丈。他问：“你为什么告诉他们你的打算？你该悄悄行事；笨蛋，你告诉他们后，他们就盯上我们了。”

原住民回答说：“可特兰斯凯出现了东海岸热病，只有指明了迁徙目的地，经官方许可，动物才能在种植园间迁徙。我不得不解释来这里的缘由。治安官办公室的人问我知不知道这项法律。我说知道是新法律，还在北部省份引起了很多骚乱，但没听说在开普省实行。关于这点，办事员回复说这不是一省的法律，而是整个联邦的法律，当然也包括开普省。办事员还补充说有一定的豁免权，但不包括免除开普省的原住民在白人的农场耕种和放牧的禁令。”

其他发言人陈述了他们在土地法令下的经历，这些经历表明，灾难般的法案在波弗特要塞、格拉罕斯顿、金威廉斯顿和东伦敦等老开普省地区激起了人们的熊熊怒火。在此次会议中，大家下定决心要向国王陛下陈情，反对实施《原住民土地法》。

我们造访这些地方之时，恰在初夏宜人的阵雨之后。在欧洲人辽阔的土地上，绿草青翠欲滴。滂沱大雨让尘封的土地松软诱人，迫切地静待耕耘。曾经靠耕种为生的人们如今因肤色问题，被禁止以此维持生计，可正如万能的上帝所言：“你应当通过自己的劳动换得食物。”

该禁令尤其卑劣，大家应还记得，这些居住点的原住民大部分是芬果族人，他们的先辈早些时候加入英军，并肩参与了许多针对卡菲尔人的战争。他们还与英国定居者一道，经历了不友好的原住民部落的屠杀和毁灭性的袭击。作为对他们忠于英国政府和协助英军作战的认可，英国总督以已故维多利亚女王的名义，将这片土地赐给了他们的酋长。尽管有过这一协定，在过去的75年间，这里的人们还是陆续被剥夺了土地。由此，居住区换了主人，正一点点移交到白人手中。在此之前，曾经属于他们的土地居住权和耕种权从未受到挑战，而今却物是人非。当局的忘恩负义无疑让连续三代效忠的民族深受打击，不仅打击了经济独立的忠诚的爱国人士，而且动摇了英国秉持正义的信仰。

/ 第十二章

逝去的开普理念

拿伯[1]坚持保住自己的家园，他做的没错。

亚哈的所有财富也无法购买这弥久的回忆。

——沃德·比彻尔[2]

我们从重要的会议地点涉涉谷出发，穿越爱丽丝地区。我们在那里遇见了几个人，法律禁止他们从事日常副业，他们就没了下一年的谷物，即每年的收益。我们还去了金威廉斯顿，皮尔斯牧师好心地把当地浸信教会的教堂借给我们召开了一次会议，会

① 拿伯（Naboth），圣经人物，拥有一座葡萄园，靠近国王亚哈的王宫，因不愿卖给国王，后被用计夺去。

② 亨利·沃德·比彻尔（Henry Ward Beecher，1813—1887），美国公理会牧师、社会改革家和演说家，以支持废除奴隶制、强调上帝的爱和1875年对其的通奸罪审判而闻名。

上一致决定请国王陛下否决《原住民土地法》。W.塞贝先生主持了这次原住民代表的会议，巴锡先生翻译了该法案。

在昆士城，类似的决议几乎都一致通过。显而易见，笔者在每次会议上除了回答问题和阅读法案外，极少说到别的内容。许多原住民以前从未见过法案文本，但听过利益集团高唱赞歌，也信赖弄虚作假的传道者，于是他们来到会场，反对过分干扰“法律”。可听到法律条文逐条被我们的传道者翻译成当地话，他们不由惊骇欲绝。接下来便是讨论，末了总听人询问：“议会通过了这样的法律，还能得到相关民众的继续信任吗?”

昆士城的会议地点在原住民的浸信会学校，由达马纳和哥蒂先生友情承借。这是我们参加的众多原住民会议中唯一一个有异议的会议，因此最令人关注。昆士城有4名持异见者，他们是原住民福利的真正敌人，我们借机向其道贺，恭贺他们有四名忠诚的有色人种的拥趸，而且比滕戈·嘉巴乌先生更有勇气，还来参加了会议。然而，就算对手的勇气令人钦佩，但我们承认自己讨厌麻木不仁的态度，在我们看来，他们对原住民遭遇的浑然漠视从其行为中表露得淋漓尽致：在谈及《原住民土地法》的受害者的不幸和苦难之时，他们放声大笑，再三引用报纸的借口，声称驱逐与法案无关。

我们也同意，自从人类始祖被赶出伊甸园后，驱逐事件时有发生，可他们必须承认，在联邦议会通过《原住民土地法》之前，从未有法律对南非的原住民说："除非成为仆人，你们不得在任何地方落脚，否则罚款100英镑。"这几个冷酷无情的原住民没为法案辩护，但却试图在会议混淆视听，假称"心怀恶意的布尔人会实行报复，如果原住民敢越过布尔政府的领导，向国王申诉，他们的报复会变本加厉。"然而，参会人士不会受到蒙蔽。一名发言人特别提到，法案就是最恶劣的报复形式，整个国家越早明白联邦议会对黑人的态度越好。会议一致认为，在自己的家园，奴隶制和剥夺公民权一样糟糕，提案反对上文所述的4名持异议者。

我们采访了许多经过昆士城的原住民，采访结果表明，在开普省的东部地区，原住民的变迁纷繁复杂。

我们从昆士城接触了开普省东北地区的一些原住民。其中有位相当富裕的原住民，他是农场的佃户。因为勤劳，他赢得了所有认识他的人的敬意。他的白人农场主尤其为他感到自豪。某天早上，这位原住民进城去商店，路过地方法院的时候，一名信差招呼他进去。他走进办公室，治安官助理给他一则通知，要他离开雇佣的农场。对他而言，农场就是他的家，从年轻时起一直是那里的佃户。他的雇主听闻后，对官方的越俎代庖自然不忿，认为其过分干涉了自己的私事。第二天，这位农场主开车进城面见治安官，强烈抗议治安官助理擅自插手。

他和治安官反复阅读《原住民土地法》，一致认定该法律既复杂又无必要；但作为法律代言人的治安官，坚定地认为无论法律正确与否，都必须遵守。

农场主拜访治安官让原住民朋友满怀期盼，希望这能避免他和家人面临的灾难，可令人大失所望的是，农场主很快返回，对他据实相告，并评价说这是他听过的“最古怪邪恶的法律”。虽然荷兰人知道、也听说过一些奇怪的法律，可这位农场主对荒唐的法律相当义愤填膺，他的描述掺杂了许多不可言传的荷兰形容词。不过这些形容词并不能缓解原住民佃户被法律突然赶出家园的苦楚。显然，相较于我们的朋友因《原住民土地法》离开农场的情景，其他南非原住民离开荷兰人的农场时没有体面的送别。白人农场主送他到农场边界，那是他生活了17年的家园，如今却被残忍地驱离。正如这名荷兰人所言，这是他人生中第一次和卡菲尔人握手。在握手时，他恶毒地诅咒导致上述绝境的罪魁祸首——而这些诅咒，似乎通过这种方式逐一应验。

也许加上故事的后续将令人瞩目。我们的原住民朋友带着家人进城，法案尚未在市里强制实施。他把家人留在城里，自己开始四处走动，寻找可以放牧牛群的地方。在流浪的过程中，他的牲畜因饥饿等原因日渐减少。他在故土的原主人发现自己离不开他，听说他的行踪和苦难后，派人叫他回家，“不计法律后果”，在老地方放牧。但愿他们不会被发现。

情况便是如此，友善对待原住民朋友的白人被迫采取隐秘的方式，让原住民及其牲口在南非广阔的土地上喝到干净的水源，呼吸到纯净的空气，因为根据法律，原住民的权利还不如南非的蛇和蝎子。法律迫使人们靠欺骗为生；为了发展，还迫使人们欺骗英国的法律官员。那么，这种法律的存在合理吗？这仅是我们观察到的诸多例子之一，可能还有许多，只是我们一无所知而已。

《开普时报》是开普省最重要的官方日报，每次都为联邦的行为辩护，其中包括解雇英国的公务员。它辩称最近的法案解雇官员是因其不懂荷兰语。所以，人们自然不会期望该报纸会认为专门颁布法律镇压黑人有所不妥。它支持《原住民土地法》中所有严厉的条款，包括条款1。然而，当原住民代表团抵达英格兰，递交“肆虐的法律”在开普殖民地犯下的滔天罪行的证据时，《开普时报》一反为心爱的法律撑腰的作风，说：“他们的头条控诉引人深思”，并引用了代表们呼吁的内容：“在开普殖民地，我们被反复告知，法案尚未生效，而去年十月，东伦敦、金威廉斯顿和爱丽丝的治安官却禁止原住民佃户耕种租用的土地，命令他们把牲畜带离放牧的农场”，这份内阁日报继续补充道：“大可不必考虑控诉的公正性，显而易见，倘若治安官逾越了法律的界限，那便是联邦政府要处理的问题了。”

人们注意到，这是含蓄地批评在开普省行使《原住民土地法》的治安官逾越了职权，理应“受到联邦政府的处理”。现在事实如何？众所周知，包括开普省在内的所有治安官，负责实施南非联邦议会里有识之士通过的每一条法律条文，无论它是合理还是荒谬。因此，这些治安官命令原住民离开农场，把原住民的牛群从牧场赶走，只是在实施《原住民土地法》的条款1而已。坚持在农场推行法令的开普治安官没有违反法律，比勒陀利亚强制宣布该决议非法，却会“受到联邦政府的处理”。

于是，不是开普治安官“违反法律”驱逐农场的原住民和牧场的原住民牛群，而是这些治安官依法处理会做得更糟，因为根据条款5，一旦违反条款1，这些原住民会被送进监狱。为了替法律本身和法律成果辩护，《开普时报》应该寻求更合理的借口，而不是找一群公正之人当替罪羊，而在联邦成立之前，这些人大概从未想到，导致严重暴行的法案会从开普省的法律变成自己的责任。

在默里、F.Y.圣莱杰先生和后来F.E.加勒特先生的时代，谁会料到《开普时报》借助法律，迫使治安官使好望角的开普原住民无家可归，并借此毁了自19世纪创立的伟大传统呢？开普省的行政部门，创建于英明的维多利亚时代的政治家之手，其无与伦比的声望响彻黑色大陆，这主要取决于如下事实，即在和北方省份合并之前，人人都有选举的权利，公民之间并无肤色的差别。在我们童年时代，尽管老开普殖民地的行政部门偶尔也会犯错，但其百年来设法避开了对原始部落残忍的屠杀和流血事件，而屠杀和流血在这片大陆的其他地方是如此常见；老开普殖民地文明和平的方式激励了贝专纳部落拔刀抵制英国人之外的欧洲人屡次吞并的企图：抵抗如此坚决，以至于挫败了将德属西南非洲和德兰士瓦共和国联合起来的打算，从而保证了英国人在罗得西亚贸易路线上的畅通无阻。这一切的实现没耗费英国人一兵一卒，皆因原住民对开普殖民理念的尊重。但悲乎哀哉的是，如今这些原住民被剥夺了在开普省耕种的资格，除非他们成为共和国的农奴。乔治·格雷爵士、毕肖普·格雷和索尔·所罗门会怎么评价呢？倘若英国的缔造者来到这里，发现老开普殖民地的山山水水已不再是数百万黑人的家园，而这些人曾身体力行地帮统治者捍卫了这片土地，他们又会怎么说呢？倘若正义的捍卫者踏入联邦，看到开普殖民地以光明的理念换取了北部省份阴郁的历史，这是沾满了无辜者鲜血的历史，原住民的眼泪浸透了那片土地，被活埋的原住民让人触目惊心，随着大笔一挥，所谓联邦推翻了罗得岛“文明人不分肤色，均享有同等权利”的理念，那些正义的捍卫者又会说些什么呢？巨人就是这般覆没的啊！

我们在为开普理念吟唱挽歌，共和主义者却在欢乐地歌唱。因此，当著名的已故索尔·所罗门先生的门徒萨奥尔先生去世后，“布隆方丹的朋友”、“自由”邦最重要的内阁日报写到：

萨奥尔先生毫不妥协地坚持完全平等的罗得岛理念，他使《原住民土地法》在上期议会顺利通过，但倘若情况有所变化，他将是法案最有力的反对者，这已是公开的秘密。当法律亟待通过时，他被任命为原住民事务大臣，而这与他秉持的毕生信念完全相左，真是命运的讽刺。他通过的法案囊括了令人痛恨的北方准则，这是他整个政治生涯一贯反对的对象，至于《联邦法案》，不过是萨奥尔先生的影响力让原住民的顽固情绪有所缓解罢了。

萨奥尔先生是索尔·所罗门学说的坚定信徒，后者创建并宣扬了开普原住民政策的准则。在我们看来，那是错误的政策。其主要的现代倡导者已经离去，如果不是人类，而是上帝来决定民族的命运，我们怀有这种想法应会得到宽恕，即萨奥尔先生在这个节骨眼上离世，就不止意味着人类从有限到无限的消逝。

如果上述言辞令人不快，但至少坦诚直率，比摇摆不定的开普殖民地的官方喉舌《开普时报》更有担当。据说“政治会产生同床异梦的伙伴”，但即使是我们最敏锐的政治先知也无法预测《开普时报》在1913年就和共和党人沆瀣一气，喜形于色于开普传统体系的崩塌，幸灾乐祸于他们所代表的维多利亚的政治家和原则的消逝——维多利亚原则是由昔日的《开普时报》在另一个政治阵营协助创建而成！巨人就是这般覆没的啊！

纯美安逸的村舍，那是我青春的足迹[①]，
种种娱乐那么让人愉悦，
多少次我在这片草地漫步徜徉，

---

① 节选自诗歌《荒村》(The Deserted Village)，作者为奥利弗·哥尔德史密斯(Oliver Goldsmith，1703—1774)，英国18世纪中叶杰出的散文家、诗人和戏剧家。

谦卑的幸福令景色备受青睐！
我频频在美景前驻足流连：
树荫掩映的村舍，耕耘的农场，
永不干涸的溪流，忙碌的磨坊，
邻近的山岗上矗立着圣洁的教堂，
山楂树丛的绿荫下，
为闲聊的老人和低语的恋人设了座位！
当不再辛劳、开始放松之时，
我常为即将到来的一天祈祷！
村民皆从劳动中得到喘息，
在蔓延的树枝下放松消遣；
娇羞的少女深情地顾盼，
主妇们对此以眼神斥责。
这就是你的魅力所在，迷人的乡村，
如此接连不断快乐的消遣，把苦变作了甜；
他们的欢声笑语萦绕着你的屋舍，
这是你的美景——而它正在消逝。
甜蜜微笑的乡村，最迷人的草地，
娱乐不复存在，美景不见踪影；
只见暴君之手伸进你的屋舍，
荒凉破败让绿地失去鲜亮：

孩子们瑟瑟发抖，
为逃避破坏者的魔掌，
他们远远地背井离乡。
接踵而至的灾难在这片土地肆虐，
财富堆积如山，人类腐败不堪。

开普原住民全然认可奥利弗·哥尔德史密斯的观点，然而，和他自己的命运相比，这非常温和；由于它不可能出现在描述的场景之中，而其前景只有我们一半那么糟糕，因此作者继续唱道：

在往昔，英格兰的苦难尚未发生，
每一寸土地都供养着它的人民；
但时过境迁：冷酷无情的商业体系侵占土地，
把乡村小伙赶离家园。
那些花满枝头的温馨时光，
那些唯愿立锥之地的淡泊希翼，
那些为美景增色的雅致消遣，
曾经栩栩如生，和草地交相辉映，
而今渐行渐远，寻求更美好的地点，
田园之乐和淳美的生活一去不返。
在扰人心绪的尘世信步漫游，

为上帝赐予的悲痛伤怀，
我仍希望生命的最后时刻，
卧躺在俭朴的村舍。

/ 第十三章

原住民新闻工作先驱滕戈·嘉巴乌先生

自大者无法交流；他们自说自话。

——奥尔科特①

开普省金威廉斯顿的《英沃》做了报道，它是第二古老的以南非原住民语言发行的报纸。这份报纸之前在原住民新闻界几乎处于垄断地位，并且赢得了广泛的声誉。后来，另一份原住民杂志《艾斯维》粉墨登场，而金威廉斯顿的报纸先驱面对新对手几乎丢盔弃甲。虽然《艾斯维》宣称反对荷兰人的传统政策，但它

① 阿莫斯·布朗森·奥尔科特（Amos Bronson Alcott，1799—1888），美国教师、作家、哲学家和改革家。作为一名教育工作者，奥尔科特开创了与年轻学生互动的新方式，专注于会话风格，避免传统的惩罚；同时他也是一位废奴主义者和女权倡导者。

靠所持的英国情感吸引了大部分读者。这导致滕戈·嘉巴乌的报纸举步维艰，不得不寻求资金资助。现任政府内阁的主要支持者施以了援手；首届10名联邦内阁成员中的3位成了没落的《英沃》报纸的股东，所以，在某种意义上，也不能完全归罪于主编，因为他的报纸不过是用原住民的语言报道而已。不过，我们认为他并未对其内阁雇主竭尽全力。

上帝不让我们发现自己的大脑为别人所有，可倘若这样的厄运降临到我们头上，我们至少应努力为新雇主服务，每当人民一致反对某项政策，我们就有义务告诉雇主，但嘉巴乌先生并未尽忠职守。据我们所知，大选期间，他为了让主人高兴，胡言乱语，替主人（南非政党）捏造虚假的原住民的信任投票，还在民意调查结束、公布结果之际，让对方发现了事实的真相。

在《原住民土地法》一事上，他亦如法炮制。那时，他发现很难把原住民以空前的规模组织起来，且当地媒体和原住民国民大会在一致声讨格罗伯勒-萨奥尔的法案，他便在报纸刊登了一则路透社电讯，声称金威廉斯顿原住民的会议公报赞同法案。笔者抵达金威廉斯顿后，其间发现该地的原住民极为反感路透社随意揣测他们的观点。路透社的代表就在该地，我们造访了他的办公室，结果他对此次会议一无所知。据悉，该地仅召开过滕戈·嘉巴乌主持的19人的会议。嘉巴乌先生要求这18名与会的原住民赞同法案，W.D.索加先生（一名著名的原住民政治家）请主持人在会议前拿出议案，他准备提出修正案。会议的气氛一直不利于主持人的提议，他不甘失败，建议休会。原因很简单，大家一致认为，19人完全不能代表10万金威廉斯顿的原住民的意愿。可次日一早，“来自金威廉斯顿路透社的代表”的消息出现在了除金威廉斯顿在内的各大日报里，言及原住民赞同法案，萨奥尔先生趁机在议会浑水摸鱼。但无须多久，滕戈·嘉巴乌便要悔不当初。1914年3月，他的权威，或者说他的领导地位就受到了考验，那时他与W.B.拉布萨拉博士竞争泰布兰登的席位。在开普省原住民的预测中，拉布萨拉博士一直排在第二位，嘉巴乌先生排在首位：然而出人意料的是，嘉巴乌先生即使得到荷兰人的支持，也只有294票，而拉布萨拉博士完全仰仗有色人种，拿到了852票。

我们曾在之前的章节提及亨德森校长和滕戈·嘉巴乌先生的名字，他俩是我们出行采访的目标。我们叙述了采访亨德森先生一事，眼下就来说说嘉巴乌先生。

1913年11月3日，金威廉斯顿的原住民打算在浸礼会教堂举行会议，商讨《原住民土地法》事宜。他们来电邀请我们参加，在去金威廉斯顿之前，我们决心邀请嘉巴乌先生参加在本地召开的原住民会议，并像成功采访洛夫戴尔的校长一样，对他表达了同等的敬意。然而，让人恐惧的是，我们发现嘉巴乌先生不仅宣扬对原住民利益造成极大损害的危险的荷兰乡村政治理念，而且还全盘接收了他们忘恩负义的可耻品性。他在内陆访问期间，随时随地都有我们的至亲好友盛情款待，这人不仅享受了我们3次免费的热情招待，而且在他打算前往欧洲短期休假时，还想让人接手他的工作，我们丢下自己的事情，前往金威廉斯顿帮忙，我们不但要费用自理，还得无偿劳动。看到他的回敬了吧。

周六晚上，我们到达金威廉斯顿，周日下午上门拜访嘉巴乌先生。嘉巴乌太太说他去了斯塔特尔赫姆，会坐晚班车回来。周一早上我们去嘉巴乌先生的办公室，见到了他儿子，说他父亲下午会过来。下午时分，我们又去了，这回说是他在，不过要晚点见我们。我们从下午2点30分等到将近4点，和他儿子边等边聊，而嘉巴乌先生在隔壁房间闭门不出，显然不想见我们。他的儿子要走了，我们也起身告辞。6点又来到他的办公室，这时距离召开公开会议仅剩下1个小时，我们只是想邀请他参加会议而已。之前帮我们转交名片的年轻的女士带来嘉巴乌先生的口信，大意是他不打算和我们会面。简言之，这就是“原住民报纸”主编对我们的接待。

我们到浸礼会的教堂参加会议，这是一次巨大的成功。会议由W.塞贝先生主持。塞贝先生是《金威廉斯顿日报》的主编，是名英国人。他亲自到场，为报纸做记录，而自称金·威廉斯顿的原住民报纸却没有记者出席。

本次会议在金威廉斯顿的英文报纸刊载后，嘉巴乌先生在自己的报纸发文贬斥，称“《开普信使报》显然不清楚金威廉斯顿有城镇和乡村之分，原住民也不尽相同”等等。这无非是在影射金威廉斯顿乡村的原住民反对城里原住民的观点，我们得让这事有个结果，于是我们对滕戈·嘉巴乌先生提出了如下质疑，后者明显无法接受：

亲爱的先生：

《英沃》以贬抑的口吻评价了周一的会议，接着还说组织此次会议的是少数受好奇心驱使的原住民。现在，我向《英沃》或滕戈-嘉巴乌先生发出挑战，在金威廉斯顿地区连续召开三次公众集会。在宣读和解释《原住民土地法》后，让我们各自在大会发言。我们可以在同一个或不同的讲台发表演说，但须在同一天，同一个地方。每次集会投票后，倘若他的观点获得支持，我就捐15磅给格雷医院（金威廉斯顿），15英镑给维多利亚医院（洛夫戴尔），如果我获得投票支持，对方亦须捐15英镑给维多利亚医院（马弗京），15英镑给卡纳封医院（金伯利）。

如果他接受，那便是捐赠30英镑。

我不会麻烦他到这里来参会，不过是让他在自己的地盘，在自己人（如果他有的话）中间召开会议，而我将自费参会。

您的，

（签名）所罗门·特希克肖·普拉阿杰

《人民之友》的主编，原住民国民大会秘书长

香农街14号，金伯利。

《英沃》的回复

亲爱的先生：

《英沃》的主编令我感谢您的来信，并通知您他未曾读过、也未密切关注过您的著作，所以他对您的用意不甚明了。简言之，他无意卷入此事。

您真诚的，

（签名）A.M.嘉巴乌

《英沃》办公室，金威廉斯顿

1913年，11月24日。

可怜的家伙！自从灾难般的法律在毫无准备的国土猝然登场，让毫无防备的遗孀和无辜的孩童头顶家当颠沛流离，嘉巴乌先生连一个政府官员都没见过。他没与任何议员碰过面，也没和议员或负责的政府官员讨论过这项议案。所以，面对这个议员、内阁

大臣及其代表讨论过议案，而且亲眼目睹法案给该国的原住民带来灾难的人，接受挑战证实自己的观点无疑困难重重。

金威廉斯顿的原住民同胞控诉嘉巴乌，大致是他拒绝参加他们的会议，只依靠白人的日报获取原住民的详尽信息。

不过嘉巴乌先生只是自私自利而已。我们了解到，并且有理由相信，法案通过3个月后，他想就土地安全筹集200英镑的借款，但《原住民土地法》不允许。他的下一期报纸第六十次赞扬了法案，并指出了它的不足之处："法案卓有成效，唯有一处不尽人意，那便是严格的管理导致了一个问题，即借钱的条款有些麻烦。"

在我们看来，这条似乎是如今仅有的站得住脚的条款。它打击高利贷，而高利贷是欧洲人和原住民之间常见的邪恶交易；但该条款于嘉巴乌先生的个人目标有碍，便成了美中不足之处。原住民除非成为农奴，否则，冷血的驱逐行为和残忍的法律原则会让他们漂泊无依，这一点对嘉巴乌先生而言反倒成了微不足道的小事，不过是没有触及他的个人利益罢了。

/ 第十四章

南非原住民国民大会与联邦政府

遗憾和需要让人本出同源。

血液不分种族，流淌着同样的颜色；

眼泪没有区别，滴落时咸味弥漫。

埃德温·阿诺德爵士[①]

1913年7月25日，在南非原住民国民大会的支持下，约翰内斯堡召开了南非原住民会议。

原住民从各地赶来参加会议，南至东伦敦和金威廉斯顿，北至北德兰士瓦的祖潘思伯根，还有人来自纳塔尔、祖鲁兰和贝专纳；实际上，他们从全国各地和远近不一的聚集地赶过来，讨论

① 埃德温·阿诺德（Edwin Arnold，1832—1894），英国诗人、记者，以其作品《亚洲之光》而闻名。

当前因《原住民土地法》导致的严峻形势。因此，会议的议程责任重大。原住民的集会几乎没有惯常的长篇累牍的内容，也不太将讲话内容意译给欧洲的来客。翻译通常耗时巨大，他们显然在会议做了减省。因此，兰特的晨报《德兰士瓦领袖报》抱怨原住民异常神秘，不像以前会议那样沟通顺畅。另一方面，《兰特每日邮报》只用寥寥几行提到了闭幕会。报纸写道："昨晚，许多原住民妇女参加了国民大会，她们盛装出席，与大会的庄严肃穆相得益彰。200余名代表秩序井然，多亏了J.L.杜布先生在台上安排，他是名能干的主持人，助手是两名在伦敦拿到学士学位的原住民律师。"

R.W.姆西曼是名律师，在伦敦的律师事务所取得了见习资格；但说到第二位"原住民"律师和"伦敦学士"大概是对笔者最不恰当的恭维，他在1914年前（即《邮报》报道一年后），从未坐船飘洋过海，也未在伦敦大学里呆过。

1913年3月，在一年一度的代表会议上，代表团被派往开普敦，代表原住民向政府抗议购买和租用土地的禁令。代表团成员包括J.L.杜布先生，W.B.拉布萨拉博士，埃德沃特·曼盖纳先生，L.德勒普牧师，W.Z.汾阳先生，S.曼塞恩先生，L.T.曼瓦巴萨先生，D.勒·唐卡先生和S.T.普拉阿杰先生。不过，笔者此时无法前往开普敦。7月专门召开大会，接收前往开普敦的代表的报告，进一步思考下一步的行动。

拉布萨拉博士就开普敦代表团之行做了汇报。他们和原住民事务大臣晤谈4次，与议员也见了几次面，敦促他们留出一些政府的农场让被驱逐的原住民佃户容身，因为法案的实施不可避免地会令这些人无家可归。他说，大臣从未否认法案出台后可能导致的艰难困苦，但他受某种神秘力量的驱使，而在该力量面前，原住民的利益并不重要。他说，这股力量的底细他只能稍作推测。赫佐格将军一直拥护此类议案（虽然他无法予以实施），可他不巧被踢出了博塔内阁，他的支持者异常恼怒，为了安抚他们，政府推行了他的所谓政策，所以赫佐格将军当政时没有机会奴役黑人，而他下台后，政府为了获得自由邦反对分子的支持，他便成功地让政府牺牲了公平正义的原则，迫使法案在议会通过。

内阁与代表们的努力宣告失败后，代表们要求推迟法案，等待委员会的报告，可这一要求同样被政府拒绝。最后，他写信给格莱斯顿阁下，请他在聆听原住民的意见前，撤销对法案的许可。可阁下大人回复说，这“不在他的职权范围以内”。上述事件发生在1913年5月。

到了7月，国民大会的主席杜布先生致信格莱斯顿阁下，请求会面，向其陈述法案对原住民造成的伤害。格莱斯顿阁下再一次回复说，这“不在他的职权范围以内”。

《原住民土地法》后来成了法律，逐条向原住民宣读，大多数原住民叙述了他们的遭遇和法案实施6周以来他们的所见所闻。大会考虑到这些情况，深思熟虑之后，决定向英国政府陈情，同时，大会还采取措施，告知英国民众英属南非政府的统治方式，以寻求他们的帮助，废除使大会空前团结的严刑峻法。

国民大会仔细斟酌了如何让国王陛下和英国民众最大程度地在此事上帮助原住民；商讨的结论是，倘若南非真的在英国治下，那么发生在该国的苦难一定会得到国王陛下和英国民众的关注。大会的下一个问题是选定人员继续代表团旅程，这包括6000英里的海上航行、1000英里的铁路之旅。南非的欧洲人到英格兰向帝国政府要求立宪，原住民被迫支付了这些代表的旅行和其他费用，代表团才能轻松成行，原住民非但不能从中获益，他们的权利还有所削减。偏偏涉及原住民的事务时，他们却没有可自行支配的资金，即使原住民去英国政府言明，议会使用了他们交纳的税款，但在议会却没有支持他们的代表。为了满足代表团出行的需要，曼塞恩先生被派往全国巡游，从原住民处募集资金。约翰内斯堡的代表团被任命监管此次结果，同时负责曼塞恩先生募集的资金。委员会的各位成员如下：W.F.耶姆萨纳（主席），埃尔卡·M.采莱（财务主管），D.S.勒唐卡，R.W.姆西曼，H.D.曼凯日，B.G.弗克，D.D.泰瓦卡蒂，D.莫莱茨，M.D.纳布日塔，H.塞尔比·姆西曼（名誉秘书），索尔·曼塞恩（组织者）。最后，大会还派了一个代表团前往比勒陀利亚，向联邦政府通报国民大会通过的3项决议。首先，向政府吊唁尊敬的J.W.萨奥尔先生，他是前任原住民事务大臣，刚好在大会召开前夕过世；其次，原住民不赞成威特沃特斯兰德和其他地方的工业斗争，更愿意通过宪法而非暴力手段为自己的冤屈寻求赔偿；最后，因向当局抗议从农场驱逐原住民的一事没有结果，原住民决定募集资金，向国王陛下和英国公众表达他们的诉求。

曼塞恩先生被任命为募集资金的组织者，请他在各原住民村落巡游时小心行事。以下是被派往比勒陀利亚向联邦政府递交决议的代表：酋长卡尔·柯卡纳，德兰士瓦的S.M.马克贾托先生，开普省特兰斯凯的E.曼巴先生，索尔·曼塞恩先生，纳塔尔的R.图瓦纳牧师，金伯利的S.T.普拉阿杰先生，以及奥兰治自由邦的J.M.诺孔先生。

现任原住民事务大臣S.F.马伦先生在政府大楼接待了代表团，那里是联邦成立前德兰士瓦的议会大楼。和原住民事务大臣一道的还有大臣助理E.巴雷特先生、约翰内斯堡的委员普里查德先生以及兰特治安官克罗斯。事务大臣毫不犹豫地接过决议，坦言代表温和的语气让他如释重负。此外，他聆听了原住民因《原住土地法》遭遇的艰难困苦和一些具体的事例，据说一些离比勒陀利亚不远的原住民，在被赶出故土后虽然找到了新去处，可专员告诉他们不能在那里定居。

代表们向大臣递交的抗议不是为了宣泄情绪，而是有实实在在的切肤之痛。大臣听了陈述后，指出《原住土地法》是法律，必须遵守。他说自己并不确定原住民派代表团到英格兰能否有所收获，因为国王陛下的代言人毫不迟疑地当场签署了法律。既然原住民在法律范围内行事，他不明白为何原住民召开会议并组织代表团面见国王会受到阻扰。不过在他看来，他们应静观其变，根据法案条款2和3任命委员会后，再做打算。他补充道，向最高统治者提出诉求是每位英国公民固有的权利，但他表示，在委员会拿出首份报告之前，应打消向英格兰上诉的念头。代表解释说，法律在6周内造成了如此巨大的伤害，6个月会发生什么不禁令人担忧，委员会尚未指派，报告成形遥遥无期，想来会花上6年光景。

代表团清楚地表示，如果政府在委员会给出报告前修改法律，那么，他们可以取消对国王的诉求。

纳塔尔的《原住民土地法》

在接下来的一个月内，原住民事务大臣和纳塔尔的原住民行政专员让南非原住民大会的主席约翰·L.杜布牧师提供因《原住民土地法》造成原住民苦难遭遇的资料和详情。杜布先生收集到一些具体的受难事例，包括瓦西庞克的埃文斯达尔部落酋长桑达拉日维，这人说他和五十名部落成员收到通知搬家，他曾向玛瑞兹伯格当局陈情，要求划拨土地，但未果。

1913年9月12日，杜布先生致信原住民事务秘书，附上了被驱逐的农场佃户的名单。

尊敬的先生：

纳塔尔的原住民行政专员在我的公开信*刊载之后，很快找到我，提出了和您相似的要求，即我须向他提供详情和资料。我时常向首席专员提供姓名，并随信附上名单和增加的名字，那是我和原住民首席专员通信以来我所知道的全部姓名。

（*杜布先生指的是他寄给《纳塔尔新闻》的公开信，里面阐述了深受法案所害的原住民的艰难境况，并呼吁殖民者向南非政府为受害人求情。）

至于您来信的末段，大意是让纬纳郡原住民屈从一事，是原住民行政专员唯一的要求，这些人一年前就从雇主手里接到通知，所以您肯定收到了错误的信息。从名单中您可以发现，有很多名字被呈交给原住民专员，而且，我还把一些受害者送到专员那里与他会面。问题是专员没有亲自处理这些案例，据说大多数时候，他把这些人交到治安官手上，把我的信件也转给了治安官，要求治安官调查此事。然而，无论治安官多么急于帮忙，他们不过是普通人，根据我的了解，很多时候他们肩负其他重担，无法分神关心此事。此外，治安官只是政府官员，无助的原住民在全国四处流浪，并未马上得到应有的同情和关注。很多情况下，被我送去的原住民得到的印象是，姑且不论对错，让他们宽心的事情一件也没干。

倘若我可以提议，那么应任命无党派人士来调查此事——他应有充足的时间去调查眼前的各种苦难，且他有权采取必要的行动减轻他们的痛苦。

我还要说的是，自从1912年议会会期出台《寮屋居民法》以来，农场主赶人的事件大量增加，大概由于农场盛传政府将重新引入《寮屋居民法》等类似的议案。现在《原住民土地法》成了法律，原住民不能与土地所有者签署协议成为佃户，只能成为农奴，结果被农场主驱逐的原住民大多成了无家可归、没有依靠的流浪者。

《原住民土地法》还导致另一种苦难盛行：年轻的原住民并不从农场主那里挣薪水，而是在兰特矿区干活，那里挣钱相对容易些。青年男子离开家和父辈前往矿区，儿子们不在，父亲不能满足雇主的体力要求，所以被赶出农场——这样的例子有很多。

在此援引我知道的两个例子：(1) 布罗斯住在R.米勒先生的农场达尔米尼，那里靠近菲尼克斯。6月底，他、妻子和家人被赶了出来。他想找地方落脚，但一直没找到。(2) 在纽卡斯尔附近，有位名叫瓦特普朗克的原住民寡妇，她和家人被阿顿多夫先生赶出农场。这名妇女和家人带着全部家当，被迫露宿草原。法案禁止她到相邻的农场主那里居住。

我竭尽所能向您提供具体的事例和受难者的名字。如果信里和附加名单有可增补的信息，我将乐意效劳。

能允许我再次建议让原住民行政专员把我的相关信件转给您吗？这会向您及政府表明，我在公开信里的陈述并非子虚乌有，而是确凿的事实。

杜布先生的名单所包含的驱逐事件囊括了如下地区：格雷顿，新汉诺威，埃库堪耶尼，流浪之地（名字恰合此景），霍威客，埃斯特科特和埃罗乌中部。

如下是通知的样本：

兹通知曼德瓦斯于1913年7月底前离开我的农场布林克沃特。

（签名）弗利斯托·里奇

1913年7月20日

在原住民事务部和其他政府部门，“行政的车轮进展缓慢”（借用一位官员的话语）。因而，在当局用这样或那样的声明敷衍搪塞时，《原住民土地法》正蔓延到全国的原住民身上，在各个地区造成了忧虑和恐慌。政府的高级官员没有着手缓解大家的焦虑，反而会见原住民，敦促他们别派代表团到欧洲。原住民满怀希望地接受了劝告。他们以为这暗示着政府将修改法律，当然，在此情况下，代表团大可不必成行；然而，除了这条劝告之外，官员们每次都没有承诺补救。

纳塔尔的原住民专员同样和一群祖鲁人见了面。会面要求给被驱逐的流浪佃户提供援助，但官方明显规避了这个问题。专员含糊其辞的答复让人对会面失望透顶，这让原住民在官员面前战胜了公认的羞怯，对专员说了微不足道，却又掷地有声的一番话：“当地政府每年都对我们的狗征税。钱拿去干了什么没人清楚。你们从未抱怨过浪费，那我们把钱花在送代表团见国王上，你们又为什么抱怨呢?”想来即使有回答，也不会报道出来。

在那之前，博塔将军从未见过原住民的纳税人，听他们陈诉冤情。1913年下半年，他在东德兰士瓦会晤了一些想让他了解邪恶法案的原住民。然而，他没有承诺给流浪者寻找庇护所，还一直建议他们不要派代表团到英格兰。原住民详细列举了附近被赶的原住民遭受的苦难，要求给他们提供住所，总理不置可否。政府对原住民苦难的漠不关心由此可见一斑，弗雷黑德的原住民从而更想让代表团成行了。

博塔将军反对派出代表团，且没给被驱逐的原住民提供地方落脚，这或许极大地推动了代表团筹集经费。不久之后，总理走访了北方部落，据说还告诫酋长及其子民不要对国民大会抱有过多的期望。几天后，杜布先生来到此处，当地人给代表团捐了200英镑，这笔钱是他们在博塔将军走后募集所得。索尔·曼塞恩同样在东德兰士瓦募集到360英镑，这里是总理最初告诫原住民的地方，不给他们提供任何帮助，还让他们不要派遣代表团。

那些没有受到法案波及的原住民对派遣代表团的提议相当冷淡。但官员后来警告他们不要浪费金钱在代表团身上，还告诉他们替被赶的流浪者找住所是违法行为，此时此刻，这些原住民才意识到政府的建议毫无诚意，作为最后的手段，他们应该派代表团到英格兰。

/ 第十五章

金伯利议会/金伯利大会

这种哀恸让分离的生命合而为一，

时间造就的裂缝就此恢复如初。

——刘易斯·莫里斯[①]

一切准备就绪，2月又在约翰内斯堡召开了特别会议，拿出了代表团方案，任命代表前往英格兰。7月会后，鉴于政府有所不满，笔者觉得有责任知照政府即将召开会议。之后政府表示，由于最近白人罢工（原住民公开宣布和白人毫不相干），国民大会不能召开。与之同时，我们还收到电讯禁令，国防部长斯穆茨将军在议会宣布，因为最近（1914年1月）的罢工事件，取消各地公众

① 刘易斯·莫里斯（Lewis Morris，1726—1798），美国纽约的土地所有者和开发商，作为纽约大陆会议的代表签署了《独立宣言》。

集会的禁令，出台戒严令。顺理成章地，博塔将军的决定使前一天的国民大会事宜泡了汤，于是，我们致电议员沃特金斯博士和参议员施赖纳一探究竟。这两名先生答复道，白人公众集会的禁令取消，但总理指示，涉及国民大会的则保持不变。在咨询了一些金伯利的原住民居民后，笔者立即通知大会的执行委员会：

> 我的故乡金伯利，在感情上已不是共和国，也还没到开会需要获得允许的地步。因此，我们邀请国民大会到热情好客的英属金伯利举行会议，那里公众集会结束时要唱英国国歌，不像在南非其他地方要唱《民谣》或《红旗》。

通知出来后，政府宣布不是真的禁止召开国民大会，只是不让在罢工的约翰内斯堡举行；只要不在户外举行，在约翰内斯堡亦可。不过姗姗来迟的复议却是多此一举，金伯利早已准备就绪，一些代表也正在前往金伯利的路上。

1914年2月27日周五早上10点，大会在圣约翰大厅召开，金伯利和库鲁曼的主教W.戈尔·布朗牧师主持了大会。在德·鲁热蒙副主教和圣·保罗布道团的I.I.朗格瓦纳牧师的陪同下，主教阁下用本土语唱了圣歌。主席缺席，下午才能抵达金伯利，副主席马克贾托接待了主教。宗教仪式结束后，主教向大会进言，不用要求废除整个法案，只需解除严苛的条款即可，然后等待委员会对法案余下条款的报告。主教补充道：“法案里面也许有可取之处，正如从金伯利的青土中能找到亮晶晶的钻石。”

马克贾托先生感谢主教出席大会的开幕式，也对他的比喻表示谢意，但他接着说道，从未听闻父亲会对自己的孩子说：“儿子，你饿了，我要给你准备晚餐，你最好在外面的雨中等待。”主教为大会祈福后，斯威士兰的王子马伦哥-卡-曼邦-德利被引见给主教，此外还有德兰士瓦的莫洛特勒格酋长和马摩嘎勒酋长，以及巴乎鲁特赦的莫瓦罗阿酋长，另外还有纳塔尔的埃尔卡·M.采莱先生，开普省的梅沙齐·皮勒姆先生、J.M.诺孔先生，奥兰治自由邦的S.里瑟可先生和其他原住民领袖。

晚上，大型的公众招待会在市政厅以代表的名义举行。金伯利全心全意地投入进来。德比尔斯公司[1]过去仅殷勤款待欧洲的集会，对原住民会议和组织比较冷淡，不料这次也应大会要求参与其中。德比尔斯公司的秘书皮克林先生大概听说了封闭矿区大院的矿工一致同意外面同胞的观点，于是，公司的盛情款待便惠及了原住民代表。

非洲政治组织的主席I.约书亚先生负责播放电影，另两名非洲政治组织委员会成员莱基和思普腾博先生充当司仪。成百上千的有色人种参会，为给大家表演的原住民音乐家喝彩，他们涌入市

---

① 德比尔斯公司（De Beers Company），全球最大、最悠久的钻石矿业公司。

政大厅，把里面挤得满满当当。有色人种组织委托发言人H.范·卢因先生代表非洲政治组织欢迎与会代表。妇女协会的主席范·德尔·里特夫人出席了会议，她是名教师，也是久负盛名的音乐家，担任了绿港合唱团的钢琴伴奏，负责晚间伴奏重任的M.恩特斯科小姐因此如释重负。

约瑟夫·可可泽拉先生代表金伯利和比肯斯菲尔德分部，欢迎大会在金伯利召开，并给主席杜布先生一个地址，那里被马弗京的圣·约瑟夫修女院的修女装点得分外美丽。H.范·卢因先生将自己的人民与原住民团结起来为生存而战，代表欧洲人发言的J. E.麦肯齐博士做了精彩的演讲。他说高尚并不局限于任何特定的种族和肤色，黑皮肤和白皮肤的人同样卓尔不凡。他还问道："贝德福德的青年领袖后来成了中非的圣·奥古斯丁，谁还比他更高尚？比利文斯通博士的两名仆人带着他的遗体，不远万里，穿越重重艰辛的森林，只为将其安葬在维斯敏斯特大教堂，还有什么人比他们更高尚?"

几位原住民大会代表随后提及了麦肯齐博士的演讲。他们说在来金伯利之前，他们确信南非联邦完全笼罩在英国的理念之下，但英国的观点早成了过去式；不过，麦肯齐博士的演讲给了他们全新的希望，如同沙漠的旅人有了沁人心脾的凉水。他们还说，听到白人对其他种族的观众这样说就像做梦一样。

大会还收到了金伯利的老住户大卫·哈里斯爵士和沃特金斯

博士的声援电报。这两位先生向议会发来贺电。

金伯利的议员H.A.奥利弗是位了不起的卫斯理主日学教师。他正在开普敦参加议会会议，自掏腰包吩咐他在金伯利的经理为牛顿卫斯理主日学校的高级班预订席位，参加大会的文娱表演。

当天，定居金伯利的治安官向我们来电，称其收到了来自原住民事务秘书的电报，内容如下：

“今晚前往金伯利参加原住民大会。通知普拉阿杰。”

政府代表参加有色人种的政治集会，这事从未发生过，仿佛英明的委员会在政府占了上风，因此决定与原住民会面，这起码是种让步。如果打赌是原住民的嗜好之一，至少有代表打赌道尔先生在对国民大会做出让步，这样一来，大会就不必派代表团前往英格兰。国民大会将道尔先生的来访与让步的观点紧密联系起来，导致选派代表团赴英格兰一事被相应搁置。联邦最近的立法变动很大，这种期盼倒也合乎情理。

反对英籍印裔的法律通过的时间和《原住民土地法》的差不多，英国政府迫于印度政府和其他机构的压力，刚好要予以修改。工党成员再次在开普敦和威斯敏斯特刁难了斯穆茨将军的《驱逐法案》，这迫使政府修改附带条件的驱逐条款——与《原住民土地法》中针对黑人佃户的驱逐条款相比，这种苦难并不那么重要或绝对。因此，国民大会的原住民代表代表了绝大多数南非居民——自从南非建立以来，除了南非议会的残暴法律，这些人什么都没得到——他们完全有理由希望政府的特使给原住民带来橄榄枝，这也是破天荒头一遭；唉！可原住民不像罢工的工人有投票权，无法阻止立法；也不像英籍印裔，背后有印度政府的支持；所以，他们重要的权益被忽略不计，被公然置于遗忘的角落，而这一希望和历来的遭遇如出一辙，皆化作了泡影。

道尔先生于1914年2月28日周六和3月2日周一参会演讲。

他深切地表达了政府对原住民、原住民领袖和酋长的感激之情，感谢他们一直以来给予政府的忠诚合作，接着，他请原住民永远保持忠诚的合作，不要因《原住民土地法》向英国申诉。申诉将使原住民事务部倒退许多年。当然，原住民自身的倒退并不重要，唯一会影响的是政府税收登记的指数，比如原住民每人每月至少1先令的市政通行费，以及黑人同期的负担。因此，对大会成员的提问，在委员会报告之前，道尔先生丝毫不能透露严酷的法律条款中会被修改的地方，亦不能以政府的名义承诺委员会的报告将有利于原住民，也无法承诺议会会让报告生效，即使做出的承诺并没考虑报告也许会损害原住民的利益。这便是政府秘书莅临原住民大会的情况，完全没有成效，国民大会一如既往地困惑消沉。

陌生的恐惧笼罩在大会之上。当报纸公布委员会名单时，名单中的人让原住民提不起任何兴趣，不过好在《原住民土地法》的委员会成员与任何政党均无瓜葛。由此可见大会众人的心情，那时他们得知，5个委员会中成员的4个作为代表出席了两个月前在开普敦召开的执政党会议（赫佐格将军和德·韦特将军在会上明确与博塔将军一刀两断），也没有迹象表明第5位委员不在那里。故而形势到了如此地步，这个本应由中立人士或政党人员构成的土地委员会，无论如何都应代表三个政治党派和原住民，其实成了把《原住土地法》强加于公众的执政党的分支机构。

大会最后决定，如果接下来的努力失败的话，它将委派5人代表团陪同主席杜布先生一道前往英格兰。大会提名了9个人，14位国民大会委员会成员将委托中选的5位代表，选举采用无记名投票的形式，报给全体大会成员的选举结果如下：

S.T.普拉阿杰13票

S.M.马克贾托9票

索尔·曼塞恩3票

W.Z.汾阳3票

T.M.马普克拉3票

W.B.拉布萨拉博士2票

A.K.索加2票

M.培伦2票

马摩嘎勒酋长1票

前5位候选人入选。汾阳先生后来退出，拉布萨拉博士入围；马克贾托先生未能及时赶上开普敦的轮船，于是最终陪同主席达到英格兰的代表是：

1. 拉布萨拉博士；2. S.T.普拉阿杰；3. 索尔·曼塞恩；4. T.M.马普克拉。

他们首先把会议结果递交给总理，请这位议会多数派的代表着手撤销《原住民土地法》，倘若失败，至少尽力撤销那些禁止被驱逐的原住民佃户寻找落脚地、只能成为仆人的条款，如果总理拒绝这一要求，他们会立即向帝国议会和英国民众寻求帮助。

应补充说明的是，在国民大会散会前夕，还收到了来自好望角教会理事会吉布森先生和W.P.施赖纳阁下的电报，建议他们不要向英格兰申诉。这些来电让代表们大受鼓舞，深信斡旋补救之举正在进行，被驱逐的流浪的原住民状况会得到改善，当然，在此情况下，委实不必诉诸于英格兰。不过后来证实，这些建议并未附带任何补救措施。

大会结束前，公开感谢了金伯利和库鲁曼的主教，德比尔斯公司，对事件进程做了自由报道的《钻石业报》[①]，周一设宴招待代表的道尔先生以及金伯利的居民。

马克贾托先生代表大会尤其感谢了各个委员会，他们不辞辛

① 《钻石业报》(DFA, Diamond Fields Advertiser)，南非金伯利日报，创刊于1878年3月23日。

劳，让与会代表宾至如归，这些人是：

当地的委员会

金伯利委员会——托马斯·莱乌先生（主席），S.马洛哥先生（会计），比尔·查巴拉拉先生，H.恩德洛武先生，Z.尤曼恩先生，A.R.马肖科先生，T.蒂尼索先生（秘书）。

比肯斯菲尔德委员会——J.史密斯先生（主席），W.简尤厄尼先生，S.佩拉先生（会计），贾斯·恩格赛祖拉先生，恩特申格先生，B.马拉杜先生，J.S.可可泽拉先生（秘书）。

当地住宿及饮料委员会：J.史密斯女士，S.斯德日亚女士，M.马乎马女士，S.卡瓦女士，米尔德里德· 可可泽拉女士，L.斯科塔女士；J.肖罗格先生，J.马特塞比先生，S.佩拉先生，索加先生，J.恩格塞祖拉先生，A.恩特肖科先生。

市政厅接待委员会：J.J.范·德尔·里特女士，M.恩特斯科女士；以撒·P.约书亚先生，西德尼·莫特哈比先生，P.W.玛玛先生，T.蒂尼索先生，托尼·曼森嘎纳先生，J.G.莫特哈比先生。

大会表决给名誉秘书长S.T.普拉阿杰先生10英镑的酬金。

1914年5月13日，我们致信格莱斯顿阁下，表明自己是原住民向国王陛下陈情的请愿人代表，希望他能好心地转达。当然，我们估计会收到这位阁下的便条，说和我们碰面“不在他的职权范围以内”，但这次出人意表的是，格莱斯顿阁下回信约定5月15

日中午在总督官邸与我们会面。不过，这次职权范围内特别约见的原因在会面中表达得一清二楚：总督只是把这视为敦促代表团取消英格兰之行的机会而已。

代表团回复道，即使原住民的政治，也有诉求的机会，无论是因部落首领的行为呼吁原住民酋长，还是因原住民酋长呼吁统治者。倘若告诉成千上万的南非黑人无法向国王陛下申诉，他们无法列席的议会制定了严苛法律，这将极大地打击他们的忠诚。

值得一提的是，虽然总督并未这么说，可从他的脸部表情看得出来，冷酷的严刑峻法似乎让他生出了怜悯之情。同情惊愕的情绪浮现在格莱斯顿阁下的脸上。然而，他并不希望让运转良好的各职能部门对投诉内容进行改善。这位阁下所做的不过是建议我们放弃到英格兰求助。

"但是，阁下，这些残暴的行为近况如何?"我们问道。

"哦，"格莱斯顿阁下说，"原住民并非唯一的受难者，即使在英格兰，人们也时常遭受苦难，他们只有移民到美国或其他地方才能解脱。"

"没错，阁下，可能的话，原住民派代表向国王陛下陈情只是以防万一，他们没法移民到美国或其他国家。"

"哦，不，"他回答，"别误会；我只是举个例子，不是说原住民必须移民。"

接下来，总督再次建议不要向皇室陈情，可他又不想修改法案，于是代表团坐船前往英格兰。

在这次会面之前，除了总理和原住民事务大臣博塔将军，没有大人物屈尊接见代表团。会面前夕，代表团还强烈希望，即使禁止置地的命令仍在实行，在委员会的报告出来之前，总理至少能允许原住民租用土地。但就算如此卑微的要求也未达成，博塔将军只表示他不会在自己的农场驱逐原住民，另外让别的农场主不要驱逐原住民。总理在自己农场的个人行为以及其他一些农场主的行为，并不能帮助法案颁布以来的整个原住民群体。他们也不会对无家可归的原住民流浪者施以援手，因为博塔将军自己也不愿违法，允许他们在自己的农场落脚。另外，我们也不清楚博塔将军的此番努力会给农场主留下何种印象，因为他手下的官员正在斯坦德顿等地的政府农场大规模地驱逐原住民佃户，致其颠沛流离。使被驱逐的佃户身份合法化，这是唯一的补救办法，尽管不太周全。但根据博塔将军的说法，“如果我拿着法案让议会修改，他们会觉得我疯了”。

这番言辞坚定了代表团前往英格兰的决心，相应地，他们立即为航程做了安排。

令人难过的是，这些会晤反映了政府对原住民事务的轻慢。政府对联邦五百万黑人征税，以维持所谓世上最昂贵的行政机构。原住民事务处的官员被称作“原住民的守卫者”，享受着高额薪水，而这来自收入微薄的体力劳动者，即原住民纳税人所缴纳的税收收益；但是原住民事务大臣博塔将军，这位“原住民之父”和行政机构的最高首脑，似乎（假装）完全不知道他的下属官员在用大棒政策对待原住民的利益。举个例子，会面过程中，我们试图争取他的支持以代表自由邦的原住民，尽管布尔人法典的条款令人却步，但据我们所知，布尔政府并未禁止原住民购买或租用土地。博塔将军不仅否认他是第一任实施禁令的布尔政府代言人，而且还以政府的名誉斩钉截铁地表示，在自由邦，没有尚在人世的原住民从白人手中买过农场——简言之，他指责我们捏造事实。幸运的是，E.道尔先生参加了会面，他记得自由邦霍普斯塔德和萨巴恩科地区的一些原住民农场主在共和政体下从白人手中买过农场，于是他证实了我们的说法：1914年5月15日，总理兼原住民事务大臣生平第一次听闻居住在自由邦、免付农场租金的原住民的存在，而农场是在共和国统治下从白人手中购得。

声称自由邦原住民在《原住民土地法》推行下毫无损失，不过是联邦政府企图获取原住民纳税人的信任、绝望地在无知的迷宫摸索的一个阶段而已。

聪明可靠的原住民纳税人的合作肃清了无知的行政网络，如果政府愿意屈尊利用它，它便任其支配。但政府宁愿让纳税人（包括原住民纳税人）付出极大的代价，从非原住民手中获取道听途说的观点，这不仅带有种族偏见，而且还不切实际。因此，南非联邦的原住民政策笼罩在无知的迷雾之中。

/ 第十六章

寻求英国的保护

在所有残忍的品性中，我最讨厌的，

莫过于假装披上了仁慈的外衣。

——福克斯

原住民代表一到伦敦，便受到几位朋友的接待，还被引见给在毕晓普盖特开会的卫斯理教会委员会，其中两位朋友是同业会联盟的多元文化助理查理·加尼特博士和德兰士瓦的阿莫斯·伯内特牧师；反奴隶制及土著保护协会与殖民部官员就会晤交换了意见。殖民大臣同意接见代表团，条件是协会的人员不得陪同。

原住民代表团抵达英格兰时，不少南非传教士正在该地休假，这些人之前也在南非参加过反对法案的教会集会。其中还有人亲眼目睹了法案的残酷行径；然而他们亲自接待原住民代表的决定则意味着没有目击证人可以证明他们见过的法案的执行情况。

根据预定的会见时间，代表团如期等候国务大臣，后者的答复在议会说得更加明白。在会面中，他既没做记录，也没提问。相反，说到任何问题，偏偏他都得到了“博塔将军的保证”。

代表们与政府之间毫无进展，为了完成原住民的托付，代表团最后决心求助于英国议会和英国民众。

后来行政管理和议会行政管理的秘书T.巴克斯顿先生和J.H.哈里斯先生安排代表与一些议会成员见面。约见定在下议院第11号会议室。出席的贵族代表有埃莫特阁下和H.卡文迪什·本廷克阁下。议会成员在倾听并询问代表之后，告诉他们接待访客后会送来他们的决定。值得一提的是，除了上述两位秘书先生之外，还有一些非议会成员的支持者参加了会面，他们是安墨森的S.科伦索小姐，斯特林的牧师豪伊博士及豪伊太太。

多亏了好心的巴克斯顿夫妇，科布登·尤恩夫妇（与扫罗·所罗门太太通力配合），威斯敏斯特的斯科特夫人，安墨森的S.J.科伦索太太，坎伯威尔的治安官H.E.伍德先生（代表团与英国浸信理事会能顺利会晤，是他在其中牵线搭桥），议员艾伯特·斯派塞爵士及夫人，还有达利奇的哈里斯夫妇，一系列招待会以代表的名义在上述朋友的住处举行，英国和殖民地的客人多有出席。

在下议院

P.奥尔登先生：我想告诉诸位议员阁下关于南非原住民土地的问题。在通过《联邦法案》之前，我恰好负责一项要下议院全体通过的决议，在当时的讨论中，殖民地的次国务大臣规定，英国议会的职责之一是竭尽所能保护原住民的土地利益、土地的权利及自由。倘若我们夺走原住民的土地，我们就夺走了他们的自由。关于1913年《原住民土地法》，有两三点需向诸位做个说明。在南非联邦，黑人有大约450万摩根的土地，白人的土地是黑人的14倍，当然，在数量上他们并不起眼。不平等的状况在德兰士瓦非常明显，那里的30万白人拥有3100万摩根的土地，但100万原住民拥有的可以称为自己的土地仅50万摩根而已。

南非曾反复声明，适用于原住民的该法律同样适用于欧洲人和白人。他们说很公平。欧洲人和原住民一样，都被禁止购买土地。对此，我的回答是，当你询问原住民卖什么地的时候，那就是大错特错。原住民地区早已拥挤不堪，他们当然没有土地可卖。一旦原住民离开或被赶出农场，抑或因各种原因离开，除了从没地的原住民那里购买或租用土地，法律均不允许原住民从其他地方购买或租用土地以作农用。因此，他们只能沦为农场主的仆人。除了当仆人，他们别无出路。《原住民土地法》已然导致了巨大的苦难。它给那些在法律通过时便被通知离开的人带来了苦难，给那些自那时起就被赶出农场的人带来了苦难，给那些寻找土地、带着家人和牲畜漂泊流浪、无家可归的原住民带来了苦难，还给那些未收割庄稼的原住民带来了苦难。法律给众人造成的艰难困苦不胜枚举。我不想深究这个问题，诸位议员阁下大概比在座的其他人知之更深，也对当前的困境了然于胸。

至于怎么做，我只想当面提一点。我们说自己是原住民权利的保护者，还一直强调，无论何时，都要坚持这些权利不受侵犯，他们的自由不容践踏。当然，英国政府不能干涉南非政府，要求其废除或修改议会的法案，除非它出于自愿；但我必须指出，条款1、4和5的确待原住民过于严苛，有诸位议员阁下表态，也许南非的总理会让原住民的苦难有所减缓。

凯夫先生：毋庸置疑，P.奥尔登议员阁下提出的问题非常重要，没人会质疑他的发言的立场。

艾伯特·斯派塞爵士：我充分认识到在南非我们有一个自治的政府，所以，人们说到它的政府和法律时就无比小心谨慎。但不管怎样，这里是我国广大的人民大众畅所欲言之地，他们投入了大量的时间和金钱尽其所能地教化南非的原住民。我们了解南非，完全明白这个国家虽然归白人掌控，但其全面发展离不开原住民的助力，他们教化得越好，就能更好地为南非服务。《原住民土地法》通过得过于仓促。当然，我们不能责怪南非仓促立法，我们在英国议会也时有如此。再者，任命的委员会目前正在调查取证，我认为在某些情况下，这也会助长不公之举，对原住民而言，《原住民土地法》的出台已经让农场主趁机行动，巩固其权利。他们终止了之前与佃户的租用协议，心里明白这是为了杜绝新的土地租用契约，他们要么驱逐了原住民，要么要求原住民每年无偿服务3个月，从而间接地把自由人变成了奴仆。我有确凿的例子为证，在此仅举一例说明。一名酋长及其子民自祖辈伊始，已有8代人在这片土地上生息繁衍。最近，一位来自其他省份的农场主购买了这个农场，他决定终止前任农场主和原住民之间的租用条款，代之以劳工条款，据此，即便是上了年龄的酋长本人，也得提供服务。人们被叫去交割木制或茅屋住宅，搬离住所，关于这点，农场主给的期限不到一个月，通知如下：

“兹通知校舍不再提供使用。本人购买了这座农场，将在四分之一学年末时接手。”

恕我们想和南非自治领政府谈一谈，但我认为，我们可以请殖民大臣让联邦政府意识到，英国强烈希望它能尽力确保公平合理地对待原住民。人们不禁请求议员阁下利用自己对联邦政府的影响，保障丧失土地购买权的原住民获得公平的补偿，有时候，这意味着扩大原住民区域，同时在某种程度上，这意味着在土地委员会给出报告前，是否有可能中止法案。多年来，我与南非大有渊源，曾在那里游历过，还投入了大量的时间，我想尽一己之力帮扶该国人民，这也是我在辩论中插话的由来。

包括伍尔维奇议员在内的其他支持者从会场各处站起来支持上述请求，然而殖民大臣用自己的回答阻止了他们的行为。

L.哈考特阁下：南非的《原住民土地法》引起了托特纳姆的议员阁下（奥尔登先生）和哈克尼的议员阁下（A.斯派塞准男爵）的关注。这不是博塔政府心血来潮。这是多年前米尔勒爵士任命委员会的结果，戈弗雷·拉格登爵士担任了委员会的主席。委员会被指派“为未来的南非殖民地联邦收集准确的原住民事务信息，以便就原住民政策问题达成共识。”

该委员会诞生2年了。每个殖民地和领地都有代表，相信还得出了众口一词的报告*，《原住民土地法》实际上只是执行其建议而已。该法案已实施十二个月，为此设立的调查委员会仍在运行之中。根据任命的要求，它须在两年内提交报告，大概是下个圣诞节时分*。在委员会报告前，整个法案只是临时法案。我曾与原住民代表团会面，相信其他议员亦同。代表团顶着博塔将军的反对和格莱斯顿爵士的恳求，离开了非洲。他们明白法案不会被禁止，毕竟数月前已在南非颁布。我见代表团那天，法案已超过了我能建议否决的一年期限，而今法案只能被南非政府和议会暂缓实行。

(*斯坦福上校（拉格登委员会的开普殖民地代表）、坎贝尔先生和塞缪尔森先生（纳塔尔的代表）提交了反对这些限制的两份措辞强烈的少数派报告。见《南非原住民委员会》，卷1，第1903-

1905页。——笔者按）

（*圣诞之后，该委员会的“任期”由两年改至三年。）

W.贝雷斯爵士：它禁止原住民拥有土地吗？

哈考特先生：时间紧迫，请尊敬的议员阁下让我说完*。当前，暂缓实行法案比令其无效更糟。这是质疑调查委员会，而后者正为原住民的利益进行调查。现有的这个在我看来既高效又完备，其他委员会委实没有存在的必要。

（*倘若哈考特先生回答“是”或“不是，而非回答16个字，他会缩短很多时间。）

哈考特先生这样说的原因尚不清楚，因为原住民在向国王的申诉时，从未请求暂缓实行整个法案。他们不过是希望在委员会报告之前，能暂缓实行最残酷的法案条款，其他的照旧而已。

哈考特先生对委员会的看法传到南非后，那时还在比勒陀利亚开会的委员会成员得知了被驱逐的原住民的苦难。委员们回复道，任何因议会法案造成的冤屈不在他们的调查之列，也不会予以考虑。他们还在金威廉斯顿等地方对原住民说过这话。在哈里史密斯，委员会听了维特兹酋长儿子的申诉，这位酋长在巴苏陀兰战争期间对“自由”邦的布尔人忠心耿耿。他的儿子被赶离了这片土地，那是他和他的部落子民世代居住的地方。现在，他被迫住在市里，而那里无法耕种。委员会主席（威廉·博蒙特爵士）对维特兹的儿子无家可归一事表示遗憾，但他抱歉地表示委员会对此无能为力。由此看来，哈考特先生肯定曲解了委员会的作用。

然而还有另一个疑团。1913年9月任命委员会后，曾有报纸报道说，委员会发现原住民的苦难在自由邦最为严重，它决定刻不容缓地在自由邦西部划出地盘充当原住民的聚集地。报道甫一问世，愤怒的白人便在波谢夫和霍普斯塔德举行了集会，抗议委员会的提议。作为回应，国土大臣希伦先生代表南非政府明确表态，他不仅驳斥了报道，还意味深长地补充道："政府无意在霍普斯塔德等地划出原住民专区。"那么，我们容身之地在哪里？原住民由此断定自己在联邦的地位毫无指望，这令人惊讶吗？

再回到哈考特先生身上，殖民地大臣同样对英国议会全新解释了《原住民土地法》。很遗憾我们无法逐一再现1913年联邦政府发布的4则解释通告，再现可以表明通告的矛盾之处。我们向南非致函，但仅能确保其中一则算是解释的说明，这则通告声称是对之前通告的解释。可是，在我们的记忆中，其他3则通告给出的法案定义并没有解释法案的基本原则。此外，通告中的声明尚不统一；一致的唯有一点，即原住民依法被赶出家园，且禁止重建家园（成为白人的仆人是唯一适合他们的条款），在此情况下，他们没理由不满。

以哈考特先生解释的两句话为例。在第一句话里，他好像赞成由法案建立的劳工体系；在第二句话中，他否认7月他发言时发生的驱逐事件以及随后发生的事件。他似乎断然否认了格莱斯顿爵士和博塔将军所承认的内容，而且还与法案条款自相矛盾。事实上，倘若我们不在那里，读到他这段，我们会以为议会议事录里记错了他的话。所以——

如果原住民是农场的劳工，那么住在白人土地上就没有人数限制。如果不是，等议会按白人委员会的报告行事，他们就会被剥夺居住权，除非另把合适的土地划作原住民的保留地*。

（*在唐宁街，哈考特先生告诉代表团，他得到“博塔将军的保证”，说原住民已有太多的土地了。）

英国的解释和之前殖民地的解释一样含混不清，读者的补救之法便是回到朴实的、具有唯一法律效力的法案英语上（见第三章）。哈考特先生又道：

如果博塔将军言而无言，我没有强制履行的权利。我也无法约束他的继任者。如果南非政府在此事上不值得信任，那么就没有可以信任的地方了；但我们正好清楚他们在这些事上值得信任。

请注意对《印度移民法案》的所作所为。该法案的通过并非出于当地的需求，而是出于英国的考量。该法案条款得到殖民者和印度代表的认可，被视为印度人在南非的大宪章。我认为这应是博塔将军提议采取行动的充分保证，博塔将军在议会同样采用了如下字眼：

“他告诉代表团，他对全国的治安官下达了长期有效的指令，如果他们发现有人在辖区从农场驱逐原住民，他们必须探询并向他汇报。所有引起他关注的案件，他都动用了自己部门的影响力。”

关于“这些话”，我们只能说治安官显然无视了这一“长期有效的指令”，因为他们允许国土部门的官员驱逐斯坦德顿和科沃斯等政府农场的原住民佃户，致其颠沛流离；他们非常清楚，这些原住民根本找不到容身之所。

1914年1月31日，莱蒂史密斯的治安官大概按博塔将军部门的指令行事，向其辖区内的79户原住民家庭颁布了如下通知：

“致居住在布里克方丹和维尔特瑞德等农场的维伦·瑟比瑟和克拉尔·黑德：特此通知，根据1884年第41号法律第四条，从即日起六个月内，你们需带着牛群及合居者搬离居住的农场，政府已购入上述农场以作密集定居点。”

治安官根据政府的命令行事，无情地驱逐了这些原住民家庭和其他原住民家庭，用国库的钱（这里面还有原住民纳税人的一份），在上述农场安置了白人。很难想象一个前不久才征收了公共开支，被证明对原住民佃户或农场佃户的命运漠不关心的政府，如何会关切被私人农场主驱逐的原住民的福利。从字面判断，上述言辞前后不一。

哈考特先生英勇地为南非犯下的大错开脱，他举了自己的例子，赞许地提到他所称的“南非印度人大宪章”。如今这“大宪章”如何了？1913年，南非议会正处于“疯狂历程”的顶峰，它通过了罪恶的《原住民土地法》压迫原住民种族；它还把最具侮辱性的法律限制条款强加到英籍印裔身上。然而，必须补充的是，印度人的法律是这两者中相对温和的，它并未禁止南非的印度定居者在本国居住。尊敬的联邦内务大臣A.费希尔阁下于2年前离世，他称1913年的两项法律为“卡菲尔人法律和印度人法律”。

如上所述，伦敦的卫斯理卫理公会教派的委员会要求与哈考特先生会面，向他通报“卡菲尔人法律”如何大肆针对皈依者及其他南非原住民，但哈考特先生谨慎地拒绝了会面。

至于印度人，南非没人在意他们对“印度人法律”的抗议；但他们的呼吁传到了印度，哈丁爵士要求为印度人伸张正义。这位阁下态度如此坚决（有别于卫斯理传教士），以至于旁人无法忽视。结果南非议会，“不是出于当地的意愿，而是出于英国的考量”，不得不在下一会期（1914年）把“印度人法律”改成了“南非印度人大宪章”，哈考特先生对这一事件的印证表明，在哈丁爵士的支持下，适用于印度笨蛋的无论如何也不适用于原住民傻瓜，谁叫他们没有总督支持呢。

我们相信在演说中吹嘘“印度人大宪章”、不理会原住民抗议重大错误的诉求不是真正的帝国主义。如果帝国主义守卫着南非数千印度人，就因为他们有总督做后盾，那么，为原住民请愿的传教士不能（像总督那样）用政治和外交打击达到目的，致使五百万原住民的申诉无人理睬，这似乎暗示了在英国体系中，恐惧胜于正义。

随着《原住民土地法》的兴起，哈考特先生进一步赞扬了戈弗雷·拉格登主持的米尔纳委员会。我们不想为两位前任南非政治家辩护，他们应付得来。但必须立即指出的是，我们看了拉格登委员会十年前的建议，非常仔细地读了一遍，就像我们阅读《原住民土地法》的争议之处，读了之后还颇有收获，从而可以放心地告诉读者，委员会从未做出如下建议：

1. "除非有总督的许可"，欧洲人不得从（无地的）原住民手里购买土地，原住民不得从独自经营土地交易的欧洲人手里购买或租用土地。——（《原住民土地法》条款1）

2. 当原住民申请上述"总督许可"时，他们应被告知该许可"仅授予少数特殊的申请人"，且在任何情况下皆不会授予居住在殖民地的原住民申请人（这是政府对"自由"邦流浪者的答复）。

3. 政府应在3到6个月内给出拒绝的答复，在此期间，申请人可能已沦为农奴或逃离南非。（据笔者所知，这是所有申请人的经历。）

4. 在原住民申请人等待令人失望的回复之时，给原住民提供住处的农场主将被处以100英镑或6个月的农场苦役。（《原住民土地法》条款5）

5. 早在种族隔离发生之前，原住民佃户就被赶出政府的农场，而可以购买或租用土地的白人，则由政府出资安置。

倘若有人告诉哈考特先生，拉格登委员推荐了上述种种残酷不公的行为，我们不免担心他的消息提供者是个偏爱捏造事实之人。拉格登的报告从未在南非立法讨论过，也极少被南非议会采纳；事实上，因其向南非建议像新西兰给毛利人选举权一样给原住民选举权，所以招人厌恶。

一名议会议员（乔伊森-希克斯先生）说南非是自治的国家，他好奇爱尔兰自治后，有人要求英国干涉爱尔兰的法律会有什么结果。

我们疑惑是谁告诉议员阁下南非是自治的国家的！过去只有开普殖民地存在自治，但这已并入《联邦法案》，后来在全国建立了一个寡头政府。如果爱尔兰自治，那就是把特权给了少数自私贪婪的专制之徒；全权委托给这样的人，无异于告诉他们可以对其他爱尔兰人随心所欲，亦是告诉他们既可以不用为其颁布的好的法律负责，也不用为其管理不善承担后果，南非的情况也是如此——如果这就是爱尔兰的自治，那么请上帝怜悯爱尔兰。

哈考特先生的回复在南非公布后，严刑峻法的支持者对此兴高采烈。有位荷兰作家在一份荷兰杂志为他美言后，高调地大肆歌颂，庆祝南非在唐宁街有如此称职的殖民大臣。这位作家对读者说道："希望哈考特先生的继任者如他一般，这样南非就能免去诸多血泪。"我们不由疑惑，假若被赞美者哈考特先生得知在目前的斗争中，所有受残酷法律迫害的黑人和欧洲的支持者有英国政府和殖民政府作为坚强的后盾，他是否会感到受宠若惊，而议会中列举的这位绅士，也是这位荷兰作家提及的人物，眼下（1915年5月）被控叛国罪；另一本荷兰杂志刊载了类似的对哈考特先生的溢美之词，他的经营者因参与最近的反叛被处以60英镑的罚款（他的报刊是这么说的）。这些事实促使这位尊敬的殖民大臣停下来环顾左右，询问其南非倾慕者里的“重要人物”。

两名南非议会成员参议员T.L.施赖纳和立法院议员维尔库克先生，前者是《原住民土地法》的反对者，后者是支持者，最近从不同的角度讨论了该法案；两人均得出法案是让黑人处于从属地位的结论。该结论与原住民自法案推行以来的悲惨经历相吻合。然而，面对不同观察者如出一辙的证词，哈考特先生背靠不相干的“博塔将军的保证”，对可能的种族隔离含糊其辞，虽然这个问题眼下还没在全国摊开讨论。种族隔离的保证只会使问题混淆不清。倘若博蒙特委员会或其继任者会汇报，那么隔离的问题会在1926年送达议会。目前国家的问题不是种族隔离，而是1913年的《原住民土地法》，它把原住民遣散在全国各地。正是这一法案，而非未来的种族隔离，迫使原住民向英国寻求保护。

哈考特先生唯一可以指责原住民代表团，而代表团又无法予以否认的地方，就是他们不顾“格莱斯顿爵士的请求”（这人之前两次拒绝接见他们），不顾“博塔将军的意见”（其内阁通过且推行了法律），执意前往英格兰。

令人遗憾的是，与之同时，哈考特先生没有告知议会真实的情况，即受害方曾请求压迫者的许可和意见为其伸张正义。关于这一点，我们的见识有限，我们的无知可能耸人听闻；但必须承认的是，我们从未听说过如此引人注目的上诉者，宁愿相信这样的人从不存在。

如果博塔将军愿意据实相告，而非对哈考特先生含糊地保证，他会说："我预见了所有原住民遭受的苦难；当时这些地区尚未隔离，格罗布勒先生提议对原住民暂停出售和租借土地，我提醒过议会将遇到麻烦，但赫佐格一派人多势众，我不得不屈服。"博塔将军还可以继续对哈考特先生说："如果您翻到《南非议会记事录》（第一卷）第579页，从头读下来，您会在里面看到我的警告：

除非他们缓慢谨慎地推行，否则他们就有采取措施的危险，而部分举措既不合理，也不公平公正。基于此，他对赫佐格将军提出的修正案感到遗憾，因为修正案一旦通过，糟糕的结果就不可避免。这会产生过于仓促的、最不可行的法案。议会必须准确迅速地划分原住民居住的地区，他问他们：议会能这样做吗？（众人高呼"不能"。）大家一起讨论，拿出地图在上面划线，一切都很不错。在地图上，他们大概会划出一些地盘，说"给原住民"，但当他们予以实施的时候，也许会发现在没有任何调研和审查的情况下，许多人的土地已被夺走。（哄堂大笑，赞成，赞成。）倘若议会剥夺众多白人的权利，他们将会遭遇最激烈的反对。他们将如何安置这些人？在德兰士瓦，农场主当然不会同意；他完全不了解自由邦的人，但他疑惑他们是否能同意。（一名自由邦的议员说："不，他们绝不会同意。"）与其采取这样的措施，不如脚踏实地，让自己免于陷入束手无策的大麻烦里。他们之前的政府竭尽了全力。他同意尽早结束原住民侵占土地的问题，但他们不该忘记，历任政府都在竭力终止侵占土地。他十分清楚德兰士瓦的政府如何穷年累月地解决这个问题。可他们找到什么出路了？简单地说，他们通过了《寮屋居民法》，但也只在小范围内推行。（赞成，赞成。）出台另外的类似法案不过是欺骗民众——（赞成，赞成。）——欺骗原住民。如果他们接受原住民事务大臣的提议，任命委员会调查全国蔓延的各种问题，那他们就朝正确的方向迈出了一步。（赞成，赞成。）不过，密切关注必不可少，他们必须防止在全国发生革命。他们想要的不过是白人和原住民皆可接受的法案而已。（赞成，赞成。）

这是博塔将军的观点，恰逢《原住民土地法》首次提出讨论。然而，该法案出台时不顾他的郑重警告，提出驱逐原住民佃户应先于委员会的调查；愈加残酷的条款一条又一条地加进法案，直至赫佐格将军的建议全部放入法案之中。至于将法案提交给特别委员会的承诺也打了水漂，大概是核心成员施压的结果。在这重大彻底的改变之后，政府无法面对特别委员会，后者也肯定清楚道理不在他们这边。

有人可能会问：一名大臣怎能在后来改变主意，就他之前反对的法案利益“做出保证”？针对这个问题，我们冒昧地做出如下解释：一方面，我们的总理是英国枢密院议员和英国军队的将军，另一方面，他还是纯正的欧洲血统的布尔人，在议会只用荷兰语，对英国民众演讲还要借助口译员。因此在英国大臣博塔将军的眼里，如果像对待英国人那样公平地对待原住民不失为正确之举；反之，在欧洲血统的布尔人博塔将军的眼里，严酷残忍地对待原住民也无可厚非。

每当总理处理原住民问题时，这两种秉性在同一人身上博弈就不足为奇了；那么，布尔人的观点通常成为其秉性，主导了英国人的思想，这便是新的收获了。

我们从英属南非的总理路易·博塔阁下就原住民政策的演讲中节选了令人震惊的部分内容，现在，我们将继续从德兰士瓦的布尔人路易·博塔将军的另一份公告中进行摘录。这位联邦总理当着约翰内斯堡劳工委员会的面给了例证，如下是他的讲话：

11302。乔治·法勒爵士：您说您会建议拆分斯威士兰、祖鲁兰和巴苏陀兰等地，然后在那里安置白人？博塔将军：我会建议将这些地区划给白人居住……

11337。您话里的大意是有足够的劳动力，只是要有点耐心，是吗？我明确说过劳动力的数量比目前多。但农场主有农场，却没有原住民。这些人很难获得原住民，原住民不在农场居住，他们住在黑人区。如果这些地区被打散，就会迫使原住民以农场为生。

11338。您建议我们拆分斯威士兰、祖鲁兰和巴苏陀兰等地？是的，我说过这些地方是邪恶之源。它在我们中间建立了一个“黑鬼王国”，这对卡菲尔人无益，将来也是祸患*。

（*黑人居住区有位酋长为博塔将军提供了200头阉牛来养活镇压白人反叛的军队。）

11339。但以祖鲁兰为例，那里有25万人口。您拆散了他们的地盘，人怎么办？他们都像白人那样住在农场。

11340。哦，您要把土地切割成农场分给白人，然后把卡菲尔人留在那里？没错。

11343。可白人该如何对待卡菲尔人呢？付给他们工资、收取租金还是其他？我的意见是居住区的卡菲尔人应该给白人干活，土地要利用起来。白人付他们工钱，这可以教化他们。

11344。巴苏陀兰这样的民族您也同等对待吗？——是的。

11345。他们目前占有土地吧？我们有证据表明，巴苏陀兰的每寸土地都被卡菲尔人当作私有财产侵占利用了吧？——这只是我的观点……因为那里对卡菲尔人开放，他们到该地居住无须付出任何代价。

11347。但他们有所付出。他们耕种了整片土地，他们有许多谷物吧？——没错，都归他们自己所有。

11352。……我已向你们表明巴苏陀兰完全为卡菲尔人侵占，他们在那里劳作。你们想把计划推行到巴苏陀吗？——我对巴苏陀并不十分了解，从未亲自去过；不过我对祖鲁兰和斯威士兰知之甚详，我想说的是，在我看来，这个政策不仅糟糕，而且以现有条款让不开化的种族居住在广袤的土地上还十分危险。

11353。但这些原住民自古以来就住在那里。在我们来之前，这就是他们的土地。我们怎能驱赶他们，把土地占为己有呢？我认为我们很高兴在过去的日子里将他们赶出了约翰内斯堡。他们仍然生活在这片土地上，逐渐开化的卡菲尔人在我们的统治下也会得到提升。*

(*德兰士瓦劳工委员会，第717-726页。)

在上述摘录里，读者大致了解了《原住民土地法》的基本原则。不是道听途说的“保证”，而是总理的金口玉言。

1914年2月25日，在特别委员会的公共报告之前，联邦法律部门的负责人雅各·德·维利尔斯·鲁斯先生（他比依赖“保证”的外行人更懂南非法律）碰巧在自己的证词里顺便提及：

“在原住民事务部的唆使下，我们部门发了通知，要求《原住民土地法》的公诉人在起诉前将《原住民土地法》提交至原住民事务部，否则恐会导致动荡。德兰士瓦的总检查官提请我们注意这则通知，称其侵犯了他的权力……当拜尔斯先生离开去休假的时候，格林利先生被任命为代理总检查官，他首先提请原住民事务大臣注意这则通知。拜尔斯先生回来前，大臣没有采取任何行动，当时这件事又被提出来，接着就撤消了这则通知。”*

(*特别是委员会1—14，第136-137页。)

现在，一个所谓文明的政府明明知道它会导致“动荡”，它究竟想要什么样的法律?

为了南非的道德观和英国的声誉，理应废除法案，它对原住民造成了危害，其发起者还反叛过英国。法案于人无益；它把原住民从乡村赶到城市，还让白人工党失望不已，该党支持它全因其相信法案条款会迫使原住民为白人农场主工作，会让原住民远离工业中心。

为了布尔人的利益也应废除法案，因其挑起了黑人对英属荷兰人的极度仇视。

此外，法案应废除的原因还在于它损害了国王在有色人种子民心中的声望，他们在过去和现在一直承受着法案带来的不可计量的痛苦。或许没什么比现在的状况更能说明原住民的感情变化了。因此，倘若德属西南非洲在联邦成立前被纳入开普省，赞比西南部的每一位原住民都将赞同这一举措，而今天，由于《原住民土地法》，看法却大相径庭。如今，原住民明白，归入联邦就意味着消除英国因素，而开普敦就像比勒陀利亚，不再是公平公正的英国理念的代表，在被吞并的土地上，还会在英国的支持下建立起自由邦的理念。达马拉人在德国人的残暴统治之下，他们住在自治领，那里的特色统治是用自由邦理念野蛮地对待原住民，对此，联邦的原住民难免不寒而栗。他们认为在目前的形势下，葡萄牙人或法国人统治达拉马人远胜于一个虽受英国庇护，但承袭自比勒陀利亚和布隆方丹的政府。并且令人担忧的是，在布尔人的统治下，有害的原则在西南非洲严格地推行，而这正是汤米·阿特金斯在非洲大陆力争废除的东西。没有哪个国家的繁荣经得起大量纳税人的敌对疏远。因此，严刑峻法让联邦逐渐失去了5百万黑人的支持，由于联邦政府不能或不愿进行弥补，为了联邦政府的利益，至少5百万未受波及的黑人成了必须争取的对象。

在过去2年中，3次白人的巨变——两次血腥的袭击，一次内战——白人反叛者疯狂地将联邦卷入当地的叛乱，但原住民明智地站到了政府一边。原住民领袖为了防止恶意中伤，除了负担自己工作的开销外，还自掏腰包，乘铁路到达可能的动乱现场。

这一时刻终会到来，那时，这些领袖厌倦了自掏腰包给政府铁路付费，向政府提供免费服务；而政府一边对他们征税，还偏偏吝于感谢，一边却慷慨地酬谢其他干着同样工作的人。

联邦政府丝毫没有认可我们的无偿援助，还用《原住民土地法》的冷血条款来回报我们的一片忠心，迫害我们的孤儿寡母。这些残酷的行径被委婉地描述为种族隔离的前奏，但更坦白地讲，这无异于黑人种族灭绝的序曲。

战争爆发时，政府立即叫停了委员会的调查，其报告被天真地称为千禧年之成果，但反叛者戈伯勒人根据这一法律采取了残酷的驱逐行为，其时战争尚未结束，联邦政府也漠不关心。直到有个部落在战争期间被全部驱逐，政府才替受害者求情，不过，彼时干预的程度也莫过于确保部落首领得到豁免，条件是他得让其部落子民每年为农场主服役3个月。然而，当时叛军大约在故布疑阵，私底下进行着反叛政府的行动，要不是政府不让他们在叛军治下生活，这些人本可以幸福地生活在其他农场。

联邦政府无与伦比的忘恩负义简直让人无法容忍！

/ 第十七章

伦敦新闻界和《原住民土地法》

奴隶在英格兰无法呼吸：

如果他们的肺呼吸到我们的空气，

他们便获得了自由；

他们踏上我们的土地，从此挣脱了枷锁。

——柯珀[①]

原住民代表团（幸亏有新闻工作者协会的秘书H.康沃尔先生）在目前紧急的形势下，能实事求是地向原住民保证伦敦新闻界的支持。倒不必提及那些知道代表团目的的宗教报纸，它们同样发表了文章表示支持，并证明代表团在整个英国受到了热情友好的

① 威廉·柯珀，（William Cowper，1731—1800），英国诗人，代表作有长诗《任务》（1785）和叙事诗《约翰·吉尔平趣史》（1782）。

接待，也得到了令人满意的申诉机会。但如果我们在伦敦的新闻界只有朋友，没有敌人，那这项使命就有点单调乏味了。一份名为《南非》的黄色封面的周报忠实地履行了敌人的职责。

它诋毁同业会运动和土著居民保护协会接待代表团一事。我们从新闻简报总会那里获悉了《南非》的公开抨击，但新闻简报总会并未告诉我们该杂志是否还辱骂了其他伦敦新闻界的友人代表。这也是我们的运气，因为朋友们时常祝贺我们，新闻界毫无异议地站在我们一边。鉴于此，我们觉得他们完全正确，我们能凭一己之力很好地完成只有一位敌人的任务。

有一次，我们一些朋友听说笔者要预约采访《威斯敏斯特公报》的资深主编，他们强烈建议我们不要去。“为什么不去呢?”我们问。朋友回答说：“哦，他是最重要的政府机关报的编辑，他会追问你们所有的情况，好对付你们的申诉，为政府摇旗呐喊。”但我们还是去了——首先，因为我们拒绝相信来自伟大的英国思想喉舌的主编会无耻地利用我们；其次，我们自信能应对各种盘诘；而今我们可以满意地说，《威斯敏斯特公报》上两期刊登了我们会面的一篇报道和代表团的一幅照片，英国公众对这两期的需求如此巨大，以至于两周内全部售罄。而且，可以肯定的是，从询问者给我们来信提到《每日新闻》的广泛领域来看，要么是该刊物发行量巨大，要么是读者大多对南非事务感兴趣。有人可能会问，《南非》这份报纸与一边倒支持我们的观点唱反调到底是因为有什么依仗？

与同期刊物不同的是，《南非》各专栏没有原住民撰稿者。一些伦敦的报纸定期与南非原住民出版的报纸交换稿件，而伦敦的报纸从未声称自己完全控制了南非的思想。然而这份报纸自命不凡，以“南非”为标题，甚至都不夸耀互换的名单里有南非原住民的报纸！那么，关于特别针对原住民的法案，如此无与伦比的伦敦报纸的编辑又能怎么报道呢？顺理成章地，他们对该法律或其暴行一无所知。单凭这点，就不配当代表团的敌人，也不配就代表团使命一事发言。

《非洲世界》是英裔非人的周刊，它与原住民报纸互有稿件往来，还有几位由白人和黑人构成的非洲记者。该刊总编在南非出生，在英格兰定居前，曾在南非当过记者。必须承认的是，报刊有如上渊源，便于更好地从双方的立场讨论这个话题。《非洲世界》写道：

南非原住民代表团

必须承认，英国的南非原住民代表团眼下正有礼有节地完成使命。他们没有咄咄逼人地施压，迄今为止，对他们的宣传也都比较适中，代表团成员的陈述同样不愠不火。当然，我们从南非新闻界得知，他们最好的朋友不赞成这次出行，但人们普遍认为，尽管联邦宪法没有因原住民权利向英王求助的做法，不过这一非同凡响的反常现象倒情有可原：联邦内的南非原住民比联邦外的其他人享有更少的权利，尤其是因当前其利益受到影响向伦敦求助一事。我们意识到哈考特先生在会见代表团时，对代表团极其慎重，我们还知道哈考特先生和博塔将军的私人关系极好，在这种情况下，我们不想迫于双方的权势做出选择，从而采取行动，我们想结合同时期的《全球》进行说明。

《全球》怎么评论的呢?

原住民的诉求

在议员面前坦陈冤屈的原住民看似满腹怨言，其实是在抱怨南非议会与英国毫无关联。只要费心查看最近联邦议会的公报就会发现，他们的冤屈属实，且迫在眉睫，但他们没有公开讨论的法律手段。原住民在南非没有选举权，据推测有联邦上院议员密切关注原住民问题，不过他们毫无影响力。根据联邦宪法，不存在就原住民权利向英王申诉一事，虽然英国议会在讨论《联邦法案》时指出了这一遗漏，并进行了批判，但殖民部并未采取措施对宪法进行纠正。我们因此面临了非同寻常的反常现象，联邦内的南非原住民享受的权利比联邦外的还少——受英国直接管辖的巴苏陀兰人就其利益受损一事已成功地向伦敦申诉——甚至比英国其他殖民地的原住民还少，黄金海岸原住民的土地所有者上诉反对近来的法律便是明证。在后一例中，黄金海岸的原住民向殖民部呼吁，结果成功地修改了烦人的法规；而更严重的南非原住民的冤屈，殖民部却师出无名。不过，哈考特先生和博塔将军在其他方面的关系却是出了名的亲密无间、推心置腹，所以，我们希望殖民大臣在继续主张把巴苏陀和罗得西亚纳入联邦之前——黑人原住民和白人殖民者均拒绝受其支配——能顺势利用当前的机会，敦促南非政府首脑在其职权范围内明智地处理原住民的不满。博塔将军几乎不会留意来自殖民部的私下建议。至于纳塔尔的印度人，他最近补偿了他们受的委屈，借此证明自己能对棘手的问题广开言论，大度听取意见。反例出现之前，在目前棘手和危险的境地下，没有理由相信他会大失水准。

《每日新闻》的观点

“在诉诸于法律手段竭力反对联邦政府的《土地法》后，南非原住民大会派遣五名成员前往伦敦，坚信他们视之为最佳捍卫者和维护者的英国国王不会对他们的请求充耳不闻。其中两名成员 J. L. 杜布牧师和索尔・曼塞恩先生是祖鲁人；拉布萨拉博士是科萨人；马普克拉是芬果族人；国民大会的秘书普拉阿杰先生是贝专纳人。他们极有修养，对英语也很精通。

“我们无法对联邦政府产生任何影响（‘如果我们有选举权，’拉布萨拉博士评论道，‘就能自己解决了’），代表团到伦敦是希望通过殖民大臣影响帝国政府。

“他们的请求如下：

“首先，暂停实施法案，等待土地委员会的报告；

“其次，调查因法案造成的原住民的冤屈；

“最后，确保本国政府同意最近代表博塔将军做出的承诺，但很明显，承诺的价值取决于后者政治地位的延续。”

四名黑人对一名白人

“白人在南非为自己开拓产业，几乎没有关注过黑人的诉求，”《每日新闻》评论道，“他们侵吞了黑人的土地，在侵吞土地的过程中，还剥夺了黑人的经济自由，使他们的处境比他们见到的还要糟糕。原住民如何被剥夺了土地可从南非联邦提供的事实上得到佐证。与白人相比，黑人的数量是白人的4倍；但他们合法占有的土地只有1/15。”

“《原住民土地法》让情况危机四伏，它令目前这点可怜的土地权益也遭了灭顶之灾。因为根据法律，除非幻想获得总督的许可，原住民无权从原住民以外的人手中购买、租用土地，或获得土地的任何权利。根据这一条款，租约到期或被赶出农场的原住民只有从事劳工一途。原住民不能拥有土地，不能租用土地，不能以自由人的身份生存。”

合法的农奴

“用原住民事务秘书道尔先生的话来说，原住民必须‘卖掉家畜，提供服务’。原住民必须接受白人农场主或矿主提出的任何条件，而这些别出心裁的条款鼓励白人农场主强迫原住民佃户提供免费服务。简言之，原住民就是农场里的合法农奴。”

“作为英国子民，原住民代表团而今在英格兰向英国政府寻求庇护。他们恳请让法案暂缓实行，等待土地委员会的报告递交议会，并请求国家机构介入调查、伸张正义。可在这些方面，他们没有得到满意的答复。”

“现在是议会关注它对南非原住民责任的时候了。他们没有选举权，也没有朋友——只有自己的劳动力，而这正是白人想以最低廉的条件拿到的东西。白人夺走原住民的土地，向其征收无法承受的税收，以此获得他们的劳动力。事实上，黑人在各个方面遭到围追堵截，正如代表团所暗示的那样，如果他们被迫采取暴力行动，那大概是他们受够了挑衅。”

土地的权利

“有一条原则可以用来保护他们。那就是让他们在自己的土地上拥有权利。或许眼下种族隔离是唯一的解决之道，倘若情况属实，联邦划给他们保护区就应该满足他们的需求。我们为他们做不了太多，但我们应尽可能地提供帮助。”

律师F.A.席尔瓦先生致信《每日新闻》：

呼吁公平

先生，——请允许我在欣赏您这期社论的时候，让您的读者明白关于种族，尤其是黑人方面，“应有的英国的公正”和“英国的公正”之间的区别？

如果在日本、土耳其或俄国碰到了英国“白人”的一根“毫毛”，英格兰所有的政党将以爱国为名从容应对，还会一致要求使用武力对付该国。

不过在南非，从“法案”变成法律那一刻起，土地协议全部作废，成千上万的原住民倾家荡产，流离失所，从佃户变作了农奴。

倘若英国议会心安理得地袖手旁观，任由南非议会独断专行，那么，聪明睿智的“英国”臣民将“英国的公正”和“俄国的专制”等同起来，英国公众也就不足为奇了。

让我们再看看另外一封英裔非洲人致《每日新闻》的来信，它在余下的信件里比较有代表性：

黑人的负担

先生，——您的读者和我一样，有南非原住民的第一手资料，他们知道代表团所说的冤屈确凿无疑。代表团被迫前往英格兰陈情是对他们的屈辱，也是我们的耻辱。他们的请求失败将导致毁灭性的灾难。

如果《原住民土地法》是国王让联邦政府履行对原住民部落的责任所做的最好的事，那么，我们许多人将不得不改变自治是国家发展的合适途径这一想法；而且将极力抵制把北方领土纳入联邦以内，因为黑人在联邦的不堪境遇远甚于受特许公司控制的政府。

看到政府自治的理念受到贬低，对英国人无疑是种侮辱和打击，因为他们见证了这个被赋予政治自由的伟大国家治愈了许多不幸，但愿这一切对南非的布尔人和英国人为时未晚。与之同时，自由党人必须不惜一切代价支持原住民代表团，最好是由《每日新闻》和领袖来带头。

南非战争的目标：解放原住民

南非战争的目标之一是解放德兰士瓦的原住民。其中一个结果是，根据我们与南非共和国的公约，我们几乎没机会代表他们进行干涉。干涉一个自治殖民地的内部事务——如人数少的白人统治人数多的黑人这种情况——在现实的政治领域已不复存在。不过，如果政治干预无法实行，道德规劝倒更有所为。世界各地的公众舆论既有善意开明的存在，也有麻木冷酷的一面，在宗主国审慎地表达情感会增强殖民地的良好舆论。有时，这些观点甚至应由殖民部正式表达出来，或由下议院的决议来正式体现。目前，南非原住民代表团在英国呼吁反对1913年生效的《原住民土地法》。哈考特先生告诉他们自己无法干涉，如果他是装点门面的登记员，的确无法干涉。但他做得到，只要他对南非政府晓之以理。南非政府疏远了整个白人工人阶级，而今正在激起黑人的敌意。《原住民土地法》本身也许有更深层次的动机。它禁止白人把土地卖给原住民，反之亦然。其结果是把原住民限定在该国狭小的区域，而这也是原住民力图保留的地方。或许那些被称为"亲黑人士"的人会喜欢该法案，因为他们关心基本的公正，在他们眼里，正义的颜色显然是黑色的。另一个结果是防止受过教育、在社会占有一席之地的卡菲尔人获得土地。在人口与土地比例上，白人占有大量的土地，显然白人没让对方占到便宜。然而，并非法案本身导致民怨沸腾。让事情变得更糟的是过渡期的安排，委员会暂停划定原住民区域，原住民的土地租约到期却不能拿钱续租，唯有提供劳动力服务一条出路。这被认为是农场主利用禁令强迫原住民无偿提供劳动，从而在实际上将其变作农奴。显而易见，原住民所处的境地使这一切极有可能，非同寻常的是，如此剧烈的地位变动应发生在委员会报告之前，而非之后。就我们而言，我们相信博塔将军和斯穆茨将军之流不会故意把原住民变成半农奴和无地产的劳动力，我们冒昧地恳求坚定地为南非权利而战、争取自治的自由党人，把他们的关心同样放到这些由他们决定命运的人身上，中止实施的法案，直到公平地推行法案的行政措施准备就绪。——《曼彻斯特卫报》

《星报》的观点

一直以来，我们都清楚南非自治最严重的问题就是原住民的问题。一方面，南非殖民地的舆论——其实是白人的舆论——极为痛恨唐宁街的指手画脚；另一方面，英国民众的良知无法对英国辖内公然迫害或不公地对待原住民无动于衷。如此棘手的问题被南非原住民代表团曝了出来，他们来到英国，请求殖民部废除博塔将军近来通过的《原住民土地法》。博塔将军计划的终极目标是促成自摩西出埃及以来最庞大的人口迁移；这显然是要把少量黑人土地所有者从南非土地所有者里剔除出去，再从白人手中购买大片土地安置原住民。通过这种方式，就占有的土地而言，白人和黑人将被隔离在各自的地盘，减少可能的摩擦，在某些方面，这不失为极好的政策。但问题是博塔将军只通过了政策的第一部分，把第二部分留待了以后。《原住民土地法》后来规定，“除非得到总督的许可”——该限制性条款简直毫无价值——原住民不得从原住民以外的人手中购买或租用土地。其结果是，现有租赁到期后，原住民将被迫放弃自己的农场，既不能租用、也不能购买其他白人的农场。如果政府在提议的原住民保留区给原住民提供农场，那他们的政策就完美无缺了，可政府什么都没做，要实现承诺还有赖于博塔将军的连任，也无法约束他的继任者。无论是在矿区，还是在白人农场，南非原住民视该法案为迫使他们进入劳动力市场的一种手段，这并不奇怪。原住民事务秘书道尔先生，在自由邦的萨巴恩科的原住民集会上发言，明显暗示了这点："我给你们的最好的建议是卖掉牲畜，提供服务。"在国内，我们听了很多关于"财产魔法"的说法，以及与种地的人分享土地收益的重要性；但在南非，看来他们赞同南方人在《比格罗诗稿》[①]里的观点：

自由是和黑鬼格格不入的东西。

显而易见，殖民部和南非政府有责任确保博塔将军规划的全盘政策顺利开展下去，我们希望在危机时刻利用机会采取行动。——《星报》

英国能阻止奴隶制吗

去年联邦议会通过了《原住民土地法》，因该法案的推行，南非出现了一个重要的问题，且该问题极易损害联邦殖民地和宗主国的紧密关系。目前原住民问题是南非亟待解决的最大难题，尽

① 《比格罗诗稿》(The Biglow Papers)，作者为美国作家洛威尔（J.R.Lowell），是美国式幽默的杰出范例，该作品讽刺社会政治弊端，尤其是墨西哥战争中的美国政策以及美国南北战争时期的联邦利益。

管有不少方向性的建议，但其棘手程度令人无法制定可行的解决方案。《原住土地法》试图确立改良的种族隔离——如将白人和黑人限制在国内独立的区域。该法律绝非深思熟虑，亦非切实可行，不幸的是，它还极大地激起了联邦原住民的愤怒。原住民认为自己没得到公平的待遇，于是利用每一个合法的途径来获得申诉的机会。然而这些途径非常有限，几乎都不存在，因为他们没有替自己发声的代表，他们没有选举权，也不能对议会施压。在南非努力无果后，他们派代表团前往英国，作为英国子民，他们认为英国理应关照他们。到达英国后，他们发现宗主国政府不能干涉自治殖民地的内政，无法替他们洗雪冤屈。当然不可能承认的是，英国对广大原住民无能为力，但此时在他们眼中，虽然他们是国王的子民，可国王甚至听不到他们的诉求，也不能为他们提供帮助，他早已抛弃了他们，这般局面让他们百思不得其解，只能全靠自救——而这埋下了反叛的隐患。英国处境尴尬，不过它仍有责任确保原住民得到公平的对待。倘若南非推行奴隶制，英国是否仍然无法阻止呢？

驱逐原住民

当然，哈考特先生建议南非政府需任命委员会调查法案的实施情况，委员会将囊括原住民和白人。原住民受了委屈，这点确凿无疑。法案规定某些地方的原住民不能购买或租用土地，白人在类似的地方也不能购买或出租土地。在一定期限内，原住民在白人区域拥有的土地必须出售，他们的租约到期后也不能续租，而黑人区域的白人亦然。目前，黑人区域尚未划定，执行此任务的委员会至少要一年后才会给出报告；与之同时，黑人被赶离了土地，无家可归。他们唯一的出路便是受雇于白人，充当仆人；事实上，这才是法案真正的目的。农场主发现原住民很快购置了土地，不再为白人而是为自己工作。由于劳动力短缺，农场主想迫使原住民为其干活。毫无选择余地的驱逐显然极其不公，尤其是有迹象表明，在相当长的时间内不会划定原住民区域。南非总是担心原住民部落的联合行动，可他们却通过法案这一最简单的方式激怒了南非所有的原住民。事态非常严峻，尽管结果目前尚未公开，倘若被原住民视为最后诉求对象的英国政府无能为力的话，也不清楚会有什么后果。我们知道南非的原住民问题相当棘手，可他们的冤屈理应被公平地听取、公正地处理，这是维持白种人和黑种人良好关系的必然途径。

——《评论回顾》

/ 第十八章

非洲人民组织和同业会

同业会提供的帮助不仅针对精神生活，还针对社会问题。

他们应一直对受压榨之人伸出援助之手，

对他们展现基督一生所刻画的兄弟般的情谊。

——尊敬的议会议员A.亨德森

滨海威斯顿同业会运动主席

在前一章，我们提到了黄色封面的报纸，它诋毁我们的英国朋友，就因他们支持原住民代表团的申诉。它将同业会宣扬的代表团目标称为“垃圾——不仅随时可捡，很多人还花时间收集”。该报纸义愤填膺地解释道，“究其原因，我们猜是‘同业会’运动有宗教特性”。

我们对上诉嘲讽的回复是，因为南非圣公会主教在主教问责中公开谴责该法律（另见《教会纪事》，1913年10月号），同业会运动反对《原住民土地法》恰是宗教行为，如果南非圣公会主教不是宗教人士的话，那他们就一无是处。新教牧师在其年度会议中谴责该法律。皇家法律顾问、圣米迦勒及圣乔治勋章获得者、前任总理W.P.施赖纳，这位现任南非联邦在伦敦的代表是早期南非传教士的儿子。法律通过时，他是联邦议会的成员，也是敢于谴责并投票反对的几名上议院议员之一。骇人听闻的是，有人说这些虔诚博学的先生合谋谴责法律只是为了从中获得乐趣。在我们外行人看来，如果一切属实的话，这些出色的人物正致力于在南非打造基督王国，他们也必定不会计较我们的推断，即法案的主导者正努力在南非打造另一个王国。当人们想起那些制造近期骚乱的人正是迫使政府接受法律的人时，这一推断就变得确凿可信起来。

在1915年南非教会大会的各类报告中，法案导致"教堂关闭"的现象得到了鲜明地体现，披露这一消息的是基督教的对手。让我们举个例子。"德兰士瓦地区的原住民工作因《原住民土地法》的推行受到了严重的妨碍。依法驱逐后，导致教会农场不复存在。"——开普省《卫理公会教士》，1915年1月22日。

许多南非《原住民土地法》的反对者没有卷入最近的巨变，同业会把自己的平台借给反对"季度任务"的法律运动，其行事表明，除了宗教因素之外，它拥护法律、秩序和宪法自由。当然，我们明白南非不会接受自由的理念，南非也没说有“错待黑人的自由”。因此，同业会的宣传没有肤色偏见，这解释了“纯白”的南非的伦敦代言人的愤怒之情。

7月初，代表团拜访了位于斯特兰德大道[1]、诺福克街的同业会总部，向全国同业会委员会解释他们出使的目的。全国同业会秘书威廉·沃德先生亲自接待了代表团；伦敦联盟的秘书约翰·麦金托什先生、W.曼先生和其他官员同样出席了此次会面。他们邀请代表团参加1914年7月14日在毕晓普盖特召开的伦敦联合会的季度会议，之后代表团受邀在各地会议上讲话。有的邀请还未及履行。各中心的邀请名单将在本章末列出。

在毕晓普盖特的集会上，下院议员威尔·克鲁克斯是“压轴戏”。他欢迎代表团的到来，并对殖民部的冷淡接待表示遗憾。他还继续道，如果代表团继续延续拉布萨拉先生和曼塞恩先生（当晚发言的两名代表团成员）的温和路线，他相信代表团的使命在英国会比在殖民部取得更好的结果。

该运动的喉舌报纸《同业会杂志》这样写道：

“彼此分担重负[2]”。

同业会的男男女女对申诉只有唯一的答案。因为同业会的手

---

① 斯特兰德大道（Strand），英国伦敦中西部街道，以旅馆和剧院闻名于世。

② 彼此分担重负（Bear Ye One Another's Burdens），源自新约《圣经》全书中的第9卷，为使徒保罗写给加拉太早期基督徒社群的一封信。

足情谊不仅存在于人与人之间，还存在于民族与民族、种族与种族之间。

在我们的运动中，无论如何，友爱和正义没有肤色的限制。如果我们的同业会无法做到这点，我们大概要质疑他们兄弟情义的真实性。

我们被告知该问题比较复杂。这点毫无疑问。但这可以克服，只要我们的政治家有付诸实践的勇气和信念。当然英国不仅意味着特权、权力和荣耀，还意味着责任和义务。如果它只代表商业利益，那么，在大英帝国的旗帜下，不公的行为则不会受到惩处。

这样一个英国又有何价值?

在这件事上，我们每一个成员应该站在公正的一方发挥舆论的力量。让我们向黑人同胞的事业敞开心扉，大开方便之门吧。

代表团的5名成员会在英国逗留几个月，准备对同业会和妇女团体发表演说，把他们的遭遇传达给那些愿意知道的人。

我们相信，他们会从中发现，为了纠正犯下的大错，不仅有最富同情心的听证会，而且还有人帮忙积极地引导英国的公众舆论。

这与同业会以基督教名义进行的诸多失败的尝试是多么的不同啊，尤其是在我们的国度，“他们讲述了弱者悲惨的遭遇，声音响彻云霄，但是，他们不像寓言故事中的富人，想要拉撒路[①]离得

① 拉撒路（Lazarus），《路加福音》中满身生疮、历尽苦难的乞丐，死后进入天堂。

远远的，”反倒认为如果他们派狗舔他的伤口，他们自命不凡的兄弟情义就得到了满足。不，同业会运动没有这般装模作样。真正的基督教并不在乎不同民族之间肤色或国界的区别。9个月来，我们与希恩霍同业会的马丁教友和汀布莱克教友的交往证实了这一观点；通过此次了不起的运动得以结识的其他成员（包括法官、议员以及公职人员里的工人）让笔者确信，他们随时准备着把宣讲的内容付诸实践。

关于此次运动，值得注意的是1915年3月14日周日那天，我们拜访索撒尔同业会一事。我们无法忘记那一天；那是番红花的周日，成千上万的伦敦居民成群结队地到汉普顿宫观看怒放的番红花。印象中1915年的那天是个美好的日子，因为次日欧洲太阳高照，从日出到日落都万里无云。数千人聚集在海德公园观看教会游行，更多的人则利用严冬之后的明媚春光三五成群地前往埃平森林和其他热门景区。

下午，我们参加了“索撒尔同胞”在中央大厅组织的室内英国集会。索撒尔的威廉·克罗斯先生代表英格兰；特许文书协会的T.欧文斯先生代表威尔士；黑人法庭律师S.S.A.坎布里奇先生代表他的家乡英属圭亚那地区；著名的抒情女高音露丝·巴克纳尔小姐代表澳大利亚献上了美妙的独唱；苏格兰和绿宝石岛[①]在大厅

① 绿宝石岛（Emerald Isle），爱尔兰岛的别称。

也献上了管弦乐队演奏等；新西兰奥克兰的莱昂内尔·布特夫妇代表“最英国化的殖民地”（很遗憾，印度代表未能及时抵达索撒尔）；笔者代表南非，这个英国家族的幼小成员。

置身于才智超群的人群之中，起初觉得有点格格不入，好在每位发言人有同业会陪伴，且喝彩声令人鼓舞，年轻人很快如鱼得水，和在别的同业会舞台一样。以上就是我们那天的感受。

威廉·克罗斯先生说，人们从各自治领前往欧洲战场支援宗主国，在某种程度上，这有力地证明了大英帝国的团结。来自印度的有色人种以自由人的身份，和英国子民一道履行自己的职责。大英帝国由领地和人民构成——曾经因种族和律令分离，如今联合在同一旗帜下。同业会和英国极为相似。同业会里教派林立，将它们联合起来的是一条伟大的原则。据说俄国的灵魂是遗憾，法国是理性，英国是公正。除非建立在公正和自由之上，否则英国无法建立起来。自由的原则是构成英国的基石，也是构成同业会的基石。建立在团结、宽容、正义和自由之上的英国不会受到任何限制；当然也不会消亡。同样地，同业会的王国也没有边界，他们寻求的是比大英帝国更加辽阔的同业会王国——基督教王国。

谈到南非种族限制，坎布里奇先生说：“你们在南非没有牛羊吗？没有鸟吗？你们没发现它们肤色不同，所以无拘无束地在天空翱翔吗？你们打算与人类的天性背道而驰吗？大英帝国有超过4亿3千万的人口，其中白人不到1千万人，还有一个很大的问题亟待解决：‘如何公平公正地统治众多的种族和信仰，并让他们以臣民的身份紧密团结在伟大强盛的英国身边。’大英帝国的未来在同业会的崇高理念下能安全无虞，《圣经》里的基督和如莎士比亚、阿狄森等伟大的作家曾预示了这一点。罗马帝国的衰亡在于它不认为帝国有责任把其子民视为父神底下血肉相连的手足同胞……。”

遗憾的是，坎布里奇先生的论据无法被南非绝大多数统治者所接受。倘若如此，他们就该想想，南非女士购买的黑丝甚至比白丝贵得多；家畜的价格整体未受其颜色的影响：偏偏在南非的羊毛市场上，白羊羊毛的价格高于黑羊羊毛，而它们的羊肉口味却没有差别。至于带角的牛，除了颜色不同，肉质和菜牛如出一辙。农场主还会告诉你，有色牛最好用于耕种或作他用，白色阉牛会致眼痛，白色母牛一直受乳房红斑（家畜乳房炎）的困扰；然而，我们从未听说这些特性会影响牛肉或牛奶的品质。跳羚是南非最好的野味，身上有黑、白、棕三色，但其杂色并不妨碍它成为世上最美丽优雅的羚羊。不过，在这些地方与南非统治阶级争论不过是白费唇舌：不信你瞧，克罗斯先生关于“自由”的观点会被笑着驳回，除非他只限定白人。所以，人们有时好奇耶稣基督关于“明珠暗投”的比喻是否无法在此适用。请看看议会内外反对《原住民土地法》的重要论争。毫无疑问，听了如此有理有据的反对观点之后，有责任感的立法机构就不会通过该法案；

但南非立法机构通过了该法案，且似乎对法案导致的不幸结果扬扬得意。

布特先生骄傲地表示，与南非的原住民政策相比，他发现新西兰的原住民政策如此美好。布特太太极为满足地对我们说，“我们的议员有毛利人，我们的国家因而变得更好了”。新西兰的女性如何获得了选举权，我们仍记忆犹新，她有充足的理由为对比结果感到欣喜，这说明她的国家统治公正。新西兰的白人议员对《妇女选举法案》同样持有异议；要不是有原住民议员，就会打成平局，如同三年前的南非，那时南非的白人议员大概也是持有异议，花言巧语哄骗议会否决了《妇女选举法案》。毛利议员坚定地支持妇女法案，并确保选举改革得以通过，根据澳大利亚和其他地方令人满意的结果来看，这一改变给英国其他地方做了表率，真为澳大利亚和新西兰的妇女权益感到高兴。

在哈默史密斯，（同业会）主席听完我们叙述《原住民土地法》的实施情况后，一面提出动议，一面以同情的口吻问道：“如果这就是结果，我们何必在南非战争中斥资2亿4千万英镑，搭上1万人的性命呢?”他征得观众的同意，换掉了节目单上最后的赞美诗，高声歌唱《同业会的自由之歌》。

报纸《南非》似乎在暗示，同业会运动因支持我们的事业已经偏离了目的和目标，我们的解释是，主席并未跑出会场，从其他地方借了本有这首歌的书。这首歌是《协会赞美诗集》里的第

26首——该书是非洲人民组织和同业会的圣歌集。

在转达了南非原住民的信息后，随后，我们一直荣幸地坐在那里，聆听主席吟唱圣歌，管弦乐队开始奏响以色列人的科斯塔进行曲。1915年的首个周六，我们拜访了蒙默思郡的维多利亚同业会，感受到一种令人惬意的变化。在那里，主席吟唱了熟悉的圣歌，巨大的管风琴奏出耳熟能详的曲调——《耶稣，我灵魂的爱人》（霍灵赛德的曲调[①]），这种变化为《同业会的自由之歌》的演唱增添了前所未有的体验，新的演绎如下：

男人们！你们总会夸耀，
你们的先辈勇敢且自由，
如果世上仍有奴隶，
你们真的是自由勇敢的吗？

只为自己打破枷锁，
皮革一样坚韧的心
忘记了对人类的责任，
这是真正的自由吗？
不！真正的自由

① 霍灵赛德（Hollingside），赞美诗曲调，曲作者为约翰·巴克斯·戴克（John Bacchus Dykes）。

是分担同胞的束缚，
用我们的心灵和双手
诚挚地使其自由。

那些怯于为弱者和沦落者声援之人，
才是奴隶；
那些在需要思索的真理面前，
宁愿默然退缩，
不愿被仇视、责骂、嘲笑之人，
才是奴隶；
那些不敢和握有真理的少数人为伍之人，
才是奴隶。

詹姆斯·拉塞尔·洛威尔[①]

代表团对如下非洲人民组织和同业会所做的演讲，按访问顺序排列：

［a］团体；［b］主席或秘书的名字；［c］会议举行地点；［d］发言人。

1.［a］伦敦同业联合会；［b］约翰·麦金托什；［c］东部中

① 选自诗歌《论自由》(Stanzas on Freedom)，作者詹姆斯·拉塞尔·洛威尔(James Russell Lowell)，创作于1843年。

央邮政区，毕晓普盖230号；［d］索尔·曼塞恩先生，W.B.拉布萨拉博士。

2.［a］图庭同业会；［b］E.阿尔登·弗伦奇牧师；［c］西南图庭，卫斯理中央大厅；［d］索尔·曼塞恩先生，W.B.拉布萨拉博士。

3.［a］威尔斯登格林同胞同业会；［b］H.J.韦弗先生；［c］威尔斯登格林大道，浸理教会；［d］所罗门·T.普拉阿杰先生，T.M.马普克拉先生。

4.［a］西邦尔帕克同业会；［b］J.克利福德博士，MA.DD.；［c］西贝斯沃特，浸理教会；［d］W.B.拉布萨拉博士。

5.［a］威尔斯登非洲人民组织［b］；W.斯普林贝特先生；［c］威尔斯登格林，循原会；［d］W.B.拉布萨拉博士，T.M.马普克拉先生。

6.［a］东哈姆同业会；［b］W.H.阿姆斯特朗牧师；［c］东哈姆柏京街，中央大厅；［d］W.B.拉布萨拉博士，T.M.马普克拉先生。

7.［a］图庭格拉维尼同业会；［b］A.赖丁先生；［c］百老汇大街，图庭中央大厅；［d］索尔·曼塞恩先生。

8.［a］同胞同业会；［b］克利福德·霍尔牧师；［c］格林尼治东南大街，公理教会；［d］索尔·曼塞恩先生。

9.［a］哈默史密斯同业会；［b］J.W.巴特斯先生；［c］哈默

史密斯，阿尔比恩公理教会；[d] 所罗门 · T.普拉阿杰先生。

10. [a] 舍恩霍尔同业会；[b] W.H.詹宁斯先生；[c] 威普斯克罗斯，联合卫理公会；[d] 所罗门 · T.普拉阿杰先生。

11. [a] 诺思弗利特同业会；[b] E.普兰特先生；[c] 靠近诺思弗利特，斯旺斯柯姆，卫斯理公会；[d] 所罗门 · T.普拉阿杰先生。

12. [a] 克利夫顿同业会；[b] F.黑斯廷斯牧师；[c] 派克哈姆拉伊，公理教会；[d] 所罗门 · T.普拉阿杰先生。

13. [a] 阿贝迪勒利非洲人民组织；[b] 威廉 · 戴维斯先生；[c] 南威尔士，阿贝迪勒利剧场；[d] 所罗门 · T.普拉阿杰先生。

14. [a] 阿贝迪勒利非洲人民组织；[b] E.杰弗里斯先生；[c] 南威尔士，阿贝迪勒利，卫斯理公会；[d] 所罗门 · T.普拉阿杰先生。

15. [a] 柏京同业会；[b] W.巴纳德先生；[c] 埃塞克斯郡，柏京，卫斯理公会；[d] 所罗门 · T.普拉阿杰先生。

16. [a] 威尔斯登格林同胞会；[b] [c] 威尔斯登格林大道，浸礼教会；[d] 所罗门 · T.普拉阿杰先生。

17. [a] 维多利亚同业会；[b] J.W.霍尔先生；[c] 蒙茅斯郡，纽波特，卫斯理公会；[d] 所罗门 · T.普拉阿杰先生。

18. [a] 马什街同胞同业会（男性集会）；[b] E.K.富勒；[c] 沃尔瑟姆斯托，女王电影电力剧院；[d] 所罗门 · T.普拉阿杰先生。

19. ［a］格林海斯同业会；［b］S.W.林尼汉姆；［c］格林海斯，伦敦街，卫斯理公会；［d］所罗门·T.普拉阿杰先生。

20. ［a］马什街同胞会（晚间集会：男女场）；［b］W.F.汤因比；［c］沃尔瑟姆斯托，女王电影电力剧院；［d］所罗门·T.普拉阿杰先生。

21. ［a］达特福德非洲人民组织；［b］H.凯特先生；［c］肯特郡，达特福德，循原会；［d］所罗门·T.普拉阿杰先生。

22. ［a］索撒尔男性同胞同业会；［b］T.欧文先生，特许文书协会；［c］西索撒尔中央大厅；［d］所罗门·T.普拉阿杰先生。

23. ［a］劳埃德公园非洲人民组织；［b］R.P.坎贝尔牧师；［c］劳埃德公园，联合循道宗；［d］所罗门·T.普拉阿杰先生。

24. ［a］男性和女性集会；［b］F.默塞尔先生；［c］北埃德蒙顿，独立教会；［d］所罗门·T.普拉阿杰先生。

25. ［a］奇斯维克同业会；［b］D.J.霍金斯先生；［c］特南格林台，同业会大厅；［d］所罗门·T.普拉阿杰先生。

26. ［a］阿布尼同业会；［b］W.A.普洛克特先生；［c］斯托克纽因顿，阿布尼教会；［d］所罗门·T.普拉阿杰先生。

27. ［a］乌克斯布里奇非洲人民组织；［b］W.阿什顿治安官先生；［c］乌克斯布里奇，旧议会大厅（康格尔顿）；［d］所罗门·T.普拉阿杰先生。

28.［a］西伊林非洲人民组织；［b］S.加勒德；［c］西伊林，循原会；［d］所罗门 · T.普拉阿杰先生。

29.［a］新英格兰非洲人民组织；［b］理查 · 温弗里爵士；［c］北安普敦，彼得伯勒，非洲人民组织大厅；［d］所罗门 · T.普拉阿杰先生。

30.［a］舍恩霍尔同业会；［b］詹姆斯 · 埃利斯牧师；［c］沃尔瑟姆斯托，联合循道宗；［d］所罗门 · T.普拉阿杰先生。

31.［a］莱顿同胞集会；［b］G.F德鲁先生；［c］贝德福德郡，莱顿布扎尔德，谷物交易所；［d］所罗门 · T.普拉阿杰先生。

32.［a］彭伯里格罗夫非洲人民组织；［b］欧内斯特 · 普赖尔先生；［c］克拉普顿，联合循道宗；［d］所罗门 · T.普拉阿杰先生。

33.［a］谢泼德布什同业会；［b］F.C.辛普森先生；［c］（浸礼会的）谢泼德布什礼拜堂；［d］所罗门 · T.普拉阿杰先生。

34.［a］东哈姆同业会；［b］G.索雷尔先生；［c］东哈姆，柏京街中央大厅；［d］所罗门 · T.普拉阿杰先生。

35.［a］波特韦尔；［b］J.马特森先生；［c］米德尔塞克斯郡，海斯电影院；［d］所罗门 · T.普拉阿杰先生。

36.［a］金士兰非洲人民组织；［b］J.哈丁先生；［c］金士兰大街，公理教会；［d］所罗门 · T.普拉阿杰先生。

37.［a］希斯菲尔德同业会；［b］海曼 · H.卡斯尔先生；［c］

苏塞克斯郡，希斯菲尔德休闲大厅；[d] 所罗门·T.普拉阿杰先生。

38. [a] 同胞同业会；[b] A.哈拉克牧师，多元文化助理；[c] 伍斯特，天使街教堂；[d] 所罗门·T.普拉阿杰先生。

39. [a] 格林尼治非洲人民组织；[b] W.T.彭尼牧师；[c] 格林尼治，伦敦街中央大厅；[d] 所罗门·T.普拉阿杰先生。

40. [a] 海瑟格林非洲人民组织；[b] P.达夫先生；[c] 托里登街，公理教会；[d] 所罗门·T.普拉阿杰先生。

41. [a] 怀特菲尔德同胞集会；[b] W.查特·皮戈特牧师；[c] 托特纳姆法院路，怀特菲尔德礼拜堂；[d] 所罗门·T.普拉阿杰先生。

42. [a] 北端同业会；[b] 埃尔温·伦奇先生；[c] 萨里郡，克罗伊登，北端大厅；[d] 所罗门·T.普拉阿杰先生。

43. [a] 三位一体同胞会；[b] A.J.沃克先生；[c] 南哈克尼，维多利亚公园，康格尔顿教会；[d] 所罗门·T.普拉阿杰先生。

44. [a] 阿克顿同业会；[b] 詹姆斯·麦金托什先生；[c] 西阿克顿，切奇菲尔德街，康格尔顿教会；[d] 所罗门·T.普拉阿杰先生。

45. [a] 非洲人民组织同业会；[b] W.G.布朗；[c] 托特纳姆大道，卫斯理公会；[d] 所罗门·T.普拉阿杰先生。

46. [a] 北安普敦同胞会；[b] R.莫顿·斯坦利牧师，多元文化助理；［c］北安普敦，多德里奇教会；［d］所罗门·T.普拉阿杰先生。

47.［a］切森特和沃尔瑟姆克罗斯非洲人民组织；［b］A.W.阿希米德先生；［c］沃尔瑟姆克罗斯，排演厅；［d］所罗门·T.普拉阿杰先生。

48.［a］斯坦斯非洲人民组织；［b］R.C.爱德华兹先生；［c］米德尔塞克斯郡，斯坦斯，市政厅；［d］所罗门·T.普拉阿杰先生。

49.［a］斯奈尔公园非洲人民组织；［b］R.格林先生，市政议员；［c］上埃德蒙顿，公理教会；［d］所罗门·T.普拉阿杰先生。

50.［a］坎伯威尔非洲人民组织；［b］H.A.斯邦；［c］萨里郡，坎伯威尔共济会大厅；［d］所罗门·T.普拉阿杰先生。

51.［a］诺伯里同业会；［b］J.L.穆迪先生；［c］诺伯里，伦敦路，卫斯理公会；［d］所罗门·T.普拉阿杰先生。

52.［a］黑斯廷斯同业会；［b］A.G.斯特里克兰先生；［c］苏塞克斯郡，黑斯廷斯公理教会；［d］所罗门·T.普拉阿杰先生。

53.［a］伊夫舍姆同胞同业会；［b］G.H.怀特先生；［c］伍斯特郡，伊夫舍姆，考尔圣教会；［d］所罗门·T.普拉阿杰先生。

54.［a］南岸同业会；［b］T.博舍先生；［c］约克郡，蒂斯河畔南岸；［d］所罗门·T.普拉阿杰先生。

55.［a］蒂赛德同业会；［b］T.萨莫斯先生；［c］约克郡，南岸韦斯教会；[d] 所罗门・T.普拉阿杰先生。

56. [a] 谢泼德布什非洲人民组织；[b] W.G.戴维斯先生；[c] 谢泼德布什，卫斯理公会；[d] 所罗门・T.普拉阿杰先生。

57. [a] 斯托克顿联合会；[b] W.威赫尔先生；[c] 蒂斯河畔斯托克顿，浸礼会礼拜堂；[d] 所罗门・T.普拉阿杰先生。

58. [a] 温布利同业会；[b] H.W.海格先生；[c] 温布利，联合大厅；[d] 所罗门・T.普拉阿杰先生。

59. [a] 沃特福德同胞会；[b] A.G.贝克；[c] 哈福德郡，沃特福德，比奇格罗夫；[d] 所罗门・T.普拉阿杰先生。

60. [a] 克勒肯维尔同胞会；[b] R.G.普塞尔先生；[c] 克勒肯维尔格林，皮尔协会；[d] 所罗门・T.普拉阿杰先生。

除了同业会和非洲人民组织，我们亦承蒙妇女团体、成人学校和几个教会组织的帮助，为我们提供了许多演说机会，还给了我们最令人愉悦的信息反馈。

/ 第十九章

南非战争中全副武装的原住民

哦，说战争结束了的这个笨蛋，

他在哪里？

穿过多弗尔海峡，

闪现了怎样的血腥征兆？

九十万全副武装的奴隶，

会来镇压我们。

但英格兰仍将长存于世，

因为我们会击溃那边的暴君。

我的英国同胞，

准备好雷霆万钧地打击敌人了吗？

——格兰特克哈特拉部落

布尔战争爆发时，共和国军队入侵贝专纳，贝专纳保护国的警察绝望地发现自己被隔离在了这个遥远的地方，他们决定撤离加贝罗内斯，和从罗得西亚南下的普卢默上校的军队会师。英国专员离开加贝罗内斯之前，建议保护国南部的原住民酋长与德兰士瓦共和国的入侵者在英国军队到来前，尽可能地谈好条件。

巴卡特拉的酋长勒特苏，尽责地付诸行动，派自己的弟弟西加利给荷兰指挥官传讯，提醒他这是白人的战争，同时请他不要带着全副武装的布尔人穿过自己的地盘；酋长还补充道，他将不惜一切代价抵抗任何入侵其领地的行为。布尔人通常不加掩饰地对待“卡菲尔人”，这则信息自然被他们嗤之以鼻，这些人完全漠视警告，入侵了巴卡特拉。入侵之初，酋长勒特苏并未做好应对布尔人袭击的准备。他有人，但弹药不够支撑一整天，他不得不伺机以待，精心谋划，保障弹药的供应。荷兰人全然蔑视了勒特苏的警告，他们两度占领了外围村庄，勒特苏毫无还手之力，但他们没料到酋长的情报部门和作战部门正有条不紊地通力协作，他对布尔人的震慑不会没有效果。终于有一天，一支由16头阉牛组成的巨大车队，在荷兰裔骑兵中队的护送下，运送弹药到贝专纳荷兰人的队伍。车队慢慢地沿着马里奥河蜿蜒前进。突然火枪齐发，护卫队的人员大吃一惊，不由慌乱失措，雪上加霜的是，无论他们朝何处奔逃，他们都像是从一个火坑跳到另一个火坑。该计策迅速且有效，成功地让弹药和补给车队改头换面，在新的护卫队的护送下，改送到莫楚迪勒特苏的城镇。

事情便是这样：副首领西加利是勒特苏的作战指挥，他密切关注着荷兰人的行动，研究了他们的计划，料到了护卫队的到来并将其拦截。在这次和接下来的袭击中，他缴获了足够的弹药，足够勒特苏酋长将手下武装起来。因此，他们打退了布尔人的两次入侵，并尾随敌人进入对方的地盘，带回大量的牛群。从此，勒特苏的领地再也没有遭受布尔人的入侵。

在帝国的偏僻角落，后来的布尔共和国的边界上，巴卡特拉酋长及其子民的独立行动极具道德寓意和实际价值。除了马弗京镇，布尔人几乎占据了贝专纳南部，他们发现对其他贝专纳部落友好的态度会带来更多的好处。所以，荷兰军队的掌旗官宣布所有贝专纳的酋长是土生土长的非洲人，但巴卡特拉的勒特苏和马弗京巴若龙的蒙特索瓦除外。掌旗官宣称这两位酋长是叛国者，他们加入了国外的红脖子[①]，反对黑人和非洲白人。全副武装的布尔共和国公民不再把原住民的资产占为己有，结果，政府巨额的战后赔偿也没多得吓人。此外，不为人知的英雄——原住民通讯员——任务变得容易多了，开普省总部和被困的马弗京要塞可维持约两周一次的通信，原住民通信员在夜色的掩护下，爬过布尔人占领的防线，穿越农庄，还不太容易被布尔人的巡逻队发现。

---

① 红脖子（Rooinek），对英国人或说英语的南非人的贬称，主要由南非白人使用。

但必须承认，对布尔人来说，勒特苏酋长的抵抗行为完全不合法，他们对勒特苏的维多利亚女王宣战，但未对他宣战。根据白人神奇的逻辑，这次战争是白人的事儿，黑人除了忍受结果，没别的份儿。原住民用塞茨瓦纳谚语反驳该论断：“你不能从脑袋切下颌骨后，还妄想它们能分开使用。”我们猜测正是该原则导致勒特苏采取了行动。从南非白人的立场来看，酋长的行为纯粹是冒失之举，不过似乎难以找到确切的罪名起诉勒特苏。此时，他的一些手下被捕，因其在德兰士瓦劫掠牛群时，射杀了德兰士瓦共和国的德裔公民。和平来临后，这些人在比勒陀利亚受审，3个人被判死刑。在整个审判过程中，酋长一直站在手下一边，请求释罪。他陪同他们到比勒陀利亚参加初审，后来在审判中掏钱请人为他们辩护，显然认真关注了裁定和判决。

如果裁决动摇了巴卡特拉的忠诚，那么，白人也难以忘怀黑人酋长战胜白人军队及白人意志的惨痛记忆，因此，这一结果让西德兰士瓦贝专纳边境的布尔人感到满意。在荷兰人眼里，没什么比黑人令其大败更丢人了，他们不断叫嚣着镇压勒特苏和他“骄傲”的卡菲尔人。布尔人要求联邦当局更有效地控制原住民，可他们忘了在英国短暂撤离贝专纳后，全副武装的布尔军队接管时的束手无策。尽管如此，一些报纸，尤其是《兰德周日新闻》，似乎总是给满怀恶意的种族歧视留出摇旗呐喊的版面，也许这些呼吁，除了固有的危险以外，倒与殖民风格相得益彰。《原住民土地法》出台之前，一部分殖民者和大多数德兰士瓦的布尔人强烈要求增加更多针对黑人的限制性条款，在这些呼声中，出现了惊人的“原住民不忠”“巴卡特拉傲慢无礼”等煽动性的标题报道。周日早上，约翰内斯堡的《周日新闻》宣称，巴卡特拉事实上已向联邦警察开火，首先寻衅。我们自己的调查证实，在巴卡特拉居住的勒特苏领地附近，英国的保护国平静得反常。事情的经过是两名荷兰警察非法持枪进入贝专纳；原住民缴了他们的武器，将其带给酋长，后者依次把这两人移交加贝罗内斯的英国当局，他们在那里受审、接受宣判。

我们不建议《周日新闻》借自己的版面宣扬扰乱人心且不切实际的报道；而事实却是，无论对错，它们的社论时刻准备着将种族歧视的星星之火燎原开来；以这种方式激起种族情绪后，发现错误的主编，如果这算错误的话，甚至不费心告诉读者他们无意中刊登了夸大其实的言辞——自从加贝罗内斯的英国法庭举行了一次公正审判后，违法的联邦警察被处以50英镑的罚款。其实，根据德兰士瓦的准共和国法律，原住民警察不敢把自己“黝黑的双手”放在“白皙的”罪犯身上，即使原住民警察在犯案现场把嫌犯抓了个正着：在英属贝专纳，“白皮肤的人和黑皮肤的人在法律面前没有区别，人人享有同等的受法律保护的权利”，所以，和危言耸听分子的胡言乱语相反，勒特苏酋长再次证明自己站在了英国法律的一边。

到蒂珀雷里关山迢递，
鞭长驾远。
对我认识的可爱的姑娘来说，
到蒂珀雷里道阻且长！
再见，皮卡迪利大街，
永别了，莱斯特广场，
到蒂珀雷里路途迢迢，
但那是我心安放的地方。

《蒂珀雷里之歌》（原文为巴若龙语）

巴若龙人和战争

巴若龙和马弗京附近的其他原住民部落异常关注布尔战争之前的谈判。酋长们不断收到布尔军队在边境调动的消息。该消息递送至马弗京治安官，请求防御增援。治安官每次都信誓旦旦地保证，布尔人绝不会越界进入英国的地盘。德兰士瓦的边界距治安官仅10到12英里远。治安官的保证还是让原住民放心不下；于是，巴若龙酋长代表团与治安官有了别开生面的会面，笔者充当了口译。酋长告诉治安官，如果治安官认为那些好战分子会尊重他人的界线，恐怕就太不了解战争了。治安官以如假包换的南非风格回答说，这是白人之间的战争，就算敌人来袭，女王陛下的白人军队会担起作战的全部职责，保护酋长的领地。至今仍在我们眼前历历在目的一幕是蒙特索瓦酋长及其顾问约书亚·莫勒玛如何走到治安官的座椅旁，在他身后蹲着说：“为了方便讨论，我们打个比方，假设您的保证真心实意，一有麻烦，我们就手握步枪躲在你们身后，你们是白人，所以负责打仗；万一战场上来的荷兰人比你们多，将你们击杀，到了那个时候，我们又该怎么办呢？难道逃回家，穿上裙子，举出白旗吗？”

莫特西格尔酋长脱下外套，解开衬衣前襟，露出肩膀，给大家看旧弹伤。那是英国占领贝专纳之前，在巴若龙和布尔人的战争中留下的疤痕，他说：“除非我看到女王陛下的军队连子弹都打不穿，我才放心，否则我要自己保卫妻儿。我家里有步枪，现在只需要弹药。”

治安官按例将进展报知开普敦，可总部的回复是那么温和并令人放心，以至于人们几乎认为谈论的是即将到来的议会选举，而非血腥的战争。但随后快速发展的事件表明，马弗京的原住民有先见之明，总部的那些人完全跟不上局势变化。酋长和治安官会面后不久，布尔人按照最后通牒上的条款，越过开普省和德兰士瓦的边境，切断了马弗京北部和南部的通讯线路。在军械到达该地之前，马弗京（莫洛泊河岸的一个小镇）被包围了，此外还有蒙特索瓦斯塔德，一个有5000名原住民的小镇。这些地方的人口数量因难民涌入而急剧增加，都是从小镇以外和德兰士瓦来的，白人和黑人都有。

这次包围，克龙涅将军给酋长送来口信，建议他和部落不要掺和白人的争端。克龙涅将军的观点在围困之初符合当地白人的情感。被包围的欧洲居民极其抵触原住民持械射杀白人敌军；但克龙涅将军的务实做法其实让被困的守备部队有了清醒的认识；荷兰人100磅重的克鲁索特大炮尤其令人振聋发聩，彻底改变了他们的观点。

1899年10月25日，巴若龙的年轻人经受了炮火的洗礼，克龙涅将军试图从原住民村庄借道，突袭守备部队。他对原住民村庄发起了震耳欲聋的枪林弹雨。躲在蒙特索瓦斯塔德外墙后的原住民遵照马什上尉的命令，把步枪放在墙上的枪眼里静静地等待，直到布尔人走到近前才开火还击，结果令人非常满意。短兵相接之后，白人首次后悔没有把足够的武器配给原住民。此次袭击十分激烈，红十字马车整个下午都奔波在布尔人的防线上，由于担心原住民伤亡惨重，白人守备部队还提供了医疗援助。但令人惊喜的是，除了屋顶有轻微损伤，巴若龙人并无人员伤亡。只有一个例外：炮弹在酋长勒柯克跟前爆炸，他那会儿正在抵御布尔人的进攻，虽然炮弹碎片没挨到他的边，但有一发炮弹打到岩石，岩石碎片擦过了他的太阳穴。充其量只把几发子弹配给了使用自己步枪的巴若龙人，让人不由疑惑如此少的弹药如何精打细算般地物尽其用了。

马弗京的包围相当有效，只有部分原住民可以在晚上爬过布尔人的防线。在7个月的包围中，仅一名白人在两名原住民的带领下进入了该村庄。所有出入马弗京的消息均靠巴若龙的通讯员传递。布尔人把牲畜赶进德兰士瓦内陆之前，巴若龙人不断劫掠布尔人的牛群，把它们带进被困的驻地。通常，巴若龙人是边打边退，可有时晚上带着牛群撤退，荷兰岗哨却不管他们。于是，在克龙涅将军南下之后，指挥围攻的斯奈曼将军向全军下令，击毙“任何出入马弗京”的人，不管他们是否携带武器。

距被困要塞十英里处，有个叫莫迪莫拉的村庄，住着酋长萨恩，这人是马弗京酋长的叔叔。他是个好好先生，好几个月布尔人都没来骚扰他。后来，他们怀疑萨恩向要塞提供情报，便将他及其追随者带到瑞特方丹，把他监视起来，但萨恩酋长在囚禁时却比自由之身更如鱼得水。他利用外表人畜无害的瑞特方丹的年轻人，从掌握通讯防线的布尔人那里收集到第一手情报，然后把口信传给困在马弗京的侄子，身为大酋长的侄子又将消息递给女王的指挥官。通过自行设立的情报系统，守备军得知克龙涅投降的消息——帕尔德伯格战役圆满结束——此时好消息才传到围攻军不久；等开普省传来官方证实的消息已是一周后的事了，这时，萨恩酋长的通信员又带来了布隆方丹投降的新消息。正如人们所预料的那样，该消息对被困的人们来说简直是喜从天降。其实就像所罗门国王所说：“冷水之于疲倦的人们，正如来自遥远国度的佳音，”因为，这些日子以来，在飞机和无线电波发明之前，在这个辽阔的世界上，没有哪个国家比被困的要塞还远。

为了守卫要塞，马弗京成立的第一个平民团体是“开普混血小分队”，成员包罗万象，什么人都有。泰勒准尉副官，这位有色人种泥瓦匠是小分队的头儿，指挥队里顶尖的狙击手。在围困的第四个月，他在外围战壕被一发巨大的炮弹碎片击中殒命。

巴登-鲍威尔将军和其他官员参加了他的葬礼，这大概是南非战争中唯一一次有高级军事官员出席有色人种的军事葬礼。

开普省有色人种的语言或混血人种的语言与布尔人，即开普省的荷兰人没有区别。有时，在包围期间，我们和布尔人的推进防线往往不到100码的距离，双方老谋深算的狙击手见没有狙击对象，常在安全的堑壕互相打趣。套用战壕用语，有时这些口头恭维让敌对双方变得“亲密无间”。在此氛围下，他们时而嘲讽，时而逗趣，以此论证彼此的命运或战争的最终结果。辩论不过的那个人常常粗鲁地打断交谈，可当双方互相调侃，从中得了乐子，又热忱地加入欢声笑语之中。不止一次，快乐的荷兰人暂时忘了互相玩闹背后的战事，听从了同样快活的有色人种的叫喊“看，伙计[①]”，从敌人的角度，他径直“看”到了敌方狙击手朝他射出“魔鬼的一击”。

阅读旧事的读者或许会允许我们对斯奈曼将军麾下围攻马弗

---

① 原文为南非荷兰语：kyk hier，jong。

京的荷兰人表示哀悼。无论我们在其他方面怎么说他们的坏话，在此也得为他们辩上一句，那就是周日他们不会来骚扰我们。这让马弗京人有机会四处走动，给自己做个彻底清洁，让安息日保持圣洁。狙击手周日早上放下步枪，作战双方在战壕宣布维持一天的和平，彼此指出地标，对方的岗哨均不得越界，一旦越过，便意味着突然恢复到战时状态。不过由于这些路标在宗教上颇受尊重，在安息日很少因双方的冲突而受到亵渎。我们于是有一整天的时间休闲娱乐，战壕的士兵会到妇女的帐篷看望家人，并为下一个星期的连续攻击做好全面准备。

“混血小分队”作战英勇出色，直到包围结束也不堕其名。如今，来到闻名遐迩的被困城镇马弗京，在美丽的市政厅前、方尖碑附近，游客可以看到一把五磅重的枪，那是“开普省的警察在围困期间缴获的战利品”。这把枪是有色人种贝尔队长和另两名“混血”小分队的少尉缴获的战利品，那时，小分队的指挥是开普省警察科里中尉。

除了英勇的有色人种在马弗京防御中倒下之外，与小分队有关的另一让人痛苦的事是斯沃茨先生，布尔人的炮弹致其双眼失明，视力也再未恢复。

到蒂珀雷里关山迢递，
鞭长驾远。

对我认识的可爱的姑娘来说，
到蒂珀雷里道阻且长！
再见，皮卡迪利街大街，
永别了，莱斯特广场，
到蒂珀雷里路途迢迢，
但那是我心安放的地方。

《蒂珀雷里之歌》（原文为祖鲁语）

另两个无可挑剔地完成任务的小分队分别是“芬果队”和“黑手表”，“黑手表”的称呼大概源于成员们乌黑的皮肤。“黑手表”包括了莫桑比克和赞比西的小伙子，还有尚加人[①]和南非其他黑人种族。该队经受的最大灾难是彼时33名队员倒霉地冲进布尔人的防线，试图打劫敌人的牛群。他们晚上冲出要塞，到达白天时的藏身之地，然而布尔人的突击队尾随而至，带着重机枪和大炮将其包围。队员们战斗到最后的一枪一弹，但由于敌我悬殊，射程也逊于敌方，最后全军覆没。

劫掠牛群相当危险，这个国家只有狡猾的巴若龙人擅长此道。巴若龙有位精明的战士叫作马萨克贡，是劫掠牛群的行家里手。他时而带着巴若龙人冲进布尔人的防线搜寻牛群，还总设法把战

① 尚加人（Shangaan），居住在莫桑比克及德兰士瓦省东北，隶属班图族。

利品快马加鞭地送进马弗京。被困的七个月来，他一直在干这活，人手也只损失了两个。这些勇猛的劫掠者唯一一次倒霉是马萨克贡打算冲进庞大的牛群，但该牛群是普卢默上校为被困的守备军从北距马弗京40英里的瑟费凯尔牧区收购而来的。荷兰人告诉我们，这些天来，他们得知普卢默上校正安排着送牛群到马弗京，他们甚至知道确切的数字——100头——于是，他们每天派侦察兵到北部监视道路，并预先通知了围攻的军队。所以，虽然他们没有监控马弗京，但当马萨克贡的人带着牛群折返，强大的荷兰军队拦住他，热烈地欢迎了他和普卢默上校的牛群。他们朝赶牛人咔嗒咔嗒的一阵连射，声音大得连在马弗京都听得见。半数以上的牛群在交火中死亡，剩下来的牛群和肥胖的阉牛尸体，则落到了布尔人的手中。12名赶牛人有2人受伤，无比庆幸马萨克贡躲在死牛尸体后面才得以逃生。

马萨克贡后来听说布尔人计划如何彻底击溃他和手下时，不由对他所称的“总是向敌人透露自己意图的欧洲蠢方法”大为恼火。

远在巴苏陀兰，这个“南非的瑞士”，大酋长勒罗索迪愿意派军队到布隆方丹，当时，自由邦人正忙于应付纳塔尔和开普省的英属殖民地，那是他们入侵的地盘。米尔纳爵士强烈禁止他采取行动，也只有巴苏陀兰的英国特派代表戈弗雷·拉格登爵士可以阻止巴苏陀兰战士突袭奥兰治自由邦了。

然而，曾经有一次，巴苏陀兰山地人很快被动员起来。马赛卢收到消息，称游击生涯如日中天的德·韦特将军，在自由邦受到英国军队的严重打击，有些担心他从巴苏陀兰地区逃跑。在这种情况下，巴苏陀兰被允许对擅闯领地的突击队开火，不用等布尔人真正踏足巴苏陀地区。因此，巴苏陀兰人预料到领土会受侵犯，于是在菲利普·莫迪斯的领导下，有天晚上在山区发起了创纪录的突袭，在没有电报联络的情况下，所有的命令均由骑着稳健的巴苏陀兰矮马的骑手亲口传达。结果，天刚破晓，布尔人在维佩纳附近的前线醒来后，发现巴苏陀兰边界布满了黑人。巴苏陀兰人强烈呼吁马赛卢允许他们越过边界突袭布尔人，但再一次遭到拒绝。最后，德·韦特将军在英国人的枪林弹雨中撤走突击队，到其他地方展开袭击。

德·韦特将军在他写的关于南非战争的书里承认，他曾绝望地被逼得走投无路，唯一可以安全出逃的路线是穿过巴苏陀兰地区。他接着阐述了不侵犯巴苏陀兰地区的理由：巴苏陀人对布尔人没有敌意，他不想激怒他们。他没提全副武装的巴苏陀兰人挡了他的道，不过倘若德·韦特将军的克制是出于自愿，那他便是史上首位尊重原住民的权利或情感的布尔人将军。

博塔将军屡次提到德兰士瓦原住民对德兰士瓦市民的忠诚援助。我们也说过西德兰士瓦莫科图酋长的例子，围困一事结束后，他和头人被扣在马弗京。实际上，酋长死在马弗京的监狱，他和支持共和国的参战政治犯关在一起。

还有一次，博塔将军不经意地称赞英属原住民（显然指的是原住民，而非马弗京附近的人）在南非战争中的英勇表现。将军在荷兰米德尔堡的新教堂说道：

> 卡菲尔人背叛了我们，我们不仅要和英国人作战，还要和原住民作战……当卡菲尔人的攻击愈来愈猛之时，我们的事业变得黯淡无光。……所有这些事实迫使我们商讨和平的条款。*
>
> *《泽兰的农夫将军》，第29页。

蒙特索瓦斯塔德南部的防御由巴若龙人承担，他们在勒柯克酋长的领导下，自带口粮和枪支，全靠自己支撑了下来。唯一的增援是弹药补给，不过守备军也没多少。少校戈德利和上尉马什给守卫者下的唯一命令是“按兵不动，等敌人走近了才开枪”。

困在马弗京的其他原住民在治安官C.G.H.贝尔先生的妥贴关照之下。白人和黑人之间的和谐关系是要塞围困期间的主要特点，这极大地归功于战时优异服务勋章的获得者、男爵爱德华·塞西尔少校和参谋长巴登-鲍威尔上校的灵活管理。罗伯茨[1]伯爵委派

① 弗雷德里克·斯莱·巴伦·罗伯茨（Frederick Sleigh Baron Roberts，1832—1914），英国陆军元帅，1857—1858年帮助镇压印军哗变，保证了坎大哈战役（1880）的胜利，结束了第二次阿富汗战争；在第二次布尔战争中部署了向布尔首府比勒陀利亚的成功进军（1900）。

查尔斯·帕森斯爵士[①]感谢巴若龙人在被困期间令人钦佩的保家卫国之举。这位身经百战的军人显然觉得自己做的还不够，后来还派尊敬的汉伯里·特雷西少校从比勒陀利亚给巴若龙的酋长们带去镀金字母写的致辞。

C.B.维维安上校由贝德福德第四炮兵团的连队护送至蒙特索瓦斯塔德，陪同的乐队演奏着爱国主义的乐曲，他当着一大群聚会的巴若龙人和欧洲访客的面做了演讲。《马弗京邮报》这样描述了该庆典：

广场上，巴若龙男子坐在椅子和凳子上，女人们则盛装打扮，站在可以瞧见仪式的地方。随着基地指挥官（维维安中校）和地方治安官（C.G.H.贝尔先生）的到来，在一片欢呼声中升起了英国国旗。众多的市民和数名军官目睹了庆典，其中包括市长（A.H.弗兰德先生），W.H.塞蒙先生（代理专员），纽伯里中校（战地军需官），尊敬的汉伯里·特雷西少校（从比勒托利亚带来致辞的军官），以及潘泽拉少校。

贝尔先生对聚会的原住民说："今天是蒙特索瓦人所代表的巴若龙历史上有重大意义的一天。我相信，对英勇地协助保卫马弗

---

① 查尔斯·帕森斯（Charles Parsons，1854–1931），英国工程师、科学家和制造商，1884年建造了第一台用于推动发电机的实用蒸汽涡轮机并获得专利；还开发出用于船舶推进装置的蒸汽涡轮机，他采用这种涡轮机做动力的试验船"特平尼亚"号在1897年引起了轰动。

京的你们来说，能获此殊荣想必令人非常自豪，这在本国原住民部落的历史上亦绝无仅有。在南非指挥女王军队的陆军元帅特别致辞，感谢你们在围困时提供的帮助——我相信你们会充分认识到该荣誉的价值所在，我也保证你们完全得到了和你们并肩作战的欧洲人的认可。欧洲人和原住民多次展现了勇敢无畏的精神。我们一起战斗，一起冒着生命危险；我们共同渡过匮乏困苦的日子；我们吃过马肉等各式各样的动物；我们亲眼目睹朋友倒下，被炮弹炸得血肉横飞；我们经受了常人一生也不会遭遇的艰难困苦和各种考验。我们为了同一个目标并肩战斗。我们实现了这个目标，现在我们体验了在今天的仪式上被强调的友情。你们巴若龙人在被困之初宣布，决定忠于女王陛下，那时，在战争爆发前不久，我们在这里召开了会议，巴登-鲍威尔将军向你们保证，只要你们忠诚不二，你们的帮助不会被遗忘，而今陆军元帅力图使你们相信他的保证亦绝对可靠。致辞里提及了一些名字；但在与你们对话时，我情不自禁地提过围困期间对我们提供了极大帮助的其他人的姓名。致辞上无法列出所有人的姓名，你们有人也许认为，自己的名字不在榜上是被忽视遗忘了，但事实并非如此。如果篇幅足够，一个也不会漏掉，所以我只好提及少数人的姓名。首先是萨恩，他一直在外协助我们的通信员，一有消息就通知我们。只有当时消息极度闭塞的人才能体会萨恩不断帮我们传递消息所带来的快乐。下一位是巴蒂莱尔，这名勇敢地在西前哨指挥手下的年轻人，多次坚定地与敌人顽强斗争。接下来是约书亚·莫勒玛、莫特西格尔和马萨克贡，他们都助益良多。还有丁库·埃洛夫进来那天，敌人正在他身后，他被困在小堡垒里，攻击时炮弹伤了他，因此牺牲了性命。他是公认的勇士，巴若龙人不会忘记他。

维维安上校朝前迈步，接着说道：韦塞尔斯酋长和巴若龙的男子——南非的英国陆军总司令罗伯茨阁下从比勒陀利亚派特别官员转达他的问候，并转达他代表女王和他个人的对你们的称许。女王的臣民今天聚首一堂，他们来自女王辽阔的领地，如英格兰、澳大利亚和印度，下午还要在这里会见巴若龙部落的原住民；而我们在马弗京战斗的女王的官兵，希望在这座城堡讲讲我们的朋友和邻居。你们完美地履行了责任。你们应记得不久前陆军中将拜登-鲍威尔派军官感谢你们的帮助，现在最高指挥官以书面形式向你们表达他特别的敬意，这也是我要宣读的内容：

> 维多利亚女王的饰章
>
> 韦塞尔斯酋长、勒柯克酋长和马弗京的巴若龙人。
>
> 我，弗雷德里克·斯莱·巴伦·罗伯茨，坎大哈和沃特福德的圣帕特里克勋爵[①]，印度之星的总司令[②]，印

① 圣帕特里克勋爵：K.P.（Knight of St.Patrick）。

② 印度之星的总司令：G.C.S.I（Grand Commander of the Star of India）。

度帝国勋章[1]得主，维多利亚十字勋章[2]得主，兹证明从1899年10月13日至1900年5月17日，即布尔人对马弗京漫长艰辛的围困期间，我对维多利亚女王陛下的忠诚，亦证明在韦塞尔斯、勒柯克、头人赛拉斯·莫勒玛和保罗·蒙特索瓦领导下的巴若龙人的出色表现，特此祝贺这些领袖及其子民，成功地抵御了敌人的入侵，英勇保卫了他们的家园和财产。

（签名）罗伯茨

陆军元帅。

1900年7月1日，比勒陀利亚

上校对韦塞尔斯酋长致辞，同时交给他这封信，随后上校总结道：我代表罗伯茨阁下和女王陛下转交于您。您代表您的族人接受，将其妥善保管，并向后辈展示，告诉他们授予的原因，且以此为傲。

上校伸出手来，韦塞尔斯诚挚万分地紧紧握住。乐队奏响了国歌，巴若龙人用本族语雀跃欢呼。

韦塞尔斯站起来，摘下白色的头盔，代表部落做了回应。

① 印度帝国勋章：G.C.I.E（Knight Grand Commander of the Order of the Indian Empire）。

② 维多利亚十字勋章：V.C.（Victoria Cross）。

韦塞尔斯·蒙特索瓦回应了致辞和演讲，他请官员向罗伯茨阁下转达巴若龙人对救援马弗京的谢意，并补充道：“为了保卫家园，我已无所不用其极，我的先辈几乎从未如此。那时救援部队还没来，我吃过马肉、驴肉和骡肉，如果这样做我就能扛起枪把敌人挡在门外，等到罗伯茨阁下派人救援的话，我还打算吃狗肉呢。”

张伯伦先生[1]两年后访问马弗京，视察了被围旧址，并在马弗京史上最大的集会上发表了讲话。他对成千上万聚会的巴若龙人说道：“把你们从英国政府移交至殖民地政府时，你们在讲话中要求不得改动保护你们的约定。我认为戈登·斯普里格或其他继任者都不会做出任何改动，倘若有人打算改变现状，你们可以向英国政府申诉。”当时在场的有开普省总理戈登·斯普里格爵士，开普省的总检查官（现任格雷厄姆斯敦最高法院的法官）托马斯·L.格雷厄姆先生，以及开普殖民地总督沃尔特·F.希利-哈钦森爵士。然而，现在规定他们的后代除了当农奴之外，还不得在联邦居住；他们在为之抛头颅洒热血的国家也不再享有权利；向英国当局申诉冤屈，亦被告知没有上诉的权利。这些人会有什么感受，这些保证对他们又有什么作用？

① 张伯伦（Chamberlain，1836—1914），英国自由党领袖；1886年因格莱斯顿支持爱尔兰自治而离开自由党，自1891年起任自由党统一派领袖，在处理第二次布尔战争中起领导作用。

他们还曾承诺把农场划给芬果人和卡菲尔人的分队，但始终没有兑现。

1906年康诺特公爵殿下出访马弗京，勒柯克酋长万分感激殿下已故的母亲、德高望重的女王陛下的仁慈统治，这让公爵殿下大受感动。他以离世的国王爱德华七世的名义向聚集的原住民保证，他们爱戴的女王过世“不会在任何方面改变他们的地位，因为国王陛下和已故的女王一样关心原住民的福利”。殿下的一番话让勒柯克酋长庆幸他的子民有幸得到“皇室保护的承诺，这不是英国官员的承诺，这是国王手足同胞的金口玉言，说的还是一口纯正的英语”，巴若龙人觉得自己真正有了靠山。

自从联邦议会首次召开会议后，便颁布了可能废除这一切的法律。在巴若龙人看来，殖民地政府并非唯一的寻衅者。

19世纪90年代初，英国边界委员会将莫克格拉腊地区授予北部的一个部落。此事让巴若龙人极为不满，他们于是派代表团和高级专员洽谈赔偿。在他们坚持宣称以武力确保对该领土的主权后，英国当局以女王的名义重新考虑了之前的决议，1896年3月11日，哈密尔顿·古尔德·亚当斯爵士将土地还给了巴若龙人。但殖民部完全无视了哈密尔顿·古尔德·亚当斯爵士代表女王的签名，也未以任何方式告知原住民，后来殖民部将该土地充公，宣布归帝国所有。这一霸道的行径难免令巴若龙人愤愤不平。

有人会说，为了支持殖民部的法案，陌生人不得在该地区定居，但加内特·沃尔斯利爵士曾宣布，“只要太阳尚在天空普照大地，祖鲁兰就归祖鲁人所有”。太阳依然当空普照，1914年欧洲战争爆发，联邦政府忙着分割祖鲁兰，并根据联邦的《土地安置法》（仅限白人）把祖鲁兰分给了白人定居者。在祖鲁兰勘测的每块土地，黑人都要交税，但是根据《原住民土地法》，黑人却不能购买；至于祖鲁兰、英属卡弗拉瑞尔[①]、东格里夸兰和其他原住民地区的情况，其实和贝专纳没有区别。

① 卡弗拉瑞尔（Kaffraria），即今南非开普省东部。

/ 第二十章

南非种族与欧洲战争

啊！战弓张弦以待，

旗帜迎风飘扬：

从低地，从山谷，从山巅，

他们整队集结！

——列维·詹金斯·科宾[①]

非洲是先知庇佑的大陆。在查证《原住民土地法》的滔天罪行期间，我们于1913年8月到达弗里尼欣，发现这个小村庄闹哄哄的，原来当地的牧师S.H.塞拉米拉正从某个葬礼仪式上归来。对当地居民来说，这是件大事，对人们的影响之深远更甚平常。

---

① 列维·詹金斯·科宾（Levi Jenkins Coppin，1848—1923），美国黑人传教士，曾于1919年到南非游历，著有《传说的历史》（*Unwritten History*）一书。

这位死亡及葬礼轰动一时的人物是弗里尼欣的黑人女先知，据说她在有生之年，预言了英布战争和《原住民土地法》带来的困境。在离世之前，这位有趣的女士（她的话在附近原住民农民和荷兰农场邻居的心中极有分量）做了最后的预言。大意是这个国家的白人不久将有一场大战，会血流成河，但幸存者将和原住民和平共处。我们很遗憾当时说到此事时没有费心聆听，真希望那时仔细盘问叙述者，和白人幸存者共享南非生活的黑人是心满意足，还是带着镣铐度日，笼罩在即将到来的奴役之中。但在彼时，倘若有人认为有大事发生，会打扰宽容的英国殖民者的平静，怂恿他们对付有外国冒险家之称的荷兰统治者，这似乎是危言耸听。我们也没想到布尔人有什么理由突然反对在金钱和智囊方面唯荷兰人是从的英国人！前者享有比在自己的国家更多的自由，其中还包括奴役黑人的部分权利。然而，正如已故的原住民女先知所言，这里兴起了战争，我们显然得善处逆境，尽力而为。

1914年7月末，笔者尚在伦敦，那时涌现了许多关于妇女参政的令人不安的报道，更令人忧心的报道则是非法动员爱尔兰志愿军。

恰在这一激动人心的时期，人们的注意力立即从爱尔兰转向了欧洲大陆。似乎每时每刻都在敦促我们直面全世界所见证的伟大的战争。虽然事态逐渐紧张，但笔者并未受到影响，毕竟他这个异乡人到伦敦仅6周而已。目睹了和平时期的英国之都，他将很快发现这里笼罩在战争的阴云之下，充斥着山雨欲来的战争恐惧和种种爱国热情的迹象。我们将从最大倍数的放大镜里，再次重温马弗京的战事。

倘若下午沿着牛津街漫步，可以瞧见许多衣着讲究的女性从地铁站（他们的方言称之为“地下列车”）涌入街道，绕过查令十字街和皮卡迪利街[1]，在街上徘徊流连，欣赏着耀眼橱窗里陈列的商品；或是上午来到毕晓普盖特，看到一大群白人男子沿着针线街的人行道来来往往，挤上环绕伦敦市长官邸、圣保罗和鲁德门广场的公交汽车——在城市警察的约束下，人群井然有序，没人挡道——东西两区男女比例失衡形成了不完全的性别隔离：这些数量众多的人群让人觉得，如果伊甸园（其踪迹尚不可循）不在伦敦，那么从伊甸园引进的肥沃的人类胚芽必定种在特拉法加广场[2]或大象城堡附近的某个地方。战争爆发时，正如之前所言，广大的民众也受到爱国主义浪潮的波及，其中一部分是定期涌入的外地人或外国游客，如美国人、斯堪的纳维亚人、远东人和殖

① 皮卡迪利街（Piccadilly），伦敦中部一街道，从海德公园向东延伸到皮卡迪利广场，以其时装商店、酒店和饭店而著名。

② 特拉法加广场（Trafalgar Square），又称特拉法尔加广场，建于1805年，是英国伦敦的著名广场，坐落在伦敦市中心，东面是伦敦城，北接伦敦的闹市索荷区，南邻白厅大街，西南不远处是王宫，适中的地理位置和美丽的广场建筑，使它成为伦敦的名胜之一。特拉法加广场是为纪念著名的特拉法加港海战而修建的，广场中央耸立着英国海军名将纳尔逊的纪念碑和铜像。

民地居民。他们从欧洲大陆的危险地带赶回来，被困在伦敦，口袋鼓鼓囊囊地塞着欠款单据，这些人均加入弗利特街的嘈杂人群，浏览张贴在报社窗口的最新的电报，或是走到海德公园听露天演讲。在形形色色的个人和民族中，起初，有些英国人低声抱怨自己的国家卷入冲突，他们希望保持中立，让欧洲人“自作自受”去吧。但当德国水兵在英吉利海峡部署地雷，还炸沉了载有数百官兵的安菲翁号巡洋舰[①]和探路者号巡洋舰[②]以限制英国的行动，新教徒发现，他们的影响已经过时，他们的理由在过去的好时光里，也即在宣战前，而非宣战后，才站得住脚。这时，无论男女、无论肤色，每位伦敦人无声的决定是如此坚决，以至于人人皆可从其思想中洞悉这一点，看到它从其精神世界中慢慢地表露出来。如果世上弱小的种族——还有哪个种族比有色人种更加弱小？——可以休生养息，那么，大国一定会为侵犯中立的比利时报仇雪恨。

8月初，我们离开伦敦访问苏格兰的首都，在飞驰往英国北部去的列车上一瞥之下，发现北部的城镇和乡村似乎挤满了卡其色的地方自卫队士兵。一些车站上演了令人难受的一幕，许多逡巡不前的马匹被装甲兵赶进火车车皮——这些精心喂养的漂亮马匹，

① 安菲翁号巡洋舰（Amphion），1914年8月6日撞上德军布雷舰布设的水雷，前弹药库爆炸，15分钟内随即沉没，132名船员罹难，是英国海军在一战中沉没的第一艘军舰。

② 探路者号巡洋舰（Pathfinder），英军军舰，1914年9月3日在福斯湾（苏格兰东岸）被德军U-21潜艇击沉，256人丧生。

油亮的外表说明它们还没习惯英国士兵带来的艰辛生活。此外，令人悲哀的是，这些高贵生物的个头极易沦为敌军神枪手的目标，而且它们还难以适应恶劣的寒冷天气。

在爱丁堡，卡梅隆的高地人按营队行进在街道上，高地方格呢裙随风飞扬，宛如成千上万的博加尔*姑娘的发辫。这些全是年轻英俊的苏格兰小伙儿，想到这些美好的年轻人，在花儿一般的年纪被故意射杀，就像南非草原被杀掉的跳羚，不免令人扼腕。自然，此时的文明是该演化一种不那么残忍和野蛮的战争形式了！周日晚上，我们参加了圣吉尔斯大教堂举行的神圣仪式，整个仪式弥漫着严峻的政治局势。在宣布圣吉尔斯一名教会执事的儿子、这位勇敢的男孩和安菲翁号一起沉没后，气氛愈发紧张。这无疑是场残酷的战争。

(*贝专纳人的割礼仪式。)

英德宣战后，爱尔兰的紧张局势立即烟消云散。都柏林和贝尔法斯特、爱尔兰和乌尔斯特的反对军自发前来，主动向帝国当局提供人力和物力。他们迫不及待地即刻赶赴欧洲大陆，在战场上坚持维护英国的威望；主张妇女参政的女性在战争爆发时宣布休战，为英国贡献自己的微薄之力。“祝她们马到成功！”可英国的幼小成员南非呢？她从哪里加入？

战争爆发一周内，哈考特先生给加拿大、澳大利亚和新西兰的总督发了如下急电：

请向各位大臣转发陛下的讯息："过去几天，我收到来自各个政府的信息，在此向海外领地的子民表示感谢，并为他们感到骄傲。他们自发的充分支持让我想起以前他们对宗主国慷慨无私的帮助。在履行伟大职责时，我会强大起来，这份责任让我坚信，在这次考验中，我的帝国会以上帝为信仰，始终坚定不移，团结冷静。——最高统治者，国王乔治"

上述领地随后提供了更多的人和金钱；实至名归的王室颂词高度赞扬了其他已获殊荣的领地，而如我们这般有自尊心的南非人则垂头丧气地走在街上。我们的西非同胞在英国军官的领导下，早在战斗之初便吞并了德属多哥兰，我们脑海里又冒出了这些问题：我们的政府在做什么？什么时候才会采取行动？当然我们的首相，也是如今的原住民大臣，理应延缓对乡村荷兰人的无限纵容，把种族歧视留到更和平的时期，出动忠诚的外籍军团——英国人、布尔人和黑人——毫不迟疑地吞并德属南非！作为英国将军和原住民大臣，他应该领导黑人兵团，让白人军官领导白人。

8月初，南非原住民大会的特别会议在布隆方丹召开，首先，它对帝国政府冷待原住民代表团表示失望；其次，它对英国公众热情招待代表团表示谢意；最后，它为肩负使命的代表团的英国之行出谋划策，向英国人民展示殖民地政府对有色种族的信任。

大会的许多代表从公路和铁路长途跋涉而来，但到布隆方丹之后，只听说了英德开战的消息。鉴于这一情况，原住民大会决定马上开展爱国示威游行，向当局提供各种援助，暂时搁置原住民对南非议会的不满，留待更好的时机。

大会主席杜布先生，刚从英国赶回来参加会议，他向比勒陀利亚递交了决议，并将原住民大会提供的帮助摆在政府眼前。全国各地的酋长和原住民络绎不绝地向行政首都主动提供援助。治安官也收到类似的援助请求，他们在辖区召开会议，按政府的指示向原住民解释情况。除此之外，发出援助声援的还有腾布人的酋长达林岱波，蓬多人的玛若拉纳和巴苏陀兰的格里菲思等祖鲁酋长和头人们。在贝专纳，除了提供了其他形式的帮助外，经验丰富的酋长卡马和贝专纳的酋长们提出让原住民战士充当德属西非的侦察兵，斯威士的王子还提供斯威士的祖鲁战团，正如19世纪70年代他们在塞库库尼的战役中所做的那样。远在英国的原住民代表团盼着赶上第一班轮船返回南非，加入同胞奔赴前线。然而，尽管所有的提议都得到了感谢，却没一个被明确采纳。中间肯定出了问题。在生死攸关的时刻，南非邪恶的种族歧视依然存在吗?

在比勒陀利亚，该地区最受欢迎的原住民专员W.艾伦·金上尉召开了德兰士瓦的原住民会议，其中，联邦首都的市长大人列席了大会。会上原住民再次提出了援助一事。关于报刊上的报道，大意是“非洲不会上阵，因为她有虎视眈眈的原住民威胁”，副主席马克贾托先生否认了这一说法，并传达了原住民的共同心愿。

金上尉让原住民放心，政府从未这样诋毁过原住民。他接着提醒他们，帝国政府面对的是有史以来最大的冲突；战斗将在陆地、空中、水上和水下进行。他敦促原住民照常工作，不要懈怠。他还请原住民始终不渝地尊重德兰士瓦的德国传教士，想想这些善良的人在过去的岁月为当地的原住民宣讲福音所付出的努力。那时，几乎没人料到金上尉会为别人求情，可他自己却成了战争的牺牲品；他的陨落不是因为德军的子弹，而是在一次镇压布尔人反叛的短暂战斗中被荷兰叛徒射杀身亡。

到蒂珀雷里关山迢递，
鞭长驾远。
对我认识的可爱的姑娘来说，
到蒂珀雷里道阻且长！
再见，皮卡迪利大街，
永别了，莱斯特广场，
到蒂珀雷里路途迢迢，
但那是我心安放的地方。

——《蒂珀雷里之歌》（原文为科萨语）

白人给报纸的信件写道，我们伟大的法国盟友正在使用非洲原住民军队，英格兰也可以因循此例——英格兰拒绝有色种族的帮助似乎在等法国的决定。著名的纳塔尔活动家向当局去信，建议把以前为旧旗帜反叛的士兵组成优秀的祖鲁兵团。他说自己确信这些祖鲁战士在战场的出色表现将不逊于任何调派的部队；但政府没有明确接受这些援助。南非政府的态度使原住民犹疑不决，等到10月，我们的原住民代表团从英格兰返回，原住民才积极投入席卷全国的军事热情的旋涡之中。鉴于政府没接受任何帮助，拉布萨拉博士再次提出了如下请求：

> 尊敬的德兰士瓦比勒陀利亚原住民事务大臣，
>
> 尊敬的先生：
>
> 我从欧洲战场附近归来，我认为那些吹嘘自己是英国臣民、忠于王室的人，在此危急时刻，与其口头忠诚，不如付诸实践。因此，倘若您认为有必要，我已准备好征召5000名强壮的原住民男子前往德属西南非洲地区，只要政府给这支开赴前线的军队配好装备。当然，我也做好了同往的准备。
>
> 我的荣幸，先生，
>
> 您谦卑的仆人，
>
> W.B.拉布萨拉

回信：

国防部，南非联邦

比勒陀利亚

1914年11月2日

尊敬的先生：

关于您上个月20日的信件，坦率地说，联邦政府非常感谢联邦原住民的忠义之举。

然而，请注意1912年《南非国防法》第七条条款，即政府不想在目前敌对情况下借助有战斗能力、非欧洲后裔的公民的帮助。此外，鉴于目前的战争源自欧洲的白人，政府希望避免役使原住民公民与白人作战。

我的荣幸，先生，

您谦卑的仆人，

H.B.M.伯恩

国防部秘书。

W.B.拉布萨拉博士，

东伦敦，开普省

博塔将军曾应人之邀，做出调停由其两名内阁成员宣布的两项矛盾的政策声明，他以高超的外交辞令做了回应：“一名大臣说了不该说的话，另一名大臣说得过于直白。”

如果文件里的内容不能诉诸笔端，或者内容要换个说辞，这无疑就是上述引文。在当前的世界大战中，居然以肤色为由拒绝原住民的援手！在拉布萨拉博士从欧洲起航的前几周，土耳其、阿尔及利亚和摩洛哥的军队在大陆为协约国做出了惊人的表现。这些有色人种的军队还包括北非富有的原住民兵团，他们对法国作战，全部自掏腰包——在这个生活成本为世界之最的国家，南非政策把原住民的每天收入限制在1先令以内，这显然证明了英国因南非政策蒙受了多大的损失。在联邦政府拒绝原住民援助的前1周，罗伯茨阁下为国捐躯，他曾对并肩作战的英勇出色的原住民兵团表达过英国的感激之情；在拒绝援助的1个月前，北非原住民在一次大胆的冲锋中从法国殖民地俘虏了第一个德国将军弗雷斯；在拒绝援助的10天前，德军在中国青岛向英军和日军投降，在拒绝援助的约三周前，德国成功地使土耳其卷入争端，而索尔斯堡平原上的加拿大部队中就有北美印第安人。那么，在布萨拉博士知晓战况的情况下，却告诉他政府拒绝原住民的援助是因为眼下是白人间的战争，这是明智之举吗？事情的真相是南非政府信奉神邸，戈登·斯普里格爵士准确地称其为“带有偏见的愚昧的恶魔”，而且南非的物神崇拜还早于英国的宗教崇拜。

老共和国有一项法律，在联邦建立后，便成了南非的未成文法。该法律规定，有色人种警察不得把自己黝黑的双手放在白人身上，即使后者正在作案。在此情况下，黑人警察的职责是到处寻找白人警察，向其报告这一不法行为。南非白人不愿承受黑人警察羁押白人罪犯的羞辱，宁愿让白人罪犯大量出没，因此，如果王国的安全危如累卵，只能靠黑人来拯救，他们宁愿让王国自生自灭，也不愿遭受黑人士兵抵御白种敌人的羞辱。如果有一点是南非白人认同的话，那便是南非为先，英国其次。冥顽不化的人更加直白，他们说“帝国只在对我们有用时才派得上用场，等我们像吸橘子一样把它吸干[①]，就该将其抛弃。”*也许黑人有理由反对这些观点：他们一直青睐帝国政策，因为它仁善；而南非的政策残忍，压迫和奴隶制是其核心。

（*这是博塔将军就1912年的内阁危急对赫佐格将军做出的回应。）

南非有种说法，而且不幸的是，这并不仅限于南非的荷兰人。它提倡消除帝国因素，据说它干扰了殖民自由，殖民者认为 “纠正”原住民的理由恰如其分。所以，在“有害的帝国因素”的不利影响下，由于德·韦特将军承认了自己用马鞭抽打原住民的罪行，殖民地的治安官不得不对其处以5先令的罚款。在对联邦构成威胁的德国治下，根据德国的殖民理念，白人可以随意责打原住民，德国的方式就是老自由邦的方式，那里的原住民常被捆在马

① 英国人以往吃橘子是把水吸出来，对这一做法，在盖斯凯尔夫人的著作《克兰弗德》中曾有专门的描述。

车轮子上鞭打。如果原住民被打死了，那是他活该。这些事情解释了原住民种族的决心，要为保留英国因素而战，或为这个国家尚存的精神而战。

一位原住民牧师给我们送来一封信。我们不太确定这位牧师先生是想以士兵身份参军，还是以教士身份入伍；言归正传，如下是他的信件内容：

"我们也隶属大英帝国，这是真的吗？这场战争的规模愈演愈烈，甚至影响到了王室。威尔士亲王已前往前线，国王陛下早已出发，而我们却被告知因肤色问题不配为国王和英国作战。白人必须保卫国王的领土，我们却和妇女儿童呆在后方。无疑，忠诚的布尔人肯定希望我们保卫英国；可反叛者的想法恰恰相反，我们的政府似乎会继续顾及敌方的感受，即使他们正忙于射杀忠诚的臣民。"

南非政府如此深爱原住民，以至于他们过度谨慎，唯恐原住民在当前的战争中伤到一丝一毫，于是任由白人互相残杀。但其实，联邦政府把黑人使唤成布尔人的勤务兵，载着供给物和弹药，作为政府的货运车夫奔赴前线。在这种身份下，他们冒着所有的战争风险和恐惧，可就算身亡，在任何情况下，都不会出现在伤亡名单上；他们也不会携带武器，以防其表现得到认可；由于肤色问题，他们的英雄事迹和勇敢的行为也未被记载下来。这些原住民司机被归入运输的骡子一类，唯一的区别是，只要有骡子死于战场或被敌军俘虏，骡子的主人会得到相应的金钱补偿，而政府对黑人原住民的兴趣堪堪止于他阵亡的那一刻。

假设这些赶骡人的服务能以战斗能力得到承认，有人也许会问为什么忠诚作战的纳税人被剥夺了公民权，而公民权却慷慨地给了白人反叛者及相关人等，他们有的人对维护国家毫无贡献。那么，拒绝原住民拿起武器保卫英国，把手无寸铁的他们送到前线，就是为了不让询问者提出这样或那样的质疑。

圣帕特里克节那天，《威斯敏斯特公报》发表了一篇社论，我们从中摘录如下：

“当我们在欧洲有印度军队相助时，就不可能像以前那样限制官员的晋升。也不可能限制印度的原住民获得晋升，他们通过在自己的国家长期服务证明了其能力和经验，然而他们的官衔却比协议服务的新兵官衔还低。必须废除仅因种族不同且无先天残疾的歧视行为，为整个印度的公共服务制定更新、更慷慨的条件。”

当然，印度公共服务的真实情况同样适用于南非一贯有效的税务机构，它是联邦行政机构的附属，官方名称为原住民事务部。在那里，还是学徒的新成员对原住民作威作福，可原住民在服务了1/4个世纪的国家证明了自己的能力和经验。如《威斯敏斯特公报》所述，为了防止南非采用恢弘大气的做法，非洲原住民不能与德国人作战。所以，当局认为最好是让有能力的原住民去做无须认可其功绩的事。这并非空穴来风，笔者最近通过南非原住民事务部做了调查，询问是否有在前线服役的有色人种的伤亡名单。结果，截至1914年10月底，有一长串死亡、受伤和被俘的原住民和有色人种的名单，但这些人未出现在伤亡名单上。*

[*1915年3月27日，敌人的空军袭击加鲁特（德属西南非洲）的英国营地，将炮弹投在了博塔将军的部队里，路透社报道说："只有一位原住民受了轻伤。"]

倘若国王的敌人也有肤色的顾忌，南非的歧视至少看似合理。但到目前为止，白人的战争一爆发，居住地离防御中心尚远的原住民总是第一个受到波及。事实上，他们总受欺负，如果他们有武器，绝不会是这般下场。在德·韦特将军的带领下，自由邦反叛者在近来的叛乱中迈出的第一步便是冲向离得最近的有马匹的原住民，将他们的马占为己有。在此情况下，这些手无寸铁的原住民的求生手段唯有逃之夭夭，任由反叛者掠夺他的牲畜。原住民逃跑稍有迟疑，就会受马鞭鞭打，倒霉地陷入为国王的敌人服役的境地；倘若他抓住机会逃离叛军的突击队，其行为一经察觉，只有死路一条。

已故的纳塔尔迪安·格林多年前写道：

"每位酋长都应有自己的民兵和警察。共同的人性告诉我们，拿起武器保卫自己的国家和政府人人有责。如果政府不允许酋长招募自己的青年，这会让他们觉得委屈，血性男儿必无法容忍。我们政府建立的初衷并非要疏远原住民，而是要在基督教的约束下给其充足的自由施展天赋、满足愿望，激发他们的男子汉气概，让他们依附于我们。”

“北面的豪萨人和苏丹人，以及西面的黑人部落是英国军队的一部分，并证明了他们的确英勇卓越。任何正义的理由都不可能禁止忠诚的班图部落，不让他们参军保卫英国。倘若年轻人被剥夺了合法发泄精力的机会，便会聚众闹事，难以驾驭，为寻求刺激，这些人还会耽于偷窃羊群等。”

《基督快报》总在傲慢的殖民意见和其他种族之间充当调停者的角色，力图消除原住民的失望情绪，借口说政府拒绝我们提供帮助是因其想调动更易训练的高级种族*。然而，纵观历史记载，这样的理由纯属无稽之谈。英国的档案记载着无数勇敢听话的南非土著的例子，其数量不亚于他们的子侄、开普省的有色人种。鉴于篇幅有限，我们不能一一道来，仅以最近的两例为证。

(*《基督快报》如今提倡募集10万原住民军队。)

南非战争期间，军事当局要笔者招募12名原住民青年到西德兰士瓦充当侦察兵。这些青年交给了开普警察克莱门斯中士训练。3天后他们参军，我们碰到中士，他对这些“新兵”极为满意。他满意地告诉我们，他口头指导“新兵”使用枪支后，带他们去靶场试射，只有两个人第一次没打中牛眼。这还不算有代表性的特例。

在评判祖鲁人的特点时，白人是否比纳塔尔的R.C.塞缪尔森先生更权威，这一点值得怀疑。谈到欧洲战争爆发和增加原住民兵力的可行性的问题，他写道：

“在叛乱末期，我是上尉和副官，手下有350人，一半是基督教徒，另一半是阿芒韦恩的异教徒，他们是阿芒韦恩部落的一支，叛乱之初还是新兵，但历经3个月的训练和调遣后，他们和战场上的部队一样，成了训练和使用枪支的高手。在与这些人以及其他更多的人打交道的过程中，我发现他们最专注，最守秩序，对自己的武器最看重，当值最为警觉，内外均对政府和长官忠心耿耿，十分令人信赖。作为多年的志愿兵和开普省大学的学员，我可以信誓旦旦地说，在军事上我们的人不及这些原住民易于管教和训练，也不如他们循规蹈矩、专心致志。”

“我曾有幸应召募集了50人的祖鲁战争和布尔战争的英雄接受康诺特公爵的检阅；许多人还带上了公爵特别关注的祖鲁战争的勋章，但布尔战争的勋章不在此列。这些人受到公爵的高度赞扬，后来还在马里茨堡的市政大厅为皇室一行举办了一场免费的音乐会，听众不计其数。欢迎皇室的主打歌曲是这些人特别准备，亲自谱曲，并向皇室致敬的一首祖鲁歌曲。皇室一行派了其中一名军官给我，等着对歌唱者表达谢意。”

《伊鲁·拉克蒂》，1914年8月12日。

笔者收到了不少原住民的来信，抱怨他们只能抱着双手沉思，而其他英国臣民，不管什么肤色，却能在国王陛下统治最黑暗的时期，为保卫英国牺牲性命也在所不惜。我们回复说，原住民可以根据自己微薄的收入捐款给几个战争基金；最近的消息是他们捐给了威尔士亲王基金、总督基金和比利时救济基金。我们最后一次听到国内的消息是巴苏陀兰给国家救济基金捐赠了2700英镑，其中名列榜首的是格里菲思酋长，捐了100英镑。贝专纳的卡马酋长捐了800英镑，巴罗策兰的勒瓦尼卡酋长捐款200英镑，勒柯克酋长和其他两名酋长各捐了30英镑，祖鲁人、坦布人和蓬多人的捐款数据还在统计之中。在金伯利，原住民为市长救济基金数次举办音乐会。在比肯斯菲尔德的音乐会上，操着一口德语的卡尔·莱布尼卡先生让名下的金伯利乐队出席了音乐会，并提供了可供挑选的曲目，它是南非公认的最好的志愿者乐队。巴特尔哈平的莫拉拉酋长向伯塔将军捐了200头阉牛，供联邦军队食用。

1915年4月，原住民事务大臣证明了原住民的忠诚与合作。马伦先生在议会的述职发言中说："他认为自己有责任表明，那些委托他们看顾的原住民，其态度堪称典范，且最爱国。他指出，不尽人意的唯有一例*，但从联邦各地来看，原住民从一开始就向政府表达了自己的忠诚，以及全力支持政府在战争中所采取的措施。他们（原住民）献出阉牛，根据自己的收入慷慨资助建立起来的各个爱国基金，总的来说，他们在各个方面均向政府提供了帮助。政府在德属西南非洲招募了2.3万到2.4万原住民修建铁路，从事运输工作。坦布人的酋长主动派儿子到德属西南非洲监管族人，他们中许多人自愿奔赴前线。上述对原住民的溢美之词，倘若未经证实，那就是他玩忽职守。”

（*马伦先生指的唯一的例外是马塔蒂勒地区的呼伦比斯人，他们坚决抵制药浴牛群的规定，因为经常药浴会致其牛群死亡。）

4月28日，罗得西亚立法委员会会期开始，负责人卓别林先生总结道，自战争爆发以来，原住民的表现和态度没什么值得诟病的地方。所有信息证明，试图搞事的敌方特使不会得到支持。“领头的酋长屡次向国王陛下表示效忠，欣然缴纳赋税，完美地遵守了秩序。”

如果没有肤色偏见，英国当局若像信赖东非和其他地方的黑人一样信赖南非的黑人，那我们赖以生存的南非该是多么美好啊！对于欺辱黑皮肤的温和路人的白人顽童，人们将会这般教导他们：原住民是得力的邻居，他们强壮的右手胳膊在患难时可以依靠。而不像在德兰士瓦，教小孩说每个黑人都是危险的黑色怪物，不仅要区别对待，还可以随便侮辱迫害。下面这篇报道发表在《每日纪要》上，证明了英国当局对东非黑人的信赖：

“未受委任的”原住民赢得东非战斗。

大概9月下旬，德军600人携带6架机枪，从万伽一带推进。9月25日，他们被阻挡在马格瑞尼，对手是瓦韦尔中尉的阿拉伯连队和斯托纳中尉手下的英王非洲步枪团，后者27日刚从朱巴兰过来，恰好增援瓦韦尔中尉，而此时敌人变得非常嚣张。

德军的攻击计划是摧毁连接蒙巴萨岛和大陆的索尔兹伯里大桥，以保卫东非最重要的战略位置之一。

“柯尼斯堡[①]”没有来，也许是因为附近的英军军舰和300人的小部队打乱了德军的陆地行动。中尉的连队将敌人一直拖到了10月2日，那时他们得到了印度军队的增援。吉恩德的步兵在加齐表现出色，他们被迫迎战敌人6架机枪的重火力攻击。

英王非洲步枪团特别值得一提。指挥霍索恩少校和所有欧洲军官在早期交战中都受了伤，导致小小的兵团群龙无首。

有色人种苏马尼中士默默地主持指挥，仿佛一切如常地领导着他的手下。他下令给枪上膛，敌人四处逃窜。这事儿没记录在干巴巴的官方通告里。希望原住民中士的优异表现能得到认可*。

(*苏马尼中士自此荣获战时优异服务勋章。)

① 柯尼斯堡（Königsberg），一战时德军的轻巡洋舰，1907年4月6日正式服役。

/ 第二十一章

有色人种的帮助遭拒/南非有色人种提供帮助遭拒

非洲人和他们在美国的后代向世人证明他们并不缺勇气和军事热忱。法国人招募他们参加眼下的战斗，就承认了此事。为了非洲人，我们希望他们表现出色，但就像为其他民族而战、不可战胜的爱尔兰人一样，有色人种不是为了自己。

——一名身处大战的美国人

非洲政治组织早就抵达了战场。在开战的第一周，主席阿卜杜拉曼博士就有3000名有色人种士兵在开普敦准备与德国人作战。这些人包括了那些在马塔贝勒战争和其他各种规模的非洲战役中与英军并肩为英国作战的人。没几天，部队里随时可以赶赴前线的青壮年数量增至5000人。部队援助的提议被提交给了联邦政府，后者回复会予以考虑。

威廉·霍斯肯先生是约翰内斯堡著名的政治家、南非统一前的德兰士瓦议会成员——这位先生关于肤色的自由言论对本省的白人选民来说太过先进，他的法律天赋不幸地暂被搁置——他提出支付招募有色种族的费用。申请表在全国派发，让志愿者将姓名和地址寄给非洲政治组织总部，并表明他们打算以霍斯肯地区为单位参军。我们的老朋友N.R.威尔兹曼先生是名能力卓越的有色人种政治组织者，过去一两年已经退了休，如今他挺身而出，共同担起了有色人种的领导职责，为招募运动在萨隆和开普省其他地区的爱国集会发表演讲。

爱国表现

1914年8月31日，开普敦市政厅挤满了有色人种的市民，他们聚在一起表达对乔治国王的忠诚，还决定在这轮危机中支持政府。

弗雷德里克·史密斯爵士主持了会议，他认为在英国参战之时，有色种族召开此次会议、向政府提供援助实属明智之举。他有信心此举会受到首相、内阁和乔治国王的感谢。

阿卜杜拉曼博士说有色人种在许多场合都召开过公开会议，但在南非历史上，唯有此次有如此庄严的场合、如此危急的关头和如此严重的后果。

有色人种有诸多委屈不平，但在英国的生存受到威胁之际，这一切都应遗忘。如果英国陨落，南非亦不复存在，开普敦亦然，大概会被夷为平地。

英格兰在生死对决，南非人还很安全，尚能安然入睡。可这份安宁来自英国海军的领先地位。他们晚上开会决定该如何援助英国。他提出下列决议：

“在非洲政治组织的帮助下，开普敦的有色人种市民在公众集会上，对乔治五世国王陛下表达了自己的忠诚。借此机会，他们记录了公认的事实，即自己目前享受的安全保障主要源于无敌的英国海军；他们还祈祷英国在战争期间的努力画上圆满的句号。决议副本将呈递总督阁下，由他转交国王陛下。”（鼓掌）

J.C.卡洛斯先生支持这一决议，评论说这不是考虑他们自己问题的时候，这时要向敌人表明，他们团结一致，并肩对抗任何敢降下英国国旗的敌人。该决议被积极地采纳。

N.R.威尔兹曼先生呼吁有色人种帮助那些蒙受战争损失的人。有色人种应少花些钱在电影院和琐事上，且应捐助即将成立的基金。他提议：

“为了减轻战争带来的必不可少的损失，现呼吁联邦的有色人种市民捐款给下列委员会管理的基金会：

“尊敬的J.A.约翰逊主教，伍德太太，阿卜杜拉曼太太，高太太，戈尔博士，阿卜杜拉曼博士，F.高牧师，C.J.卡洛斯先生，S.里根先生，N.R.威尔兹曼先生，S.F.盖耶先生，P.格雷弗先生，H.哈托格先生，B.巴伦先生，H.克雷西先生，A.艾伦兹先生，H.J.戈登先生，R.赫德梅克先生，W.A.罗伯茨先生，M.J.弗雷德里克斯先生，弗瑞德·亨德里克斯先生，H.A.加米尔迪安先生，菲弗尔先生和乔治·法夫先生。”

高牧师赞同该决议，他表示虽然空气中弥漫着战争的硝烟，但也充满了互助友爱之情。他们应在此阶段忘掉种族和信仰分歧，捐款给基金。

伍德太太支持该决议，说有色人种的女性无论在何时，都做好了履行职责的准备。最好的方式便是通过提供服务向英国尽忠。该提议得到了一致采纳。

戈尔博士说另一个向英国提供实际帮助的办法是征募志愿军服役。他提议：

“通过非洲政治组织在国内外募集志愿者参军的提议应得到批准，这次会议在当前的危机下向联邦政府提供了忠诚的支持。”

S.里根先生支持决议，并提到他们已被排除在国防军以外。英国有难，他希望能给有色种族人民到前线参战的机会。

决议得到通过。那晚共筹集了37英镑。

H.西摩先生在会上提出了一些爱国的选择。会议以国歌作为结束。

在约翰内斯堡，库普曼先生主持了有色人种组织兰德分部的一次多人集会，全体通过了招募军队的提议。在比勒陀利亚的城乡分部和金伯利也召开了类似会议，主持人分别是谢勒先生、塞缪尔斯先生和I.约书亚先生。在比勒陀利亚，G.维芬牧师和汉福德牧师表示会支持原住民，竭尽全力减轻战争爆发带来的痛苦。伊丽莎白港和其他分支机构也在朝同一个方向努力。机构总部开普敦是这些活动的中心，许多有色人种妇女给非洲政治组织的秘书写信，称自己愿意作为护士陪同有色人种志愿军到德属西南非洲，于是有色人种人民，正如非洲政治组织的报纸所称的那样："终结了反对博塔政府的不堪记录，在战时向总理献上了自己忠诚的支持。"

然而，一切尚在筹备之时，已调至德军边境附近的马瑞兹上校带领联邦国防军叛出了英国，携武器和弹药加入了德军。这次反叛让德属西南非洲边境的有色人种警铃大作。他们呼吁政府配发武器保护自己的家园和财产。他们犹记得布尔战争期间发生的事情，犹记得当时那些地区的荷兰居民和亲戚渡过瓦尔河，武装起来的原住民如何想方设法免受侵扰。如下的声明证明他们目前的恐惧并非毫无理由：

> 我在此声明，1914年9月16日我和我的弟弟在开普省的格罗恩·多尔恩农场游览。

我们走到对面的警察营地，非常惊讶地发现有德国人入侵。德国人示意我们上前，说我们成了囚犯，必须和他们一起到乌卡马斯驻地。我弟弟一听，马上调转马头，往回飞弛。德国人要他立即停下，他没听。他们便向他开枪，把他打死了。

我弟弟就这样躺在他坠马的地方。在他死后，我问他们是否可以看看他，但德国人不许。随后我被带到德军营地，发现德军俘获了格罗恩多尔恩所有的有色人种。两名年老的妇女羸弱不堪，无法前行，中途就被扔在路上，既没有水，也没有食物；其中一人身有残疾，另一人年纪在60到70岁之间。

我一直待在纳卡布的德军营地，直到德军第一巡逻队回防格罗恩多尔恩。同一天晚上，我从德军营地逃脱，幸运地安全抵达努达布的家中。

我再次声明这是我的亲身经历。

（画押）

雅各布斯·伯泽伊登霍特

见证人：T.科特泽

1914年10月的第6天在凯穆斯署名

非洲政治组织的秘书M.J.弗雷德里克斯先生把上述声明转给

了联邦政府。一道转去的还有有色种族在卡尔维尼亚和靠近德军边境的周边地区开会要武器的请求。斯穆茨将军回复道，他对有色人种居民在卡尔维尼亚、肯哈德特和阿平顿的处境表示遗憾；他希望联邦军队能很快消除他们的焦虑。他还补充道，政府会仔细斟酌武装有色人种居民的问题，但鉴于之前所述的原因，他们的要求不会得到满足。

最后，斯穆茨将军对雅各布斯的弟弟被射杀一事感到惋惜。“显然死者被杀是因为他企图逃跑，既然这样，”将军接着说，“德国人当然有理由开枪。”

如果斯穆茨将军的总结无误，那么德国人就有充足的理由掠夺比利时，他们洗劫这个国家不就是因为比利时拒绝了德国部队从中取道前往法国的小小要求吗。但无论联邦政府对这些问题持何种态度，我们得指出，倘若发令人是和有色人种的酋长交战的人怎么办，能不管其身份而言听计从吗，这有违有色人民的天性。在和平时期，德国人会对有色人种发号施令，这事倒也常见，可一旦战争爆发，若是黑人还要听从已是国家敌人的德国人，那就让人过于愤怒了。

斯穆茨将军想必还记得在成为英国臣民前，自己在1901年间的所作所为。应还记得自己如何入侵了开普殖民地，从开普地区的荷兰军民中召集了大量的新兵。应还记得彼时他来到卡尔维尼亚地区，布尔人得到叛兵的增援，最终如何找到一个叫亚伯拉罕·以如的有色人种的铁匠。应还记得这些布尔人如何想从铁匠身上得到信息，而后者拒绝向敌人和帝国的叛军提供任何信息；铁匠被严刑拷打折磨，可一个字也没吐露。应还记得一伙布尔人如何把这个铁匠拖出小镇枪毙；他们还洗劫了亚伯拉罕·以如的商店，拿走了死者的工具，这些工具他的遗孀再也没找回来过，据笔者所知她也没得到任何赔偿。联邦之前的开普政府在为国献身的铁匠墓前立了一块墓碑。纪念碑的景象无疑是在严肃地提醒卡尔维尼亚居民，一旦叛军再次入侵卡尔维尼亚，将会发生的惨剧。

> 到蒂珀雷里关山迢递，
> 鞭长驾远。
> 对我认识的可爱的姑娘来说，
> 到蒂珀雷里道阻且长！
> 再见，皮卡迪利大街，
> 永别了，莱斯特广场，
> 到蒂珀雷里路途迢迢，
> 但那是我心安放的地方。
>
> 《蒂珀雷里之歌》（原文为印度斯坦语）

并非只有原住民和开普省的阿非利卡人忠诚地向政府提供服

务。纳塔尔的银电人和其他有色居民同样如此，他们还根据自己的经济能力对各种战争基金慷慨解囊。开普敦的圣赫勒拿人通过了如下决议，秘书S.里根先生将该决议转交给政府：

（1）圣赫勒拿人的此次会议向乔治国王陛下及政府献上了其坚贞不渝的忠诚。

（2）在这场英国和联邦正在应对的危机中，它表达了对联邦政府的信心，同时祝贺博塔将军，并对他在战场指挥联邦部队的切实的爱国精神表达了钦佩之情。

（3）协会及其成员将向联邦政府提供各种服务，以帮助确保英国的胜利，维持法律和秩序。

当前的战争爆发后不久，阿卜杜拉曼博士通过非洲政治组织向政府提供5000名有色人种战士，斯穆茨将军回复该提议尚在考虑之中。与之同时，非洲政治组织的招募机构仍在继续，至少1万3千名有色人种男子寄来自己的姓名和地址，言明自己愿意出征作战。10月23日，非洲政治组织的秘书弗雷德里克先生再次致信斯穆茨将军，以有色人种组织的名义送志愿者参战。该提议收到的明确回复如下，措辞与当天送给阿卜杜拉曼博士的那封一模一样，后者曾提议送5000原住民上阵。

国防部

比勒陀利亚

1914年11月6日

先生，根据您上月23号的信件，我谨通知您联邦政府非常感谢开普省有色种族提供的服务。

然而，请注意1912年《南非国防法》第七条条款，即政府不想在目前敌对情况下借助有战斗能力、非欧洲后裔的公民的帮助。此外，鉴于目前的战争源自欧洲的白人，政府希望避免役使原住民公民与白人作战。

毫无疑问，英属南非政府用崇高的理由拒绝了非欧裔市民自愿提供的帮助；但显然此时如此答复必定不会取悦英国人，帝国派英国的男性精锐保卫帝国，另外还派出更多的人，为殖民地的安全付出了生命的代价，其中就有南非，这个有成千上万作战经验丰富、矢志于保家卫国的强壮的战士。同理，该决定也不会取悦我们的法国同盟，它除了在欧洲大陆的战场上出人出钱，还必须提供更多的人手和金钱保卫它在全球各地的殖民地。该决定想必也不会让家人分崩离析、忍饥挨饿的比利时人高兴，他们的民族在流亡或被奴役，他们英勇的国王暂居别国。另一方面，如果世上会有地方最热烈地欢迎英属南非政府的决定的话，那肯定是柏林，特别是经历了德军在欧洲大陆、东非和西非惨败于非洲原住民部队之后。

同样地，南非政府的决定也必定不会取悦布尔人，在发现无法确保足够的人手满足征募白人志愿者的要求时，联邦政府被迫采取强制措施，由此，拒绝参军到德属西南非洲的300名布尔人被罚款或被监禁。这种做法其实就是征兵，如果联邦政府接受被粗暴拒绝的18000余人的志愿者，就完全没征兵的必要了。

有色人种的人们从寄给新闻界的信件中无比屈辱地发现，在帝国最黑暗的时刻，向他们征税的政府居然做出亲者痛、仇者快的决定。

政府拒绝了有色种族的帮助是为了尊重联邦部分白人的意愿，这确有可能；可据非洲新闻界推测，尽管那部分人吵闹不休，但人数微不足道。下述摘录表明，这部分人同样讨论了印度军队的欧洲之旅。在约翰内斯堡最重要的郊区之一出版的《东兰德快报》这样写道：

有色人种部队与战争

英国打算雇佣印度本土军队与德国人作战的消息让许多南非人大吃一惊。我们只希望消息不是真的。在我们看来，动用有色人种军队对抗白人是致命的错误，尤其是还有那么多白人可用。从英国人的角度，该建议似乎并非冒犯。大多数宗主国的人并不反感利用黑人拳击手与黑人作战，可他们没住在黑人之中。如果用印度人打德国人，这就意味着当他们返回印度时，不会再有尊敬白人种族的念头。帝国必须坚持这一原则，即在白人统治大量有色人种的印度、非洲或帝国的任何地区，倘若有法律或秩序的话，有色种族肯定不能对白人动手。在南非，这将意味着原住民会有白人被有色种族追逐的印象，谁知道这样的印象会带来什么恶果？法国没有任何借口雇佣有色人种部队。两个黑人无论如何成不了白人。雇佣原住民军队抵抗德国对白人的威望将是严重的打击。

这些情感主义者敦促帝国主义者不用黑人战士的原因不过是这样做会让他们（情感主义者）感到“震惊”罢了。所以，英国军队的痛苦、英国妻子和母亲的焦虑不会减轻，平民的危险也不会减少，或者说帝国军队在战场决定性的集结加速了战争，因为情感主义者会对黑人抵抗白人感到“震惊”。从常理来看，允许包括南非有色种族在内的所有人参战大有好处，当局可以在大陆布置更多的人，而非派多支帝国部队来帝国边疆替代唯有肤色不合要求的有色种族。

上个新年，作者收到一封信，来信人是位著名的英国母亲，她在下列动人的细节里传达了美好的希望：

“我们对可怕的战争悲恸不已。我年青的侄子在9天的圣诞假期回了趟家，现在又返回了前线。他炸毁了桥梁，拖延了德军进军巴黎的速度，从而获得了战时优异服务勋章。我的堂妹在12月21号这一天，同时失去了仅有的两个儿子。此外，除了英国的亲朋好友在为英国而战外，我还有一位年轻的德国堂兄在为德国作战。他的嗓子受伤严重，声带受损导致无法说话，之前讼务律师的工作大概也走到了尽头。他可怜的母亲是位寡妇，另一个儿子身体也相当羸弱。”

在过去半年里，笔者碰到了许多失去独子的事例，但这所有的痛苦对有肤色恐惧症的情感主义者来说不值一提，他们不管别人的痛苦，不惜一切代价消除令自己“震惊”的事件。那么，问问这些人，要替代与敌人作战、让他们“震惊”的有色人种的军队，他们能为帝国提供什么，你会发现他们除了肤色的成见外一无所有。

比如，《东兰德快报》的社论作者给帝国提供了什么东西，可以替代印度迈索尔王公的慷慨帮助，后者只有18岁，除了提供人力之外，他还捐了一笔33万英镑的“小钱”；还是他可以替代海得拉巴的现任尼扎姆[①]，这人捐了39.6万英镑供海德拉巴的兵团开支；还是他可以替代瓜廖尔的辛迪亚王公，后者向乔治国王献了一个“小车队”作为圣诞礼物，其中包含了41辆救护车、4辆军用小汽车、5辆卡车和修理车，以及10辆摩托车；还是他可以替代家门口这份低调的礼物，即金伯利附近的莫拉拉·曼库洛恩酋长向博塔将军捐献的可供军队食用的200头阉牛？

当黑人为英属南非在内的帝国安全慷慨牺牲之时，人们不禁要问：那些高谈阔论的笔杆子在哪里？其自命不凡远甚先见之明，战前他们在德兰士瓦的新闻界写了些言过其实的文章，扬言说如

---

① 尼扎姆（Nizam），统治印度海得拉巴的世袭君主的称号。

果欧洲人讨人厌地支持黑人、倡导公正，“南非将和宗主国脱离关系”，“自力更生”。博塔将军承认，去年9月，南非政府试图借2百万英镑，但没成功；帝国政府施以援手，“借给联邦7百万英镑，助其渡过经济难关”。当总理在联邦众议院宣布借款失败时，为什么这些分离论者不挺身而出，表现他们“自力更生”的能力呢？他们突然间怎么了？

难道这不是绝妙的时机吗？让帝国认识到这些先生们百无一用，乃至认识到这些毁灭性的政策，难道此刻不该让它不再关注这些人吗？他们带着肤色歧视，观点扭曲，其目标就是在心灵、身体和精神上对忠于王室的臣民造成不必要的伤害。人们不禁表示，倘若他们的工作在这方面不受控制，他们邪恶的政策将一团乱麻般地降临在帝国，要走出泥沼，不流血的话，则需要最高超的政治才能和大量的财富。

我们曾说过有色人种在前线为帝国服务，但大部分人的能力并不被认可。我们最近读到开普省威洛莫尔审讯两名有色人种一事。据说他们曾说，若是有色人种不适合“在一场全是欧洲人的战争中”作战，那他们也不适合在此战争中驾驶军用货车。此时军用司机招募一事尚在进行，因此，根据《军事管制法》，他们因阻碍征兵被起诉，并被判处9个月的苦役。既然如此，我们的难点在于，由于自己不是律师，无法在法律措辞中找到细微的差别。但对我们这些未受训练的门外汉来说，如果根据《军事管制法》，这种逻辑推理算是犯罪的话，那么，根据同样的法律，政府在同一战争中拒绝了1.8万战士的服务，阻碍了8万人参军，政府就是十倍的罪行。

我们曾读到引自《纽约世界报》的《危机》一文（杜·波伊斯教授所著），其中谈到了相关话题，这是对有肤色歧视的情感主义者的最好的回答。《纽约世界报》这样写道：

“德国大使向美国宣布，他“无条件地反对”动用有色人种部队。这是德国政府外交代表的奇特成见，德国政府试图把土耳其卷入冲突，还奉劝土耳其人在埃及和印度发起“圣战”反对所有的非穆斯林教徒。

“德国和英国开战，它肯定想和整个大英帝国开战，而非只选中了某部分人口，不过肤色恰好与柏林的要求相吻合而已。

“自然，英国应该培养它的印度军队，顺便说一句，后者和雅利安人一样，被认为是彻头彻尾的普鲁士人。但无论他们是什么种族，他们都是帝国的一部分，是英国常规军事力量的一部分。

“如果德国人和美国开战，他们的军队将会和我们无与伦比的黑人骑兵短兵相接。

“德国公开谴责印度军队正如德国骂日本人是‘懦夫’一样毫无意义。在战争中划出肤色的界线为时已晚。50多年前，亚伯拉罕·林肯写给斯普林菲尔德大会的那封伟大的信件早就打破了这条界线：‘会有一些黑人记得，他们用缄默的舌头、咬紧的牙关、坚定的眼神和泰然自若的刺刀，帮助人类臻于圆满。’”

一名南非新闻界的人士透露，反对非洲大陆雇佣来自印度的有色人种部队是出于人道主义的缘故。他说他们7000人对训练有素的德国士兵来说就像可口的早餐。这种同情的观点好像不被《柏林日报》的德国作家所认同，这人对“东方恶魔”的凶残赞不绝口。显然，这是唯一与法国将军及若弗尔报道一致的来自德国的观点。国王陛下后来去了前线，当着威尔士亲王殿下、伯塔布·辛格爵士和其他高级帝国军官的面，亲自给39加瓦尔步枪兵团的达万·辛·勒格中士（一名印度人）授予了维多利亚十字勋章，这枚勋章可不是随便发着玩的。

1915年3月的第一个周六，国王乔治到达奥尔德肖特，在500多名士兵参加的大型军事竞赛中充当发令员。女王陛下同样出席了比赛，落落大方地颁发了奖品。获奖者是列兵斯图尔特，一名牙买加的黑人骑兵。即使冷溪近卫兵团也在训练有色人种列兵奔赴前线，但南非人会告诉你，如果派有色人种部队对付德国人，天就要塌了，可在战争伊始，德国人就毫不犹豫地派黑人战士对付英国人了。

至于颁发给印度人的维多利亚十字勋章，许多作者写信到报社，称有色人种的战士佩戴维多利亚十字勋章是史无前例的事件。类似的报道也许会告诉他们，早在1892年，一名西印度兵团的原住民中士就在冈比亚河赢得过维多利亚十字勋章。

/ 第二十二章

南非布尔人与欧洲人的战争

我睡觉产生了幻觉；你瞧，那是什么？

天空乌云密布，上面印着15，还血流如注。

随即我看到了雅各布斯·德·拉雷将军，

他回到利腾堡的家中，手上没拿帽子，

身后紧跟着一辆满是鲜花的马车。

——尼格拉斯·伦斯堡（布尔先知）

当战争爆发，对白人而言，南非人的责任毋庸置疑，但大多数普通的荷兰后裔和德国后裔保持中立，在战争中哪边都不站，既不支持也不反对王室。到底南非人是英国政府的臣民还是朋友，南非的偏僻乡村似乎有点误会。这在战争爆发和联邦议会会议的间歇变得更加令人不解。新闻界也众说纷纭。思想进步的那群人，主要是英国人，不仅敦促南非加入战争，而且还真的招募了志愿军，将其装备起来到欧洲服役。

南非的常规志愿军在战役伊始便上了前线，拿下了德国的港口。在此必须谈到关于部队调动的一次可悲的灾难。载着卡菲尔步枪队的一长列火车从金威廉斯顿出发，经开普敦开往前线，在海斯河附近脱了轨，英勇的步兵有8人身亡，约100人受伤。他们是东部省老一辈英国定居者的后代，还有一些是颇受开普原住民欢迎的欧洲家庭的成员，正因如此，白人和黑人对灾祸的悲痛均感同身受。负责先遣部队的卢金将军很快前往西南沿海，迫使敌人撤离港口，向内陆德国殖民地首府温得和克撤退。拜尔斯将军和其余负责防务的国防军同样行动起来。此次军队调动花了特别长的时间，理由是平民军队的集结要等1914年9月10日议会开会批准，这个解释倒令人满意。

联邦议会的特别会议就在9月10日那天，联邦总理博塔将军还做了演讲。

博塔将军在演讲中说，帝国政府通知南非政府，在德属西南非洲的某些战争极具重要的战略意义。帝国政府还补充道，倘若联邦政府能承担这些战事，对帝国将是莫大的助益。南非所属的帝国卷入了人类有史以来最残酷的大战之一。博塔将军继续道：

政府深思熟虑后，决定从南非和帝国的利益出发，服从帝国的要求。（欢呼。）对帝国政府的要求也只有一个答案。在南非，许多人并未认识到此次战争的严重性和带来的无限可能，一些人认为这次狂风暴雨威胁不到南非。这是鼠目寸光。帝国在打仗，所以南非也在和同样的敌人作战。（欢呼）前面只有两条路，要么忠于职责和荣誉（欢呼），要么背叛，名声扫地。南非人的性格特点是有高度的荣誉感，他们会以清白体面的作风维持自己的声誉。（欢呼）在考验来临之际，忘却自己对帝国的忠诚既丢人又可耻，是当着世人的面给南非抹黑。是在说南非人无能……

至于西南非洲的行动，博塔将军宣布，南非政府只是口头答应了帝国政府的要求，除非他们预料到了比现在更严重的情况。行动方式不会在议会讨论，那是联邦军队指挥（拜尔斯将军）的事。政府召开议会，人民的代表从而可以确切地知道发生的事情。

他希望他们明白严峻的形势，接受要求他们接受的责任。他在议会信心十足。博塔将军详细描述了德军入侵联邦领土纳卡布的情况。目前，这支部队还在南非的小丘用壕沟固防。除此之外，在联邦调军出现问题之前，全副武装的德国部队大量驻扎在联邦边境。总理说他引用前述内容是要表明德国人在相邻领地的敌对态度。

他接着谈到了战争前夕外交程序的白皮书。他宣称这些文件表明，假如英国清白无辜地加入过一场战争，那便是这场战争。显而易见，英国并不想打仗，想竭力维持和平；可战争却强加在它身上。远离战争又遥不可期，为了不堕英国的声望和荣誉，帝国政府才迈出了生死攸关的一步。（欢呼）根据帝国政府的决定，整个帝国都会加入战争。（欢呼）他强调此次战争不是为了扩大势力或扩张领土，而是出于道义，为了履行庄严条约的承诺，以保卫其受到践踏、国土受到侵犯的国家。他希望议会明白，欧洲的战场会决定南非未来的命运……

他呼吁南非人在现阶段互相包容。荷兰裔的南非人无法和英裔的南非人感同身受，也不会有人指责他们。这不是说荷兰裔的南非人不忠诚。这不是忠诚的问题。虽然有许多人过去曾对英国抱有敌意，但比起德国的统治，他们肯定更愿在英国治下。

南非人民信心十足。他们拥有可以造就伟大民族的宪法。英国赋予了他们这一宪法，自此视他们为自由人和手足之邦。有个例子可以证明帝国政府是如何对待他们的。博塔将军说去年7月，联邦政府想募集4百万英镑的借贷，可他们仅筹集了2百万英镑，似乎是当时进入货币市场有致命的危险，好在帝国政府伸出援手，借给联邦政府7百万英镑。（高声欢呼）这就是帝国一直以来对联邦政府的通力协助和手足情谊。尽管帝国政府有自己的难处，但仍然挺身而出帮联邦政府摆脱了财政困难。（欢呼）

简言之，总理表示，他认为帮助缓解战争带来的痛苦和物资匮乏是南非的责任。政府因此提议献上南非的产品，如士兵用的玉米和烟草，还有医用的白兰地。农场主主动献出了农产品，由政府负责派送。博塔将军指出，这事以后会全面处理，最后，他以雄辩的言辞结尾，坚信南非在世人的眼中会获得无上的荣耀。

反对党的意见

反对党领袖托马斯·史马特爵士声称，总理演讲所说的宗主国的消息将让帝国上下为之自豪——自豪南非在危险时刻，不负帝国的信任，谨记自己的义务和自由公民的特权。

工党领袖克雷斯维尔先生竭力主张派遣远征军到欧洲大陆与协约国并肩作战。

赫佐格将军说，博塔将军的提议让人大吃一惊，他提议休会。其他议员支持博塔将军，休会的提议以85比12被否决。

议会的短暂会期之后，全国召开了许多热情高涨的集会。城市里的集会多是英裔市民参加。这些会议一致表达了他们对联邦政府的坚定信心，还附议了远征军远赴德属西南非洲的提议。然而在乡村集会上，态度却截然不同。那里的会议一致谴责政府的军事政策，还强烈控诉博塔将军未向国家透露他的秘密。当政府的拥护者敦促在议会享有投票权的批评者代表批准政府政策时，这些人抱怨他们的议员根本没有征询他们的意愿。

博塔将军用最直白的荷兰语解释说，德国人在他们的领土纳卡布附近安营扎寨。他们离开了德国边界上的纳卡布基地，到联邦的国土取水，接着在有水源的山脊和小丘间挖壕沟固防。联邦除了承担帝国的部分职责之外，德军在军事上的侵犯进一步推动了进军德属西南非洲一事。

在偏远的乡村会议上，德国人越境的说法被视为大臣的捏造。据报道，聪明的地理学的学生，手拿地图走上讲台，愉快地向听众出示了新地图，表示铁路勘测员伪造了德国的位置，在旧地图里把纳卡布苏德明确置于德国领土之下。可荷兰记者并没说根据旧地图，博塔将军指的山脊和小丘同样是德国的领土。所以当时的境况如下：首先，布尔人不批准针对德国人的远征之旅，直到他们入侵了联邦的领土，当政府通过警讯证实德国人确已越过联邦的领土，批评者又指责内阁撒谎。这肯定是军队调动迟缓的原因，大臣们不得不与之博弈。但尚需补充的是，上述提及的大部分集会均在德兰士瓦。在开普省，这种不满几乎无足轻重，当自由邦和德兰士瓦高举反叛的大旗时，开普省一如既往地站在了政府一边。

议会会议之后，事情有所进展。但是，不是帝国的人让联邦的人恍然大悟，而是他们在9月的一个早上醒来，读到了联邦军队首脑拜尔斯将军的这封辞职信：

拜尔斯将军非同寻常的态度

前将军拜尔斯致斯穆茨将军

比勒陀利亚

1914年9月15日

尊敬的先生：

您知道在去年9月间，我口头告诉您和博塔将军，我发现派突击队到德属西南非洲的目的是为了征服该领地。那时我就想辞职，不过听说议会开会，便决定暂且等待，希望想出法子解决这个难题。但让我万分惊讶的是，议会批准了政府采纳的决议，即在联邦未受德国挑衅的情况下，占领德属西南非洲。政府必须明白，目前大部分说荷兰语的联邦子民坚决反对我们越过边境，最近两次在比勒陀利亚召开的指挥官会议明确证实了这一点。我呼吁人们向政府提出质疑，另寻结果，但不要用强制手段。

人们都说英国参战是出于公平和正义，目的是捍卫小国的独立并遵从条约，但事实上，9名英国内阁大臣辞职，这表明纵使在英格兰，也有少数人无法相信与德国的战争是正义之战。毕竟，历史教导我们，每当有利英国之时，它就随时可以保护小国，而不幸的历史事件同样记载在列，那便是英国曾违背小国独立的神圣权利，亦置条约于不顾。为证明这点，我只能点出独立自主的南非共和国和奥兰治自由邦是如何被侵犯，《桑德河公约》的独立性有多重要。人们都说发起战争是反抗德国人的暴行，我可以原谅，但无法忘记在南非战争期间，我们自己国家的暴行。所有农场，暂且不论许多城镇，几乎无一例外，到处都是如今耳熟能详的鲁汶人。

在这个关键时刻，议会宣布南非从英国政府获得了7百万英镑的贷款。这一举动意味深长，人们对此看法不一。由于政府的吞并政策师出无名，便试图威吓公众，称政府掌握了德国决定吞并南非的情报，于是就有了机会。我的拙见是，倘若我方在未受德国人挑衅的情况下入侵德国领地，就会让事态恶化，至于所说的德国吞并计划，不过是当地人心存疑虑而已。议会的指控——即德国人越过了边境一事——毫无根据。可以看看情报部门的报告，这已得到马瑞兹*上校及其部下的证实，他们现今在边境附近。看来，政府希望德属西南非洲的德国人越界，并且一直都挺失望，因为到目前为止，正如你们所知道的那样，还没有一个德国士兵越过边界。这份报告完全没有问题，关于前些时候一次无意的越界行为，德方已对此表示了歉意。

（*马瑞兹那时正在服役，名义上是负责英国兵团的上校，实际是德国军队的将军，用英国的武器、储备、铁路和电报为德国皇帝服务。）

不管南非发生何事，这场战争无论如何都会在欧洲解决，因此，如果德国获胜，我们就会受到攻击，那么即使英国也不能帮助我们。我们至少要有一个清白高尚的理由在本国境内保家卫国。同时，万一我们受到攻击，我们的人将联合起来保卫自己的权利。此外，我相信目前驻扎在德国境内的8000人的德国突击队不会愚蠢到企图攻击我国。我一直强调，最近在布以森斯也提到，如果联邦受到袭击，布尔人和英国人将并肩抵抗，如此，我才认为履行我的职责、领导我们的军队保卫祖国是无上的荣耀和荣幸。

我遵照《国防法》接受了最高指挥官一职，《国防法》第一款规定，我们的部队只能保护联邦。依我的愚见，该条款不能因议会的非正式决议而改变，这与议会程序相悖。所以，《国防法》不允许我们越过边界打击敌人，从而挑起战火。但假使敌人入侵我国，把敌人赶回他们的地盘，我们责无旁贷。

在博塔将军的演讲中，他提到南非战争后，比利时人和法国人对我们的帮助。我们及我们的人民至今依然感激涕零，但我们不能忘记德国人同样不落人后，对我们也一贯友好。那我们为什么要故意与他们为敌呢？既然是形势使然，又未有任何进犯的迹象，我又深爱我的祖国和人民，那么，我强烈反对派遣联邦平民军队越过边界。谁能预测政府挑起的战火何时结束？鉴于之前阐述的理由，我不得不辞去军衔和指挥官一职。在我看来，这正如博塔将军所言，这是我对我们的人民尽忠尽职、增光添彩的唯一方式。我一直尽力履行自己的职责，不负自己的信仰，而今必须如此结束，实属万不得已。

您真诚的，

（签名）C.L.拜尔斯

斯穆茨将军致前将军拜尔斯

比勒陀利亚，

1914年9月14日

尊敬的先生：

收到阁下本月15日的信件，获悉您辞去了联邦军衔和联邦国防军总指挥一职，我感到十分遗憾。您辞职的时机和努力辩解的措辞令人不愉。我知道您反对在德属西南非洲的战争行动，但我从未觉得您会辞去职务。相反，政府所有的情报都知会过您，所有的计划也与您讨论过，您的意见在很大程度上都得到执行。主要官员的任命也经由您的推荐和首肯，眼下执行的行动计划也大多遵照您和军官会议讨论的结果。在我前往开普敦参加议会特别会议前，我给您下达的最后指令是在我不在的期间，由您巡视德国边境的某些兵团，我们还对下述问题达成了良好的共识，即军事行动很快会有所进展，各部门间的合作切实可行，您自己也会担任德属西南非洲的总指挥一职。政府之后的态度始终如一，在充分讨论后还得到了议会的批准。

大家以为议会批准后，事情对您而言会变得容易些，可如今我发现您却盼着议会反对政府的政策，您的灰心失望导致您突然辞职。为了让人更明白您的动机，您长篇累牍地用政治理由解释了您辞职的原因，随后很快由媒体曝光，在这之后政府才得到消息。想必不用我说您也清楚，您辞职所引发的后果让我及我的同事非常不快。

而这份不快随着您信中的指控愈演愈烈。在这场大战中，作为英国领地之一的总指挥，您对英国心怀怨忿的抨击不仅缺乏根据，而且毫无道理可言。您提到南非战争期间那些野蛮行径并不能开脱德国侵占比利时的罪行，只会蓄意在南非人心中播撒仇恨和分裂的种子。您忘了提及从南非战争以来，英国人给了南非绝对的自由，我们可以根据宪法沿着自己的发展路线实现民族理想，比如，您不会因言获罪，但在德国，毫无疑问会被处以极刑。至于您的其他内容，议会会做出答复和处理。从这些言论中可以清楚地看到，大英帝国和南非都不是战争中的侵略者。先是奥匈帝国宣战，接着是德国，在此情况下，英国政府竭尽全力维持欧洲的和平，维护比利时的中立地位。目前就我们自己而言，海岸线正遭到威胁，邮船被扣押，边境被敌人侵占。如您所说，边境事件并非随意而为，还表达了歉意，但我们的政府从未收到过这份歉意。鉴于我们和大英帝国在大战中休戚相关，于情于理，指责联邦侵略都荒谬无比，与我们的意愿和全然自卫的立场也背道而驰。至于您影射英国政府好心借我们700万英镑一事，正如议会近来佐证的那样，联邦的公众大为感激，所以，对您卑劣的行径，我便不再费心赘述。显然，在某种程度上，您的思想已因政治偏见一叶障目。您说到责任和荣誉。我深信在黑暗的日子里，当南非政府和人民在经受最大考验的时候，南非人民对责任和荣誉的概念比您的信件和行为表露出来的更加清晰。尤其对荷兰语的地区而言，相较顺境时的口头忠诚，实在没什么比风雨飘摇时的中立和亲德的态度更不幸和丢人的了。大战之后，我们特殊的内部环境和落后的情况可能会限制我们的行为，不过我深信人民会支持政府执行议会的命令，这是他们履行对南非和帝国的责任的唯一合法的方式，最大限度地维护其声誉不受玷污。兹接受您的辞呈。

（签名）J.C. 斯穆茨

战争爆发时，南非的原住民与偏僻乡村打的交道远甚于住在城里的荷兰编辑，所以他们都等着非官方地区布尔人的集体叛乱。不过，荷兰宣布中立后，原住民呼吸更自如了，这让他们相信布尔人现在不会反。可拜尔斯将军一公布辞职，原住民又觉得叛乱只是时间问题。在南非，尤其是奥兰治自由邦，我们的人民与布尔人难以融合，尽管政府一再保证，可他们颇为不安也容易理解。一位原住民农场主给在英格兰的笔者寄来下述信件：

“很高兴看到您办的《人民之友》在您出国后都能及时更新。这是第一次对原住民公布博塔将军有关战争的声明，也是第一次评论拜尔斯将军背信弃义的辞职行为。辞呈 15 日递交政府，《人民之友》9 月 19 日在其他日报之前做了评论。我认为这些日报正在努力统一言辞，即之前关于南非白人忠诚的文章与辞职一事。其实在同一天，在和拜尔斯将军同车出行时，德・拉雷将军被刺身亡，拜尔斯辞职被视为布尔人坚贞不渝的又一明证。白人的逻辑没人能够理解；但帝国政府和联邦政府的态度也让人费解。居然让忠诚的罗得西亚人在那样的人手下战斗！如果要避免内战，博塔将军得自己去前线，让斯穆茨将军看着荷兰人的下一步举动，将其扼杀在萌芽状态。”

发生在战争前几个星期的一大惨剧便是利腾堡的参议员德·拉雷将军遽然离世，9月15日晚上，他和拜尔斯将军乘汽车出行时，被一名兰德警察误杀。

9月20日，他的葬礼在利腾堡举行，出席的还有许多布尔人，如总理、斯穆茨将军、德·韦特将军和其他荷兰将领。哀悼者和他们的朋友分别乘坐普通列车和专列来到利腾堡，将军的遗体也由专列从兰德运到了利腾堡。他们乘坐各种交通工具从附近的农场赶来，利腾堡的荷兰归正教会也第一次对黑人敞开了大门。这些人向逝者致以最后的敬意，瞻仰了这位受欢迎的布尔人、贝专纳人称之为库斯·拉雷的遗体。400人的布尔突击队从沃玛兰斯塔德骑马而至。英国商人从约翰内斯堡出席了葬礼，其中就有代表工会党派的参议员塔克。遗体上盖着两面旗帜——老德兰士瓦共和国旗帜和老自由邦共和国旗帜。除了主持宗教仪式的牧师外，3名荷兰政治家在葬礼仪式上还发表了讲话，他们是博塔将军、拜尔斯将军和德·韦特将军。

忠诚之人从葬礼返回，履行职责，而那些心怀不满的荷兰人在利腾堡为反叛煽风点火——但必须补充一下，利腾堡的行为是秘密进行的。

德·拉雷将军葬礼的第二天，即9月21日早上8点，肯普将军站在拜尔斯将军的汽车上，主持了800～1000人的布尔人集会。布洛克赫泽牧师先生会前先简短地做了祷告。荷兰报纸一字不差地刊登了祷文："主啊，我们感谢您在黑暗的日子和疾风骤雨的环境下统治我们的国家。我们埋葬了我们的英雄，聚在一起诉说他的精神。我们感谢您庇佑了拜尔斯将军，他身旁的朋友被刺身亡。我们还要感谢您给我们带来德·韦特将军和肯普将军，让他们领导我们。我们代表自己的人民。主啊，请帮助我们拯救我们的人民、拯救我们的祖国。阿门。"

祷文中提到的3个人是叛乱的积极参与者，祈祷的牧师先生也不例外。事实上3个月后，后者在约翰内斯堡的监狱给他的宗教团体写了封信，辞掉了他在比勒陀利亚的牧师职位。

在开会时，主持人肯普将军否认了革命的观点。他们开始冷静地思考联邦议会入侵德属西南非洲的决定；但在将军开口时，有人拿出了老自由邦共和国的旗帜，将军斥责了他的愚蠢行为。至于这番斥责是布尔人尚未决心反叛之故，还是由于马瑞兹和西南边境德国人的计划尚未成熟，我们就不得而知了。无论如何，拜尔斯将军支持主持人，还说自己的工作清白无瑕，委实不必荒谬地表现狂热的爱国主义。他说他们开会是要通过一项深思熟虑的决议，并将其提交议会。

范·德尔·霍夫先生询问拜尔斯将军辞职的原因。肯普将军回答说原因清楚地列在了辞职信里。应聚会人的要求，布洛克赫泽牧师先生大声朗读了信件，其间多次被欢呼声打断。然而，斯穆茨将军的答复并未朗读，大概是没人提出这个要求。

那天早上，利本伯格将军想知道目前的局势；然后他继续道：“敌人已经在我们境内。一旦破坏了蜂巢，结果可想而知。我们有3位将军（显然算上了自己——作者注）昨天我们埋葬了最受敬爱的那位。我想要德·韦特将军和拜尔斯将军的答复。我们是英国的臣民，也许明天，政府就会派军官征召我们。”

如今的风云人物德·韦特将军登上汽车演讲，开场白先说自己情不自禁地想起前一天埋葬的袍泽。接着他开始演讲，说：“布尔市民和教友们，如果在场的不是同胞手足，请自行离开。如果是同族兄弟，我们欢迎，但这里的叛徒会让我想起犹大。”随后他说：“德国人被政府视为仇寇。战火正在燃烧，于是我们通过了一个深思熟虑的决议来表达人民的意愿。我并不是要赞美自己的人民，只是不想脏了双手，令我们的忠诚有瑕。让我们冷静下来，牢记我们在南非和其他地方有许多支持者。如果有人没牙又要咬牙切齿，最好去看看牙医，弄一副假牙。与其迟到一分钟，宁可早到一小时。我们没住在电话或电报办公室附近，对前线的情况并不了解。即使拜尔斯将军和肯普将军疏忽了，我们也要注意警惕，保持冷静。我相信我们当中有许多基督教徒。一旦时机成熟，所有人都会像今天一样挺身而出。”

有人想知道有没有可能召回边境的军队。主席说会稍后决定。

德·克勒克牧师说，拜尔斯将军的辞职信表达了人们的真实想法。即使拜尔斯、肯普和德·韦特将军都辞职了，他们依然是将军。他们敬重和拜尔斯将军一样有勇气辞职的军官（他们的名字政府没有公布，被禁止传播），其中就有科尔·伯泽伊登霍特中尉。据牧师所知，有位军队掌旗官也辞职了，但他的名字没被提及。这位牧师先生公然显露了他对南非历史的无知，他说："我从未听说我们的人抢了别人的土地。所有的（?）土地都是通过购买或交换获得。南非的历史无可挑剔。"在陈述了阿非利卡人应蔑视詹姆斯突袭[1]和吞并共和国的不义之举后，他总结道："比利时在流血，但以此开战符合南非的利益吗？这大约符合帝国的利益；但衣服的褶边比衣服本身更贴近我的身体。派部队到达马拉兰不过是攻击不曾伤害我们的民族。我认为我们的职责就是静观其变。"

范·德尔·莫维牧师先生说他代表的是年轻人，他表示他们所有的军官都该像拜尔斯将军等人那样辞职。他希望列席的军官在中午前辞职。

德·韦特将军指出，集体辞职后，可能就会任命张三、李四之流，因为他虽然住在自由邦，但他在德兰士瓦的事务上占有一席之地。

---

① 詹姆斯突袭（Jameson raid），1895年12月29日詹姆斯爵士突然率部攻打德兰士瓦，后以失败告终。

拜尔斯将军说："我认为自己辞职就足以表达抗议。我们的其他代表应该留任。"

（"不，不"，众人表示反对。）

布洛克赫泽牧师先生恳请大家支持总司令拜尔斯将军，不管狂吠的哈巴狗如何咆哮，他自己就打算这样做。尽管会有人写信给报社反对拜尔斯将军，但世人必须知道人们支持拜尔斯将军。虽然将军依然会受苦——（他也确实如此）——他们应支持他，直至一切步入正轨。

利本伯格将军在临别赠言中说1902年宣布和平时，他就无条件地信赖已故的德·拉雷将军，所以他一直安静地呆在德·拉雷将军的农场，听命并服从。自1912年以来，他预料到会有动乱。如今不大可能继续平静下去。根据最近的报道，德国人横跨边界150英里。（有人高呼："我们会把他们打回去。"）

发言人说："他们在比利时也干过这事，但他们现在在向巴黎进军。"

修订的决议如下，它宣布政府报告的行动与下述内容相冲突："联邦绝大部分的人民意愿。"（考虑到联邦6百万人口，会议只能代表50万的布尔人，未免夸大其词。）

9月30日前，他们要求政府做出答复，以便及时地在随后的集会上予以考虑。

待到尘埃落定，德·韦特将军在分别时说道："如果仍有哈巴狗的存在，朋友们，不要理会。它们没了牙齿。比起政府和人民第一次有分歧那会儿，我们现在更加团结。”（显然德·韦特将军暗指1912年政府和赫佐格将军的决裂，后者被迫离开了内阁，这让他及追随者深恶痛绝。《原住民土地法》得以通过的原因之一便是为了清洗辉格党人并安抚赫佐格之流。）

9月24日，德·韦特将军在奥兰治自由邦的科皮斯召开了另一场会议。帕雷斯的地方治安官参加了该会，并朗读了政府的一封电报，宣称不会强迫布尔公民到前线去，只有志愿者会去服役。然而电报并不能让布尔人满意。他们声称远征德属西南非洲是引火燎原，谁第一个点火并不重要，一旦火肆虐起来，布尔人会被叫来灭火。

会后人们挨个慰问了德·拉雷夫人，德·韦特将军说他反对向未曾伤害他的国家宣战。无论政府是否要用志愿军，他说：“谁又为激怒德国人造成的损失负责？这次远征是要引诱他们进我们的地盘。要去你去，”接着德·韦特将军强调道，“反正我不会去。”

现在，布尔人在某些方面和原住民不一样；因此，当头发灰白的原住民或布尔人对自己的同胞说“如果你愿意，你可以做这个或做那个，但我不会做”，这其实是迂回地说：“听我的，别去。”所以像德·韦特将军这样有影响力的人如此表态后，不出所料，人群大声答道：“我们不去。让当局去纠正自己的错误。议会里同意远征的92位议员没有征求选民的意见，我们很不满。”有人随即高呼：“范·德尔·莫维先生在哪里?”其他人说：“叫他；他也许就在人群里。”于是中气充足的布尔人洪亮地喊道：“范·德尔·莫维！范·德尔·莫维!! 范·德尔·莫维!!!”接着有人回复：“他不在。”

范·德尔·莫维先生是会议所在地区的议会代表。

最后，德·韦特将军说：“这里有治安官，还有监狱。如果我信口开河，任凭他们处置。”

随后提议反对远征军，512名布尔人赞成，仅2名反对。

到蒂珀雷里关山迢递，
鞭长驾远。
对我认识的可爱的姑娘来说，
到蒂珀雷里道阻且长！
再见，皮卡迪利大街，
永别了，莱斯特广场，
到蒂珀雷里路途迢迢，
但那是我心安放的地方。

《蒂珀雷里之歌》(原文为德语)

9月29日，在德兰士瓦省金伯利–约翰内斯堡铁路线上的班克车站，博塔将军对他的选民发表演讲。他离开旅行的专列车厢到聚会地点，一千名布尔公民与总理会面，热烈地表示欢迎。在发言前，博塔将军允许其对手吐露不平（大部分听众明显不乐意）。先读了感激的致辞，表达了对政府的信任，并赞成出征德属西南非洲。反对出征的致辞也读了；据说提到了一位布尔妇女的请愿书，强烈反对出征。朗读这些内容花了不少时间，想必对总理仰慕者的耐心是一大考验，他们急于聆听那天的演讲，于是叫朗读的人闭嘴，但总理劝他们给双方一个机会。

在冗长的开场白之后，总理在欢呼声中发表了演讲，为计划攻占德属西南非洲正名，并解释称这服从了帝国政府的意愿。他提醒布尔人，此次出征已得到他们推选的议员的许可。他还补充说，他会领导自己的人民沿着白人的荣誉和基督教的道路前进，绝不做出不忠和背叛的懦夫行径。整个演讲可用斯穆茨将军答复拜尔斯将军的几句话来概述："相较顺境时的口头忠诚，实在没什么比风雨飘摇时的中立和亲德的态度更不幸和丢人的了。"

总理接着问道，袭击了比利时的德国有何信赖可言。他指出已故总统克鲁格[①]抵达欧洲时——他是该国的流亡者——法国和比利时欢迎他的到来，而德国皇帝甚至不愿接见这位老人。

① 克鲁格总统，全名为斯蒂凡诺斯·约翰内斯·保罗斯·克鲁格（Stephanus Johannes Paulus Kruger，1825—1904），南非军人、政治家，是南非共和国（德兰士瓦 1883—1900）时期的执政官。

博塔将军在会上的某些言辞让有色人种的忠诚分子不悦。在我们看来，他的话很有道理，这不是为总理辩护。与其说他的发言是政策宣言，不如说是征兵的演讲，他自然会激发听众的情感。北部布尔人的种族歧视没那么容易消失，在此情况下，博塔将军公开指责中立派是师出有名，后者提倡“叉着双手等德属西南非洲像熟透的苹果落到他们的腿上”，他继续道：“要是帝国政府派5万苦力人*占领德国殖民地，并告诉他们战后会在那里建一个印度佬的居住地。这符合我国的利益吗？（人群发出“不、不”的叫喊声。）但反之，帝国政府要联邦这样做，我会深感荣幸。”

（*南非对英籍印裔的蔑称。）

在此情况下，英国人也不会对博塔将军的发言动怒。我们相信他聪明地抓住了偏远乡村南非人的感情，当时他说：“你们能相信德国皇帝的承诺吗？在南非战争期间，我在科伦索痛打英国人的时候，德国皇帝做了什么？他给罗伯茨将军发了封电报，建议他取道自由邦，从背后偷袭我。”

总理清楚地阐明了德国在南非取得胜利会带来的危险，许多摇摆不定的人立即充满了爱国精神。吹毛求疵的批评一直存在，但众多彷徨踌躇的国防军官决心竭尽所能地跟从博塔将军。另一方面，反对派告诉布尔人，支持政府举措的那帮官员不是出于爱国，而是为了保住饭碗。一部分容易轻信的布尔人似乎相信，德国人绝不会入侵英属南非。他们最初受中立派观点的迷惑，认为政府在中伤德国人；但很快他们就大失所望。

9月26日，格兰特上校在前进的路线上占领了一些水源。这一步对成功远征至关重要。敌人撤退了，却在可以俯瞰英国先遣部队驻地的山脊架上大炮。敌人从这些阵地炮轰我们的部队，直到弹药耗尽才罢手。英军共有16人死亡，43人受伤，8人失踪，35人被俘。这些数字在欧洲的战场微不足道，但南非在一次袭击中就折损这么多人简直骇人听闻。这次逆转让摇摆不定的人们认识到拖延的危险，消极的忠诚分子立即清醒振作起来。可反对派一片繁忙。

博塔将军在班克演讲的那天，弗马斯指挥官在德兰士瓦的克兰拉芳汀农场对100多布尔公民发表讲话。一些著名的荷兰人均有出席，如萨雷尔·杜·普莱西斯先生和科尼利厄斯·格罗贝拉尔先生。他们蓄意挑衅，弗马斯指挥官不免有些恼火地在集会发问："德军边境一事你们相信谁，是收到警讯的政府还是拜尔斯将军？我只能这样说，博塔将军遇害你们会哭，因为我清楚他对国家的贡献。如果你们不信任政府，告诉你们德国人是侵略者又有什么用？"

D.洛乌先生和其他人做了鞭辟入里的演讲。演讲者对拜尔斯将军的辞职深表遗憾，他说："他掌握了所有的国防秘密，我们还花费巨资让他在国内外考察；在这个危急时刻，我们都在面对困难，他却提出辞职。"然而，这次集会仍坚称联邦政府犯有过失。

他们说德国人越境是个意外，因为他们没有故态复萌，还表达了合乎时宜的歉意。一些发言人说内阁野心勃勃的吞并政策是为了身后名，还置阿非利卡人于不顾，而他们可比德属西南非洲的沙漠珍贵得多。这个问题会由欧洲战场决定，为何要提前入侵，为何伪造德军驻扎的纳卡布的铁路地图。“假如德国人在欧洲赢了，”其中一位发言人问道，“突袭后我们又如何自处？我们宁愿跟从拜尔斯将军”。

政府特使弗马斯指挥官尚在讲话，有人就大声高喊：“赫佐格将军万岁！”然后是嘈杂的附和声。

此时，一名年轻人站出来为南非战争期间德国抛弃布尔人一事做了全新的辩护。他说，德国和英国有十年之约，不会与英国开战，对我们来说，英国人太聪明了。威廉敏娜女王[①]在德国时，德国皇帝对她说：“告诉德兰士瓦目前不要向英国人宣战。”

弗马斯指挥官问：“你称这是友谊。那在他们和英国有协议的时候，为何承诺帮助我们？”

在你来我往的交锋中，双方还引用了《圣经》对远征表示赞成或反对，后来以89票对23票通过了决议，反对入侵德属西南非洲。

---

① 威廉敏娜女王（Queen Wilhelmina，1880—1962），荷兰女王，第二次世界大战时在伦敦领导流亡政府，经常通过电台广播发表讲话，是荷兰人民的精神领袖。

一位年长的荷兰绅士评论说，上一个共和政府犯了错误，它先向英国人发出了最后通牒；而联邦政府出兵德属西南非洲是在犯同样的错误。

叔叔：这一场宿怨又是谁在重新煽风点火？侄儿，告诉我，他们动手的时候，你也在场吗？

侄子：我来之前，您仇家的仆人就跟您的仆人打成了一团。我拔剑分开他们；就在这时，那个性如烈火的提伯尔特摇头晃脑地过来，还对我出言不逊……。我们正提剑比试，人却越来越多，有的帮这边，有的帮那边，乱哄哄地互相争斗，直到亲王来了，才把两边的人喝斥开来[①]。

依照波切夫斯特鲁姆的报纸《西方日报》的说法，1914年10月2日，一千多布尔公民将利里克大厅挤得满满当当，聆听德·韦特将军反对入侵德属西南非洲的演讲。显然，乡村的布尔人意在挑战各中心城镇居民的热情，后者通过忠诚的决议，支持远征，信任联邦政府。并非所有偏僻乡村运动的支持者都能获准进入大厅，开会前夕，大厅里人多得令人窒息。4位著名的自由邦人物和德·韦特将军站在讲台上。这份报纸说，此次运动的反对派从城郊带来了一群暴徒，要打乱会议进程、制造混乱。他们等在外面，要“对不为人知的南非历史事件负责”。

---

① 选自莎士比亚戏剧《罗密欧与朱丽叶》，第1幕第1场。

会议凭票入场，8点时分一切就绪，负责人伊拉斯谟主持会议。德·韦特将军在雷鸣般的掌声中昂首挺胸地走了进来。当地警方及时告知会议已做了安排，但报纸抱怨说，他们只有7个人进了大楼，这7人似乎并未讳莫如深，据说除了必须逮捕一名阿非利卡人之外，他们没看到会议期间有骚乱发生。

主持人宣布开会，达维纳伊教授欢迎来自远方或近郊的客人，以及廊台里的女士们。教授略微提及了前几晚在市镇大厅举行的英国人的集会，说是上次没人打扰。他接着说，召集这次集会是为了讨论南非的战事。欧洲的行动没什么好说的；他们不过是希望反对入侵德属西南非洲。因此死猫、砖块、臭鸡蛋和其他东西一股脑儿地从窗户扔进了大厅，导致了难以形容的混乱。愤怒的阿非利卡人从窗户跳出去，抓了一些闹事的人，把其中一人痛打了一顿，这人只能躺在地上躲避一二。

死猫和砖块等被捡起来扔出了窗外；但中断的会议刚要继续，就有人切断了电线，整个大楼一片漆黑。场面顿时混乱起来。大厅的几处地方点燃了火柴，德·韦特将军和肯普将军建议将会场换到荷兰归正教的广场，可他们的声音几乎听不清。人群走出利里克大厅，向荷兰归正教的广场迈进，后面紧跟着一群吵吵嚷嚷的闹事者。

一辆从别处弄来的轻便马车成了讲台，在非洲银色的月光下，1500位布尔公民聚集在临时讲台周围，吵嚷的闹事者尖声高唱英国国歌。肯普将军提醒人们小心投来的物品，让他们蹲在地上，方便更好地倾听德·韦特将军的讲话。这位游击将军，登上马车讲台，对听众说："是的，坐矮点，这些捣乱的人就会朝站在马车顶的我扔东西了（人们大笑。）这些给和平的阿非利卡人捣乱的人，在黎明到来之前，也许会成为死神的孩子。（反对派的嘘声。）

"这或许是欧洲人或唐宁街的文明，但南非从未听闻；不过，我们希望这些受此教育的人能改变其行事方式。让站在铁丝网对面的那些人走近些，不要害怕，如果他们不愿意，不管他们家在哪里，让他们都回家去，别来烦我们。我向你们保证，一年之内这些鲁莽的人会被教得尊敬阿非利卡人的权利。我向你们保证，阿非利卡人会亲手做这事。（高声欢呼。）如果我做错了，这里有你们的监狱、警察和治安官，要是我有罪，让他们来惩罚我。"（有人说："他们不敢动你！"）

接下来，将军继续谈起比勒陀利亚官方喉舌《沃克斯汀》里的一篇文章。他说："《沃克斯汀》长期吹嘘国王怎么样，国王怎么样，公鸡不打啼，太阳照常升起。（大笑声。）政府现在颁布了我们无法认同的规定，可朋友们，请记住，《沃克斯汀》必须知道，我们不是教皇，我们也不在俄国，从报纸上根本找不到真相。"——（我们极想知道乡村报纸喉舌就此次会议的观点。——笔者）——"朋友们，报纸有很多坏处，我们发现很多时候是政府的谄媚者《沃克斯汀》的问题。"

“我们的人可以畅所欲言，政府却企图禁止人们抱怨它侵占德属西南非洲的土地。”（此时，从后面人群投掷的鸡蛋不幸地落在演讲人近旁，弄得人群愤愤不平，但发言人继续道：“朋友们，没关系，我另外还有外套。政府只提征召自愿兵；可许多孩子暗地里被逼和母亲分离，还有的被强制带离父母身边。我做好了向法律屈服的准备，前提是政府得奉公守法。我们的法律是授权我们保护边境，而不是对外发动战争。”聚会的人们不断争吵、打岔，还打架斗殴，警察逮捕了一个布尔公民。但围在警察周围的一些人把犯人救了出来，据说还袭击了一名警察。）

演讲一度中断，后来德·韦特将军继续说道：“国王陛下同意我们在自由的宪法下自治，我们非常感激英国人赠予的这份礼物；但这并不意味着我们应该行窃。”接着又是多次打岔，其间发言人完全无法继续。在一片混乱里，人们为德·韦特将军欢呼，后者最后说道：“铁丝网边的伙伴们，我不想理睬，上帝会宽恕你们。如果今晚会场有流血事件，你们就是罪魁祸首。因为我更有教养，所以我不让人们对付你们。我不是在他们口中的布隆方丹的沃和克长大。那不是博塔将军为英格兰让整个国家火中取栗的地方。他们哄骗我们说会叫苦力人占领德属西南非洲的地盘。那就让印度佬去。他们就在霍屯督人的地盘附近。真到了那一步，手握长矛的卡菲尔人会被派去对付他们，因为从目前情况来看，卡菲尔人不得不替纳塔尔的印度佬卖命。”

又一波骚乱之后，将军表示自己不确定警察有没有尽忠职守，他会向政府汇报警察的工作。这些人由他和布尔公民支付薪水，却没起到保护作用。自卫的时候，一名阿非利卡人严厉地指责暴徒，却遭到逮捕。他认为治安官都在场，难道还得不到保护吗？

于是，治安官助理克罗宁登上马车道："我希望你们给布尔公民一个公平发言的机会。"

德·韦特将军总结说："这不是赫佐格与博塔之间的问题。问题的焦点是德属西南非洲。人们手无寸铁是由于政府的不信任。既然如此，人们对当局没有信心，他们就不该感到意外。许多人有枪，但没有子弹；那么，人们怎么能指望国家进行自卫呢？"

保罗·舒特先生向集会提议，反对出兵德属西南非洲。"此时，"报道进程的荷兰报纸说，"闹事者的喉咙不是钢铁做的，已经变得嘶哑无力，他们的阻碍也没了成效，除非他们突然袭击。"

保罗·舒特先生在提出决议时说，天灾让这片土地不堪重负：贫穷、苦难和干旱让人们精疲力竭。在没获得全体人民支持的情况下，政府如此行事难道不危险吗？

史芳坦先生（是议会的两名议员之一）说他会娓娓道来，只谈真相。

他说他会给出文件证明地图是伪造的，但他不知道谁在作假。据说纳卡布是联邦的领土，然而根据政府的原始地图，那个地方是德国的领土。"这就是地图，"他说，明显是在炫耀，"看清楚。"

他接着说："妥拜厄斯·斯穆茨将军宣布，他清楚政府的决定有悖于选民的意愿，然而他支持政府出战。拜尔斯将军对全部的情况了然于心，否认纳卡布是联邦的领土。在这样的情况下，作为基督教徒，我们怎能让上帝指引我们的事业?"

接下来的两位发言人普斯马教授和德·克勒克牧师先生引用了《圣经》，表示出兵德属西南非洲有违天命。弗斯滕伯格先生紧随其后，号召布尔公民要自持身份。肯普将军对出席的听众表示感谢之后，这1000名布尔人在不断被打岔的情形下，都站在一边反对远征。令人激动的会议就此落下帷幕。

该报称，其中有位反对者将一名荷兰女士的嘴巴掴出了血。她冷静地转身，一拳狠狠地把他打倒在地，同时还用纯正的英语说道："对付英国人，一个女人就够了。"另一名闹事者被送往了医院。

指挥官埃尔斯和自由邦的律师罗科·德·维利尔斯先生坐车来开会，汽车在途中出了故障，距会场尚有15英里，等他俩走路到达波切夫斯特鲁姆时，会议已经结束。

"棕色人种万岁。"有破坏者喊道。

"你们漏了印度佬。"一名荷兰女士反驳说。

会后，反对派组成游行队伍，在城里游行。他们同样发表了简短的演讲，向支持远征的市民证实了之前会议的行为。他们为德·韦特将军及其追随者喝倒彩，并高唱国歌，为博塔将军和斯穆茨将军欢呼，之后朝四处散去。

会议程序的其中一项是对前总司令拜尔斯将军的演讲致敬，但不知何故，他没有出席，不过仍把致辞献给了他。致辞祝贺他辞职，称集体签名辞职的人们相信他不会后悔，因为他的人民憎恨“侵占”德属西南非洲，此举符合他们虔诚、热爱和平的特性。另外，他们感激他所做的演讲，并希望他的发言能让指责他是德国间谍的挑拨离间者闭嘴。

就在德·韦特将军把抗议活动带进支持政府远征的各个据点之时，接下来的一周，约翰内斯堡上演了同样的一幕。德·韦特将军在刘易斯电影院的集会进行不过几分钟，就有砖头等物从气窗扔进来，灯也熄了。会议改到了教会广场，政府的支持者在那里占了上风，完全压倒了“中立”派，以至于德·韦特将军、史芳坦先生和普斯马牧师先生的声音完全听不见。人们不停地为国王、博塔将军和斯穆茨将军欢呼，演讲的声音全被人群的爱国主义歌声所掩盖，这次集会一败涂地。

/ 第二十三章

布尔人的反叛

布尔公民，武装起来；我们没有更多的理由！

哥特人[1]在静待时机；

为了战利品，他们的心志无比坚定，

在老格瑞特·马瑞兹[2]的儿子马尼的指挥下，

他们朝此处全速进发，

老格瑞特威胁说在复仇的过程中，

要如黑色的班巴拉人一般行事。

---

① 哥特人（Goth），日耳曼族的一支，公元3至5世纪从东方入侵罗马帝国；东哥特族在意大利建立王国，西哥特族在西班牙建立王国。

② 格瑞特·马瑞兹（Gerit Maritz，1797—1838），英文名亦作Gerhardus Marthinus (Gert or Gerrit) Maritz，南非移民先驱及领袖。

南非政府公布了下述电报：

1914年10月13日。

自从C.F.拜尔斯将军辞掉人民军队的总指挥后，就有迹象表明S.G.马瑞兹陆军中校领导下的开普省西北部的军队出了问题。

政府立刻安排康拉德·布里兹上校接替马瑞兹陆军中校的指挥。

8号那天，布里兹上校向马瑞兹传讯，让他过来向自己汇报。马瑞兹傲慢无礼地回复说，自己不会向任何人汇报。他只想获准离开，布里兹上校必须亲自来交接。

布里兹上校于是派本·鲍尔少校接管指挥权。

最后通牒

鲍尔少校及随行人员一到达马瑞兹的营地即被关押，不过后来得以释放返回，还带着马瑞兹给联邦政府的最后通牒，大意如下：

除非政府保证10月11日周日10点前让他和赫佐格、德·韦特、拜尔斯、肯普和马勒等将军在其驻地会面，方便他获得这些人的指示，否则他将立即攻打布里兹上校的部队，进而入侵联邦。

本·鲍尔少校报告说，马瑞兹拥有德军的枪炮，还有德军的将军头衔。

除了反叛的突击队，马瑞兹手下还有德国军队。

他逮捕了所有不愿加入德军的军官和士兵，把这些囚犯送到了德属西南非洲。

鲍尔少校看到了马瑞兹和德属西南非洲的总督签署的协议，协议保证联邦成为独立的共和国，割让沃尔维斯湾和联邦其他地区给德国人，保证德国人只会应马瑞兹的邀请入侵联邦。

鲍尔少校展示了许多电报和照片，其时间可追溯至9月初。马瑞兹吹嘘自己从德国人手上弄来了充足的枪炮、弹药和金钱，足以占领整个南非。

鉴于此，政府雷厉风行地镇压了叛乱，并严惩了反叛分子和叛徒。在联邦境内实施军事管制的公告也将刊登在今天的官方特刊上*。

（*联邦政府，第10-15条，第22-24页）

一名开普省的律师，马瑞兹手下人民军队的中尉，在这封致《德兰士瓦领袖报》的信件里更详尽地描述了此次背叛行为：

他写道："我们一行80人，大部分是毫无经验的青年农民，历经漫长疲乏的长途跋涉，穿过布须曼兰，抵达了卡卡马斯。

"我们在营地呆了6个星期，10月的第一个星期，马瑞兹命令200人的部队拔营，行军至德国边境，其中有卡尔维尼亚人、克兰威廉人和肯哈德特人。

"两天后，营地剩下的人有卡卡马斯的国防军、一些卡卡马斯的志愿军和我们的队伍，共约300人，同样朝德国边境进发。在马上奔波了两天，我们来到布罗克因布特农场，在那里和之前到达的200人会师。

“凯莫斯村驻满了德国军队；我们的官兵和睦融洽地在德军中走动交谈，德国和老德兰士瓦共和国的旗帜并排飘扬。

“在极短的时间内，我们便明白了当前的形势。人人都肆无忌惮地谈论背叛行为，我意识到‘我们’成了困在陷阱里的老鼠——我说‘我们’，是因为我相信我们大多数人会拒绝叛变。

“但我再一次受了惊吓。我们到达一小时后被叫去集合，马瑞兹要给大家讲话。

“他先说政府想逼迫他带领手无寸铁、未经训练的青年越过边境，接着说他拒绝牺牲他们的性命。

“他尖酸刻薄地抨击了斯穆茨将军和博塔将军的人品，然后公然谴责整个大英帝国，最后宣布自己有了出路，叛出了帝国。

“他表示，为了南非的独立，他要和联邦政府及帝国政府打仗，号召所有不愿跟从他或‘心怀英国’的人都站在他这边。

“‘六十分之一的忠诚’

“他发言后，德属西南非洲的总督代表用德语发表了简短的演说。

“接着出现了目击者一生难忘的场景。所有人开始高呼、喝彩，把帽子抛向空中——除了我们10个人，默默地站着旁观，简直生不如死。可以想象，长途跋涉进入德国境内的600人中只有10

人拒绝叛变。

“然而，等大家平复后，我们来到上尉（布克斯）身边，告诉他我们不打算加入马瑞兹，请他不要派我们到温得和克。可马瑞兹让我们明白，除了跟着他，没有别的选择。”

这位作者继续写道，被当作囚犯关了一段日子后，他们在距联邦边防驻军40英里的地方获得了自由。——《中央新闻》*

（*又见《特别委员会关于叛乱的报告》，特别委员会1–15）

自由邦

德·韦特将军召集了大批突击队员，占领了海尔布隆镇，抢劫了一列火车，俘获了政府的储备和弹药，一些颇有名望的布尔公民也是他积极的支持者。因此，一星期后，斯泰恩总统[①]竭力让他到布隆方丹，想劝说他和博塔将军讨论和平条款，这时，他手下的人数不少于3000人。

十月，德·韦特将军公然打出了反叛的旗帜，在一名手持武器的突击队员的带领下进入赖茨镇。他的一些手下袭击了给首都发电报的邮政局长，毁坏了他的设备。游击队将军在露天集会发言，并命令治安官出席。治安官“拒绝参加叛军会议”，德·韦特将军派6个人去“请”他，还让他们在必要时使用暴力手段。

① 斯泰恩（Steyn，1857—1916），南非律师、政治家，1896—1902年奥兰治自由邦第六任和最后一任总统。

治安官被迫出席后，德·韦特将军开始吐露心迹：“女士们，先生们，布尔公民们，我请你们到这里来是为了向你们阐明我的立场。”

他又对治安官说：“治安官，我希望你找个速记员记下我说的每个字，因为无论将来我做什么，绝不会比现在的反叛更出格的了。我要到马瑞兹那里去，我们可以在那里获得武器弹药，还可以从那里到比勒陀利亚，推翻英国的统治，宣布成立自由的南非共和国。所有支持我的必须跟我走，那些支持政府的也必须走这条路。我签署了《弗里尼欣条约》，发誓向英国效忠，但我们受讨厌的英国人的痛苦压迫，无法继续忍受下去。爱德华七世国王陛下承诺保护我们，但他没能做到，让残暴的治安官在我们头上作威作福，是可忍孰不可忍。我因殴打原住民男孩受到指控。我只用了一根小小的牧羊人的鞭子，结果被罚了5先令。”*（治安官打断他，问他认不认罪。他承认他有罪，并命令治安官闭嘴，等他讲完才能说话，否则他会让治安官保持沉默。）

（*此后，斯穆茨将军称这次起义为“五先令的反叛”。）

德·韦特将军继续道：“治安官判决后，没有训斥男孩，也没有命令他以后要谦卑恭顺，尽好职责，反倒看着这个原住民男孩，仿佛要给他一个亲吻。斯泰恩总统是我最尊敬的人，对我也很亲近，他是治安官的姐夫，基于这个原因，我再给他一次机会，否则我会把他当作犯人抓起来交给德国人。治安官的父亲是教会的中流砥柱之一，倘若他还在世，必定会全心全意地在此次运动中支持我，谴责政府即将犯下的卑鄙的抢劫行为。

“荒唐的博塔政策持续已久；南非的荷兰人将团结一致，粉碎邪恶的丑行。我的一些朋友建议我稍候片刻，等英格兰受到更大的打击再说，但对我和我的人民来说，痛打落水狗有失身份。英格兰已经焦头烂额了。我讨厌肆虐的谎言，说什么成千上万的澳大利亚人、加拿大人和印度人会和我们作战。英格兰从哪里弄人来？它自己打的仗都够多了。

“我要去检查镇里的6样东西，即马、马鞍、马勒、缰绳、武器和弹药，如果有人拒绝把这些东西交给我，如果从他们的财产中找到这些东西，我会用粗皮鞭抽他一顿。现在，我命令店主去把自己的店门打开，我会派人过去，拿走我要的上述物品，他们会给店主收据；如果他们不愿意打开店门，我会换种方式打开。英国人，我对你们的建议是在你的屋子里保持安静，不要干扰我的人，如果你不听话，我回来你就要小心！我的8个儿子和女婿都在这里，我的农场只有妻子和女儿。如果她们愿意，任何人都可以去看看，如果治安官愿意的话，请在她们需要帮助的时候施以援手。”

韦塞尔·韦塞尔斯先生是自由邦著名的政治家，以德·韦特将军的名义占领了哈里史密斯，他被指控曾胆大妄为地送信给哈里史密斯地区的酋长恩特塞恩·莫佩蒂和巴苏陀兰的酋长派拉蒙，告诉他们在德国人的帮助下，布尔人要驱逐英国人，在南非重建荷兰共和国；并请这些酋长在英国人溃败时保持中立。如果他们动员战士（巴苏陀兰人）站到布尔-德国的联盟一边，那英国只有把印度人武装起来。

到蒂珀雷里关山迢递，
鞭长驾远。
对我认识的可爱的姑娘来说，
到蒂珀雷里道阻且长！
再见，皮卡迪利大街，
永别了，莱斯特广场，
到蒂珀雷里路途迢迢，
但那是我心安放的地方。

《蒂珀雷里之歌》（原文为荷兰语）

和其他人一样，荷兰人也有先知。战争爆发后，先知范·伦斯堡讲述了很多传奇，据说在别的异象里，他幻想着即将“从阿非利卡人的脖子上去除英国人的枷锁”，在德国人的帮助下，英国人和他们的旗帜将从南非的土地上被驱逐出去。

无论先知范·伦斯堡在其他方面如何预言，他关于欧洲战争的预言和其他（对法国人、俄国人和德国女性）的战争预言相似，因为愿望往往是思想的源泉。

处于中产阶级底层的布尔人推崇原住民占卜师的推测。有时人们也奇怪，马来的魔术师被起诉的原因之一是他要求公众寻找荷兰证人，证明他的治疗能力，另外一个原因是魔术师强调起诉荒谬无比，因为他让他们和亲属受益，比许多医护人员做得更好。

此外，范·伦斯堡的预测似乎在有线报纸上找到了充足的证据，上面报道了范·克拉克将军取道比利时，快速朝巴黎进军，在如南非布尔人一般轻易信的爱国主义者心中，这份战争电报新闻就是沃野的肥料。

范·伦斯堡先知*

(*“联邦政府，第10–15号。”)

利克田堡的先知尼古拉斯·范·伦斯堡一字不识，是个地地道道的农民。他在自己的国家名声不显。他多次证明了自己拥有非凡的预测能力，人们于是众口相传，深信不疑。此处不便列举他的通灵术（或快乐预测）。可以肯定的是，他对许多人影响巨大。在英布战争期间，只要范·伦斯堡在他们的环状车队[1]，就会有突击队员忘记警惕。如果“尼古拉斯大叔”宣布英国人不在附近，放哨和监视就是浪费精力。

相当诡异的是，战争以来他的名声并未消退。依稀有几个原

① 环状车队（lager/lagger），由货车围成环状而成的防御营地。

因可以解释。他从未试图利用自己的“天赋”，大多数与他接触过的人觉得他很真诚。如果他愚弄别人，就像是他在愚弄自己。而且，这也许是他不断成功的秘诀，他的“异象”一贯神秘且富有象征意义，意义模棱两可，适应性极强。的确，这让他的听众对他的“异象”有了自我解读。先知很少佯作理解或亲自解读这些异象。

英布战争期间先知在德·拉雷将军的突击队呆过，将军对他很感兴趣。范·伦斯堡再次对德·拉雷将军大加赞赏，还经常对自己的圈子暗示，将军在筹谋大事。德·拉雷将军及其朋友多年来对其中一个异象耳熟能详。先知从血淋林的乌云中看到数字15，接着德·拉雷将军没戴帽子就回了家。随即来了辆满载鲜花的马车*。范·伦斯堡没说这预示着什么。他相信这是对将军的崇高敬意……

（*德·拉雷将军9月15日晚意外身亡。他最后停留的居所是15号，将他的遗体送到利腾堡的出殡队伍里有一辆满载鲜花的马车。）

战争最后爆发时，利腾堡的影响立竿见影。人们热切地回忆起范·伦斯堡的预言，还想起他曾预言德兰士瓦将重获独立。一名军官召集手下在8月9日做好准备，因为那天是预言应验的日子。自此，每天都可以看到有人在擦拭步枪和弹筒，为那一天做准备。当地的几个人声称，在1914年8月之前，他们和德属西南非洲保持了定期联系。英德宣战一周内，有消息称8月15日，当地布尔公民的大会将在特勒方丹举行，辖区军官命令自己的布尔公民要手持武器参加会议，全副武装服役……，这条消息让该地区蠢蠢欲动（如今已众所周知）。

德·拉雷将军会在大会上发言，大家普遍认为，会议结束后，聚集的布尔公民会立即朝波切夫斯特鲁姆进发。

范·伦斯堡的预言与当地的一片反对之声有莫大的关联。长期以来，人人皆知数字15所代表的异象，而今谈论起来更是兴趣盎然。据说15代表了8月15开会的日子，也是人们期待已久的那一天——解放的日子。范·伦斯堡而今成了神使。他对大战的预言得以应验。德国在对付英格兰，它的胜利势不可挡。

他们为重获独立而奋斗的这一天到来了。

范·伦斯堡向其拥护者保证，联邦政府完了。

一枪都不必开，就能兵不血刃地完成革命。

10号到15号，利腾堡的密谋者积极地为那一天做准备。有证据表明他们在和德国密探合作。15号标志着新纪元的开始。当心怀疑虑的人向他们询问，如何确定15代表了一个月的某一天——尤其是八月的某一天——他们就会嗤之以鼻，就像有人失心疯地对他们说，“在上帝的时间，早一个月或晚一个月没有区别”。

当地的支持者通知了当局这些令人恐慌的准备活动。显而易见，15号那天有反叛的打算。一切都将取决于德·拉雷将军在会上的发言。德·拉雷将军在西德兰士瓦的地位独一无二。他有首屈一指的影响力，被视作西部的无冕之王。他在会上的态度将左右大批追随者，会决定是战争，还是和平。

博塔将军在会议前几天传召德·拉雷将军前往比勒陀利亚，劝他尽其所能平息人们的激动情绪，利用他的影响预防不合时宜的意外事件。

15号周六那天，大会如期举行。约800名布尔公民到会。德·拉雷将军发表讲话，阐述了欧洲的形势。他勉励听众保持冷静，等待事态的发展。讲话结束后，出现了“不同寻常的诡异的平静”。全体一致通过了一项决议，表示完全相信政府会在目前的世界危机中代表南非的利益。他的讲话似乎收效甚好。布尔公民安静地散会返家，看似听取了领导的意见。

看来避免了反叛的危险，不过这仅是权宜之计。

波切夫斯特鲁姆的《先驱报》报道了一则故事，内容是“深层历史之可恶的密谋”，讲述了9月15日晚，即德·韦特将军被杀那天，因拜尔斯及其同谋的反叛，波切夫斯特鲁姆*如何差一点落入叛军手里。

*德兰士瓦的旧都，1914年10月2日，德·韦特将军和肯普将军在那里召开了激动人心的会议。

毋庸置疑（《先驱报》评论道），拜尔斯被迫承认，意外发生时，他在前往波切夫斯特鲁姆的路上，正打算利用手下的2000人推翻政府，这些人刚好在波切夫斯特鲁姆的公民活动营地完成了3个星期的训练。他和肯普明白，那晚充当德国敌人的密使无疑是背叛行径，所以他们俩都辞去了职务。他觉得自己马上会被逮捕，难怪在朗格拉格特他恐惧畏缩了，完全丧失了勇气。

言归正传，报纸继续写道：周二早上的游行中，叛军上校伯泽伊登霍特和科克分别对手下发表讲话，试图灌输针对政府的反叛精神。他们建议所有说荷兰语的阿非利卡人不要自发前往德属西南非洲，说那是英国人的义务。军官们清楚地表示无意履行职责：他们另有要事。两名上校批准了少数志愿者，后者站出来，也不在乎其他人嘲笑他们是“中立分子”。大清早游行的耻辱一幕必定让反叛者不安。毫无疑问，卑劣的影响正在蔓延，不过，多亏了荷兰人中令人钦佩的忠诚之士，密谋者的计划或多或少为外界所知，并做了相应安排，将其完全挫败。向这些真正的爱国者致敬，他们为国家安全承担了极大的风险。

那天晚上，英国人在波切夫斯特鲁姆召开会议，讨论当前的局势（《先驱报》报道），严峻的事态迫使他们有必要与斯穆茨将军直接沟通，这一点自然得到采纳。一方面，所有的英国人其实手无寸铁。形势如何危急，波切夫斯特鲁姆附近如何结束灾难，当时完全不得而知。同一天晚上，城镇还有一场更危险的会议。地点在伯格街的一所房屋，一些可以叫得出名字的居民，无论男女，都在期盼主谋者的到来。与之同时，肯普在国防军的总部储存了大量的弹药，数量完全超过了其辖区的需求份额，他还在那一周密切接触波切夫斯特鲁姆的“先知”。拜尔斯计划在凌晨3点到达国防军处，汽车就等在那里。

后来，他带着他能带来的全部武装人员向城里进发，根据之前的安排，他完全清楚在波切夫斯特鲁姆，他可以依靠叛军的帮助。营地里的危险气氛一触即发，以至于到了晚上，忠诚的军官手握上膛的左轮手枪入睡，床下放着所有备用的弹药。英国国旗将被取代，新共和国将飘扬维尔克勒四色旗[①]——抑或是德国的旗帜？值得一提的是，反叛计划巧合连连，9月16日的清晨，也就是反叛的同一天，德属西南非洲的总督签署了宣言，它是慰藉布尔人的“小纸片”。

阴谋幸运地受挫

但朗格拉格特晚上发生的汽车惨剧对可鄙的阴谋是第二个打击（报纸继续道），9月15日午夜时分，当拜尔斯在电话提到致命的一枪时，他吓得发抖，中断了出行，那些在营地和城里等待的人心知肚明，暂且不论眼下如何，这场小游戏已拉开了帷幕。当然，肯普马上试图收回其辞呈，但幸运的是斯穆茨将军直接回绝了他。在势不两立的对手口中，当地的名人早就惊恐不安，甚至

① 维尔克勒四色旗（Vierkleur），存在于1857—1874，1875——1877，1881—1902和1914—1915年，南非共和国的旗帜，也是1914年马瑞兹叛乱所用的旗帜。

彻底崩溃——他们多是逃避责任的懦夫——记下他们的名字是对社会负责。

那晚的波切夫斯特鲁姆极易落入叛军手里，沦落到和自由邦城镇一样或更悲惨的命运，英国和荷兰的忠诚者必须感谢时刻警惕的上帝，将他们从耻辱和丢人的境地中拯救了出来。

如果一切属实*，政府也得到了消息，人们无法理解拜尔斯将军为何背叛祖国，危害社会，败坏乡村荷兰人的忠诚，令政府的任务变得复杂。拜尔斯那晚似乎被羁押，所以没有自杀，其他人的性命也得以保全。一旦他成功实施那晚的阴谋，令其计划如虎添翼，忠义之士的任务又该如何艰难，这样的结果想想都令人后怕。如果他们占有了商店、军火，加上在波切夫斯特鲁姆等待拜尔斯将军的整装待发的军队，那将给全国境内的反叛运动提供巨大的能量。事实上，即使德·韦特将军被捕，拜尔斯将军落马，一些布尔公民仍在自由邦和德兰士瓦组织反叛突击队，乡村盛行的反叛气焰一直延续到1915年的头几个月。

(*政府关于叛乱的蓝皮书证实了《先驱报》的叙述。)

在一、二月期间，反叛分子在比勒陀利亚等地受审，布尔公民把法庭挤了个水泄不通。每逢反叛分子被安排到被告席，他们都站在法庭里面，表示自己和罪犯同甘共苦。在比勒陀利亚，为了制止这一傲慢的行径，治安官只得宣布他们若是再犯，将被请出法庭。然而，罪犯是否认可这一感情支持，所以才在被告席鞠躬，对此人们并不清楚。据说一名议员（不是反叛者）大摇大摆地走进布隆方丹的法庭，和罪犯握手后，还与他们大声交谈。

没什么比媒体的报道更能体现南非军方的任命多令人不满了。据报道，马瑞兹手下的英国炮兵一直冒着生命危险，在他们认识到这一事实后，有时还被逼着把机枪对准战友。这些可怜的家伙肯定有一段可怕的时光，简直就是“睁着一只眼睛睡觉”。

马瑞兹上校最终扔掉了伪装，公开宣布反叛，他把这些炮兵抓起来，当作战犯交给了德国人。

自然，如果在此之前，联邦政府像开普政府一样妥善管理，这种事情绝不会发生，因为只有可靠的、有军事经验的人才会被任命为联邦军队的指挥官——他们的忠诚无可厚非——也就是说，高级官员的任命不是出于人为偏袒，而是因其优秀的品质。如拜尔斯将军这样的职业律师，估计是最后一个拿了本该颁给受训士兵的职位的人，而这样的人在全国不胜枚举。任命他的时候，一些英国军官被礼貌地从高位挪走，好给这个有影响力的荷兰人腾地方，在某些情况下，一些无用的职位，比如“白人劳动力检察官”和“天知道是什么”的检察官（薪金均很丰厚），都是为政治宠儿而设。拜尔斯将军的任命并不出人意料，“干草叉”已是我们政府机器的一部分。

至于曼恩·马瑞兹这种人怎么成了殖民地国防军中校这事，正如邓德里雷爵士所言，“没人弄得明白”。

据说这个人不仅在南非战争期间反叛，还逃到德属西南非洲躲避惩罚，布尔人获得政权后，他才回到英属南非。麦肯齐上校和卢金上校等英国军官显然默许了这人和自己平起平坐，而没有选举权的黑人纳税人又无法影响这些任命，所以，就算他们对事态发展感到困惑，也怪不到他们身上。

关于费解之处还有这么一则趣闻：1913年，老酋长塔希巴蒂哈在萨巴恩科问政府秘书：“我们有几个国王？是英国国王还是荷兰国王？他们都想以自己的方式统治。既然不能两个都听，那我们要听谁的？”荷兰殖民者和英国殖民者统治开普省长达40年，还没人问过这个问题。

如果德·韦特将军由原住民酋长的法庭审判，后者在过去5年里一直遵循“政府的车轮”，酋长十之八九会裁定，将军宣誓效忠的英国政府与他反叛的半共和的政府是两个截然不同的政体。他们可能还会推断出，他宣誓效忠的是一个更大的英国——或定位成一个更大的开普殖民地，而非更大的德兰士瓦。

开普殖民地的原住民纳税人有选举权，还帮白人邻居选议员，因此开普殖民地时常遭人垢病。但奇怪的是，1914年革命的暴徒攻取了南非铁路线，反倒是滥用职权、有原住民投票的开普省铁路工人将政府从严峻的形势中解救了出来。同样地，德兰士瓦和奥兰治自由邦国防军的高级官员带着突击队员叛入德国，开普省的荷兰人（大概因为“他们和卡菲尔人一起投票”的缘故）明确无误地公开谴责了这一背叛行为。开普省的南非政党招募其拥护者支持政府，开普省的荷兰归正教会在布道坛和讲台也斥责了不忠和背叛行为。可在北部省份，白人受政府的保护和纵容，强烈反对原住民投票，认为这是对他们的侮辱，但就在那里，反叛却得到认可，还获得了惊人的助力。

其中，最不可思议的是，在全世界战火四起之际，英国海军为他们开辟了从南非到外界的商业航线，德兰士瓦和奥兰治自由邦那些有银行存款的人对英国海军居然不心怀感激。

反叛的旗帜正在飘扬，自由邦城镇如赖茨、海尔布隆和哈利史密斯等落到了自由邦的叛军手上，还实施了军事管制，正如前一章原住民信件预言的那样，博塔将军出任了联邦军队的指挥官，镇压叛乱。总体而言，这次反叛让南非损失了一批最优秀的年轻人。荷兰人、英国人、有色人种和原住民家庭失去了风华正茂的儿子，还有一些南非的知名人士也失去了自己的儿子，如金伯利矿山的秘书长W.皮克林先生，以及罗得西亚的贾斯蒂斯·霍普利先生。

据原住民的报刊文章判断，比勒陀利亚的前任专员威廉·艾伦·金上尉的离世是他们难以忘怀的一大损失。11月23日，他在哈曼斯卡尔附近被叛军击中，当时他正在帮助一名受伤的骑兵。终其一生，他的工作使他与比勒陀利亚劳工区的雇主和南非各地的原住民保持着联系。他不信奉南非阻力最小的政策，毫无疑问，他是德兰士瓦行政部门最能干的原住民管理者，很难找人替代他因去世而留下的职位空缺。他是原住民事务专家，在没传召他作证之前，委员会都不会宣布开会。

原住民称他为“Khoshi-ke-Nna”，意思是“我是酋长”。如果原住民的支援能被联邦政府所接受，这位坚定公正、迈着矫健正步的英国人会是原住民部队的完美领袖。

双方的伤亡名单均超过千人。1万多叛军被关押，其中293名领导者被审判，其他人一直被羁押至内战结束。

在与博塔将军领导的联邦军队多次对抗之后，德·韦特将军多次遭到惨败。他的许多拥护者投降了，他的儿子在战场身亡。他和他的50名拥护者试图逃往德属西南非洲，但一行人在贝专纳被捕，其中包括他的秘书乌斯特先生，这人曾是比勒陀利亚周报的主编。

相较于他最初的自信和愤慨，德·韦特将军的投降尤为平淡。这位囚徒对抓捕者说：“我似乎认识你——你不是乔达安吗?”“是的，将军，”抓捕者回答，“我在弗里尼欣见过您，那是我们握手言和的地方。”“很好，”囚犯继续道，“恭喜你立了一功。非常聪明。无论怎样，很高兴抓住我的是你，不是英国人。”*

(*德·韦特将军经特别法庭审判，被处以六年监禁，罚款2000英镑。)

肯普将军强行穿过喀拉哈里沙漠，成功地避开了追捕者，和马瑞兹在德属西南非洲会合；不过品尝了几个星期的德国统治后，他和突击队返回联邦，缴械投降，显然他更满意英国的统治。他的一些手下穿着德国军装。先知伦斯堡带着一把大伞，也一道投了降。

第一个放弃抵抗的是拜尔斯将军。他被忠义之师打得走投无路，被逼到洪水泛滥的瓦尔河畔。一边是追捕者，一边是肆虐的湍流，不幸的是，他试图横渡诡秘的河水逃之夭夭，结果溺水身亡。人们沿河搜寻尸体，并悬赏50英镑。拜尔斯夫人带着棺材乘专列离开比勒陀利亚，加入搜寻队伍。一些亲友陪着她，其中还有一名医生和一名牧师。他们顺着约翰内斯堡-金伯利的河道，直至马夸西，在那里获悉拜尔斯将军尸体的消息。一名荷兰农夫发现了尸体，立即索要了50英镑的悬赏。

来自比勒陀利亚的电报带来了斯穆茨将军的回复，他建议即刻把尸体运回首都，由教区牧师安葬在草原上，与刺眼的闪电、礼炮般的非洲雷鸣作伴，那响声惊天动地，只有在南非内陆度过夏天的人才有所体会。

据说过世的将军在大战爆发前给自己投了巨额保险，所以相关的几家保险公司的代表不得不在其死后碰头，商讨赔付事宜。

“五先令的反叛”一事很快有了后续。宣布军事管制后，总理担任了联邦军队的最高指挥官，并号召所有公民——白人武装起来，黑人充当司机或到前线干体力活。一些布尔人不听从号召，又给不出充足的理由，于是根据《国防法》被罚去做苦役。因此，在联邦绝大多数不同信仰和不同种族的人们的支持下，总理打了个漂亮的翻身仗，不到2个月，路易斯·博塔阁下便重掌了印度洋东岸至大西洋西岸的局势。

当叛军首领们在监禁期间衡量当前局势时，2月26日，总理从德属西南非洲传来消息，请议会对叛军宽大处理。

> 到蒂珀雷里关山迢递，
> 鞭长驾远。
> 对我认识的可爱的姑娘来说，
> 到蒂珀雷里道阻且长！
> 再见，皮卡迪利大街，
> 永别了，莱斯特广场，
> 到蒂珀雷里路途迢迢，
> 但那是我心安放的地方。
>
> 《蒂珀雷里之歌》（原文为克兰纳语*）

（*纳马夸人和德属西南非洲的一些部落也同样使用该语言。）

/ 第二十四章

皮耶·格罗布勒

所罗门·特希克肖·普拉阿杰先生在马什街同胞会的演讲

文学协会，文学协会研究所演讲厅

霍伊街，沃尔瑟姆斯托

1915年2月26日

把我锁起来？我英勇抵抗。

我有权拒绝你！

我要歌唱！我要反抗！

带着我灵魂的气息，

我最后的呼吸，覆盖着焦油的羽毛，

起来！朝着可怕的天空——

大声叫喊：
埃塞俄比亚必不致亡！
和死神携手，传递下去！

我不会诅咒你。我要歌唱——
我的歌声宿命般地萦绕，
直至惊愕、沉默。
你迟疑畏缩，
你的罪行终将大白于天下——
我这般预言……
啊，心如苦井，
醒一醒！
用你的哭喊令世界震惊：
埃塞俄比亚必不致亡！

——奥托·L.伯汉纳*

（*喀拉哈里沙漠的语言中，伯汉纳（Bohanan）意思是“合并”。）

我演讲题目里的那位先生是名律师，是已故总统克鲁格的侄孙，最近当选为联邦议会的议员。他是勒斯滕堡荷兰选区的选民代表，该地区的布尔公民负责管理德兰士瓦共和国的原住民的土地安置。这是勒斯滕堡集体请愿的结果，它要求共和国的原住民土地所有者以白人的名义登记农场。据此，购买土地的原住民被迫以原住民事务大臣的名义登记。不过，由于这些大臣得不到原住民的信任，权宜之计下，他们的农场以欧洲朋友、传教士等人的名义登记注册。一些欧洲绅士从而成了原住民土地名义上的所有者，他们把钱和文件的收据交给原住民，还解释了交易性质。包括传教士在内的其他欧洲人没这么小心谨慎。他们没给原住民收据，于是在其死后，原住民的财产就变成了死者的遗产。这里就有一例。

德兰士瓦有个农场的原住民农民发现，德兰士瓦共和国前任原住民负责人朱伯特将军去世后，自己便进退维谷。这些黑人“所有者”没有文件证明他们是这个农场真正的主人，也无法证明朱伯特将军的名字仅是为了注册，以满足人民议会[①]的要求。在此情况下，他们收到遗嘱执行人让他们离开将军农场的通知。他们向法庭上诉，拿出口头证据证明自己已购买农场和对农场的所有权；出售也曾公开进行。此外，照他们看来，他们合法拥有农场，根本不必文件证明。法庭取证后，证据包括原住民部落每人付款总额、部落购买农场的总额，以及部落用白人名字登记的合法理由，认为即使原住民的叙述属实，处境如此不幸，法庭也只能根

---

① 人民议会（Volksraad），19世纪后半期南非布尔共和国的立法议会。

据地契进行判决。最初因为殖民征服，原住民失去了土地，后来，他们又从征服者的手中用现金赎回了自己的土地，所以原住民说，勒斯滕堡复杂的“贝斯苏特”注册制度让他们再一次失去了土地。

1900年英国人入侵后，法庭宣判“贝斯苏特”及其实行不具有法律效力，原住民利用这一裁决将财产转移到自己名下。然而，1913年，立法院议员皮耶特·格罗伯勒先生提出并成功地在联邦议会通过了《原住民土地法》，从而将全国的原住民置于比战前德兰士瓦共和国的原住民更可怕的困境。

自从耶特·格罗伯勒先生在联邦议会占有一席之地后，他和菲克斯堡的凯泽尔先生一样，片刻不停地折腾原住民。1911年他小试牛刀，那时斯穆茨将军出台了一项合并四省婚姻法的法案。格罗伯勒先生提出了致命的种族条款，这让婚姻法案胎死腹中，因为法案只能在联邦主义者的协助下完成，所以内阁宁愿放弃，也不愿分化布尔人。多亏了格罗伯勒先生，南非的婚姻法至今仍是一团乱麻。

1913年，这位先生带头在议会攻击联邦驻伦敦的代表理查德·所罗门爵士，理由是爵士和英国人待一块儿时没有三缄其口，竟敢建议英国人移民南非。如上文所述，除此之外，格罗伯勒先生要求政府“在此会期”（1913）出台法律，中止原住民购买或租用土地，于是便有了1913年的《原住民土地法》——其严重的破坏性迫使原住民向帝国寻求保护，反对南非议会。

当前的欧洲战争爆发时，格罗布勒先生是议会小团体的代表，其基督教教义禁止他们赞成对友好邻邦德国的武装远征。他们说，在《申命记》第19章14节里，上帝明确警告布尔人不要挪移邻舍的地界。奇怪的是，这些虔诚的反对者的宗教顾虑从未反对挪动原住民邻居的界碑，也不反对占用原住民的土地和劳动力，甚至邻居这个人。根据贝专纳的传道者鲁道夫先生的叙述，原住民目睹了布尔迁徙者虐待被征服的原住民，把原住民的孩子当作奴隶。那些不能当农奴的孩子被聚在一起活活烧死。鲁道夫先生说，这让原住民惊呼："马塔贝勒的国王热利卡斯对敌人残忍，却对被征服者很友善；而布尔人不仅对敌人残忍，还虐待奴役自己的朋友。"（《布尔人的境况》（吉恩），第137—138页。）

现在，热利卡斯没有《圣经》，但布尔人有，还宣称信仰于它。可布尔人的《圣经》过于灵活变通，它无法阻止一小撮布尔人拿起武器反对政府，其中劳埃德·乔治是其中的杰出代表（这位先生不惜名誉，冒着生命危险，大胆地抗议合并布尔共和国）；它也无法阻止他们反对自由政府，为了对改弦易辙做出补偿，令其成了两个古老的南非英属殖民地的漂亮小礼物，并允许殖民地自治。我们诸多苦难的制造者皮特·格罗伯勒先生达到了职业生涯的巅峰，彼时，他投票反对联邦远征德属西南非洲后，不仅劝说英国臣民不要在远征中自愿参军，而且，据最近的南非报纸称，他还加入了军队，击杀国王忠诚的子民。好像是在德国殖民地和德军会合的路上，他在叛军突击队里被博塔将军捕获。他因违背议会誓言，参与最近的叛乱，成了丧失议员席位的联邦议员之一。

事务律师格罗伯勒先生对神圣誓言的看法既奇特又独到。联邦议会的议员在就职前，必须在“总督或总督授权的人”，通常是最高法院的法官面前宣誓效忠：

“我，XXX宣誓，我将忠于并拥护国王乔治五世陛下，他的法定继承人及后继者。愿上帝保佑我。”

据说格罗伯勒先生在领导50人反叛政府时被当场逮住，他因违背誓言被关了起来。上一周，对他的审判尚未开始，他申请保释，为了申请成功，他辩称自己急于回到议会的职位上。真有布尔人的直白！

这位博学可敬的议员还进一步声称，他所在选区的叛军比例最大，下午*议会要开会，他急着回到开普省，立法机构讨论叛乱时，他可以陈述情况。简言之，这就是南非的逻辑。然而，法官理性地分析后，驳回了申请。

*南非议会当天下午进入会期。

这位被羁押的议员想去开普敦，除上述理由外，也许另有缘由。

倘若议员缺席，每天要从其议会薪金里扣除2英镑，因此，格罗伯勒先生羁押在监必然导致严重的财政赤字。在南非，政府奖金的接受者背叛不忠，这种令人担忧的事例并不偶然。有许多富有的布尔人每年从联邦财政获得数百英镑的收入，而这是温情主义政治向低收入的南非劳动者征缴的税收。在德兰士瓦尤其如此。在那里，慷慨的薪水用于支付“白人劳动力检察官”和“战地掌旗官”等冗余的职位。德兰士瓦每个地区的掌旗官都非常重要，显得其任务异常繁重。“工作辛苦”的官员职责包括两年检查一次辖区议会的选民名单，担任无竞争对手的大臣候选人的首席游说者和选举代理人；而对这些繁重职责的回报不过是政府忘恩负义地给了可怜巴巴的260英镑年薪。

除此之外，还有各式各样给荷兰农场主挂名的小职务，同样支付报酬，也更受荷兰农场主的青睐和向往；每一个职位都能让人的自尊得到满足，富有责任感。所以，农场主对失去这些职务咬牙切齿的程度远甚于一年的歉收。

据说几个名义上的联邦行政部门的“职员”拿起武器参与了反叛。根据南非报纸的说法，其中一人的妻子向国防办公室申领丈夫的薪水。有人向她指出，她的丈夫正在和国防部的军队打仗，她淡定地告诉对方，这和他的私事，和政府发的薪水无关。关于刚才提到的官员的忠诚问题，我不禁想让读者认识到这一事实，作为内阁选举的支持者，他们在过去5年影响了联邦政府的政策，他们也是立法者，在其温和的关爱下，帝国政府甚至在原住民没有申诉权保障的情况下，把没有选举权的原住民的自由欣然委托给他们。

我本人并无报复之心，只希望格罗布勒先生能成功地为自己辩护。另一方面，德兰士瓦的原住民纳税人年收入不过20英镑，可他们缴的税却和月收入25英镑的白人劳动力没有区别。此外，他们每年还需付3英镑4先令的原住民税，这大概是针对肤色的税收，白人就没有这项。这一额外的税赋显然符合规程，方便德兰士瓦的掌旗官和议员轻而易举地支领薪水。作为支付薪水的回报，1913年德兰士瓦的原住民纳税人被馈赠了《原住民土地法》，这是格罗布勒先生费心立法的成果；若是格罗布勒先生得知别人享受了他曾经的400英镑年薪，以及在南非铁路旅行免费乘坐头等舱的便利，恐怕他会追悔莫及。

在南非或其他地方，英国的先驱官员世代都负责掌管由白人殖民者、黑人原住民和其他移民构成的杂合社区。尽管英国人偶有人为失误，但他们在过去的一个世纪成功地统治了这些社区，并在非洲、亚洲等地享有极高的管理美名。另一方面，南非占支配地位的种族也许适合自治，但他们对待我们的方式证明了他们根本不适合统治原住民族群。在当前的战争中，没什么比布尔人的反叛和忠诚的布尔人的表现更能说明其统治的不足不足之处了。根据我从南非各中心机构得到的最新消息，叛乱的军旗一飘扬，原住民农民就被马鞭抽打到敌人的队伍服役了。没有任何理由怀疑这一消息的真实性，那时，报社的报道清楚地表明，即使白人也无法保护自己不受折磨。官方报道称，至少一名忠诚的治安官和邮政局长遭到德·韦特将军手下的暴力袭击。那些不愿对叛军开门的店主和普通原住民一样受到鞭打，某个自由邦的市长也被打了一顿。

宣布军事管制后，博塔将军在全国召集忠诚的布尔人。这些忠诚的布尔公民利用当前的军事管制，对忠诚的有色人种公民做了很多过分的事。这些暴行不仅发生在乡村，有时还在非洲文明的中心开普敦和金伯利；那里的黑人经常被忠诚的布尔人捆在车轮上鞭打，有人告诉我，一些有色人种的受害者还被折磨致死。

当然，打死人的布尔公民如被指认，将受到起诉，但这并不能让受害者复活，只会给无辜的犯人家庭带来痛苦。可事实是，南非战争期间，南非是一个巨大的军事营地，许多为敌人服务的手无寸铁的原住民在帝国军队的领导下被友善地对待，军队和原住民平民之间从未有过冲突。这表明占统治地位的种族自治并不恰当，支持政府的原住民马上就受到忠诚的布尔武装的暴力伤害。这就是真正的南非理念下的生活状态。

自从南非联邦联盟成立之后，就有了联邦政府的耳目，皮耶特·格罗伯勒先生和与他想法如出一辙的人应为写入法典的原住民峻法负极大的责任。倘若另外3省的原住民像开普省那样有选举权，他们便会选举有益于公共福利的审慎的议员，而非那些来自西南非洲、在南非议会代表他们的少壮派德军中尉。但自从帝国政府赋予南非宪法，却不愿提供避免恶意立法的黑人选举权这一唯一武器时，为了表示对原住民公平和对自身荣誉的尊重，他们当然无法理所当然地像个旁观者站在一边，而让王室自责的敌人把严苛的法律套在原住民的脖子上。在联邦统治期间，根据君王的义务和对原住民的承诺，帝国政府有责任将无代言人的原住民从法律的桎梏中解救出来，或宣布原住民利益的监护权业已取消，建议这些弱小的种族从其他地方获得救助。

/ 第二十五章

尾 声

啊，请聆听我们的故乡，

那是我们最钟爱的地方：

祖辈们在此安葬，

族人们世居此乡；

这里还有我们的孩子；

我们怎能眷念他乡？

——里弗德

前天（耶稣受难日），我在一位英国老友的家里吃完热气腾腾的十字面包，来到沃尔瑟姆斯托，在那里听詹姆斯·埃利斯牧师做了一段感人的演讲，内容是基督为救赎人类所遭受的苦难和死亡。

今天早上，我在家收到象征友谊的复活节彩蛋和艺术图片后，参加了在伦敦大学礼堂举行的复活节仪式，还听了四人声的小唱诗班演唱歌颂上帝荣耀的悦耳的赞歌。当天下午，应R.P.坎贝尔牧师之邀，我前往劳埃德公园，向那里的非洲人民组织讲述南非的复活节，并向英国公众传达原住民的消息。

晚上，我去了市教堂，听R.J.坎贝尔牧师做复活节布道，宣讲基督教的胜利，内容发人深省，还有服饰统一的唱诗班为复活的基督吟唱美妙的颂歌。

我一边回忆这些仪式，思绪却飞到6000英里以外的圣马丁教堂，它位于自由邦的中心，37年前，我还是祖母怀里懵懂无知的婴儿，在圣马丁教堂接受了生命中第一次宗教圣礼，主持人是一位上了年纪的传教士，他在我的额头和胸口画了十字。我还想起瓦尔河畔的另一所教堂，20多年前，另一名传教士把他白皙的手放在我的卷发上，接受了我立志抛弃魔鬼、不行恶事的誓言。我明白这两个地方和南非其他原住民教堂一样，原住民教众今天也在各自的教堂，用不同的语言歌唱复活的基督。可一想到南非城镇和乡村荷兰归正教会高耸的塔尖，难免记起做礼拜的有色人种被拒之门外一事。诚然，在这些教堂，荷兰人，无论男女老少，今天都在歌颂基督复活凯旋。但到明天，这些白人教徒中的一些人，无论是在工坊还是公园，将表达与他们吟唱的颂歌截然相反的观点，那就是“打倒该死的黑人原住民”，白人教徒还对他们说，基督已经死了。

希律王[1]要追杀襁褓里的基督，可他在非洲找到避难所。

弥赛亚受到鞭笞、嘲笑，被迫背着十字架到各各他[2]，不堪重负之时，来自昔兰尼的非洲人西门，帮他扛下了重担。

而今，英国军队在为自由奋力拼搏，在战壕里忍受了难以言喻的痛苦。在这了不起的战斗里，他们得到了这片黑色大陆上黝黑的非洲人的帮助，这些人分别来自英国殖民地、法国殖民地和比利时殖民地，刚好应证了圣经的预言，“从非洲（埃及），我召唤了我的孩子”。但其他非洲人，再一次因为肤色问题，被南非宪法剥夺了在这场救赎之战效力的机会。这一禁令无疑使人深信，原住民对南非当局的怨言不止是情感上的不满。

报纸正向我们宣扬“南非日益发展的公平精神”；但就目前的事态，原住民心下疑惑，报纸里声称的“公平”一词是否是“仇恨”的误印，因为直到1914年，那些离开自由邦和德兰士瓦农场教堂的教众都被抓了起来。他们的口袋里揣着通行证，可警察认为，他们没有教堂所在的农场主签署的特别许可证，允许他们在特殊的日子参加特定礼拜场所举行的宗教仪式，而法庭支持这一

① 希律王（King Herod，约公元前74—前4年），在位时间为公元前37—前4年，根据《新约·马太福音》第2章第16节所述，耶稣在他统治期间诞生，于是他下令屠杀无辜男婴。

② 各各他（Golgotha），耶稣被钉死在十字架的地方。

说法。直到5年前，这一渎神行为才没继续在南非干扰原住民教徒的周日礼拜，所以“南非日益发展的公平精神”也不算错。

当有人来与你闲聊“南非日益发展的公平精神”，那就问问他，是否知道1884年开普议会对原住民行使选举权一事的激烈争论，最后还投票通过了该法案。再问问他是否认为这一议案如今可被南非议会视作儿戏。如果他坦诚以待，回答肯定是否定的。那便可以问他，“哪里可见日益发展的公平精神?”

1909年，南非总督做了一次伟大的演讲，其中，他激烈抨击了南非的黑人政策。

1911年，另一位南非总督批准出台系列法规，其中，便有条例禁止南非矿区雇佣有色人种的工匠，小麻烦变得突出起来。

1913年，一名南非总督签署了《原住民土地法》，该法使南非的原住民流离失所。从当前的立法倾向来看，政府出台法律的目的不是为了剥夺南非反叛分子的权利，我们担心除非帝国政府从中介入，否则大选后叛乱者重掌权力不无可能。

1916年，等待黑人的将是骇人听闻的法律。

1906年，帝国政府让德兰士瓦殖民地在宪法约束下自治，其中有一项条款是把无选举权的原住民纳税人置于王室的特别保护之下。

1907年，帝国政府同样给予奥兰治河殖民地（今奥兰治自由邦）在宪法内的自治权，且包含了同一条款。此时，作为国王代表的纳塔尔总督，是该殖民地祖鲁人的最高长官。原住民幸福地生活在受保护的保留地里，白人对宗主国的约束毫无怨言。

1909年，帝国政府通过联邦宪法，将这些安全措施一扫而空。通过这一法令，他们实际是在告诉南非，可以在这3个殖民地里对原住民为所欲为，而南非正在付诸行动。那么，哪里来的“日益发展的公平精神”?

1901年南非战争期间，帝国政府通知（荷兰）联邦政府，不会考虑和平条款，而这里面的相同特权——选举权——不会适用于原住民种族，但开普殖民地的原住民却有这一权利。

1902年，英帝国和荷兰代表在弗里尼欣签署了和平条款。其中，有色人种市民的权利被暂缓，直至老共和国产生责任政府。责任政府此后得到批准，接着由联邦接替。但当帝国议会于1909年考虑《联邦法案》时，英裔和荷裔南非人向帝国当局反映，如果原住民权利在宪法得到体现，会有大规模的示威游行反对联邦，甚至反对南非与宗主国的关系；南非原住民的选举权已和希腊人用罗马日历一样，变得遥遥无期了。

当你谈到转信伊斯兰教时，那么请问一下：“这些人的宗教说‘你必付出劳动才能果腹’，他们支持统治者的政策，可统治者通过法令剥夺了部分居民在自己的土地合法拥有土地的权利，伊斯兰教徒会怎么看待那些人？受到歧视、5年前未受禁令困扰的黑人皈依者又会有何观感?”

尽管我在这个复活节的周日听到赞颂王国胜利的美妙歌声，但如果英国继续维护南非的压迫和种族仇恨的政策，我担心该政策的黑人受害者，他们之前因你们的努力成为基督教徒，而今可能会把你们的复活节赞歌与报纸谣传的“南非日益发展的公平精神”区别对待；因为我们痛苦的经历证明，这一精神虽好，但已逐渐衰亡。

两年前，我看重的一位有色人种朋友的不敬之语让我心生警惕。他在原住民中颇有影响，我温和地向他抗议，以防其行为动摇族人的信仰。如下是他的解释：周日上午11点，他沿着东兰德郊区而行，铃声突然响起来。他瞧见一些人进入荷兰人的教堂，他由于离家远，便停下来，打算混在人群里，做一小时礼拜。可他一进门，引座员就把他推出了教堂，并将他交给叫来的警察处理，接下来这个小时他就呆在了审讯室。周日上午，东兰德治安官以侵入私人领地，即教堂，判他有罪，罚款1英镑。可那是荷兰归正教，南非的国教。他说，其他人在我面前责备他这样说话，但他将“不再接受我们的宗教的嘲弄，道理说得好听，‘到我这里来’，实际却是‘一英镑罚款还是一个月的苦力’”。

约翰·罗斯金[①]在《国家干预》一文写道：

---

① 约翰·罗斯金（John Ruskin，1819—1900），维多利亚时代英国杰出的艺术评论家、艺术赞助人，同时也是杰出的社会思想家和慈善家。他的作品涉及了广泛的题材，如地质学、建筑、神话、鸟类学、文学、教育、植物学和政治经济学等。

“农民母亲看见自己的孩子不小心掉进沟里，她首先是把他拉上来；接着打他的耳光；然后照例小心牵着他的手，或者把他送回家待着。孩子往往会哭，明显更乐意呆在沟里；如果他明白政策条款，肯定会对自己的个人自由被干涉表示不满；但母亲在履行她的职责。”

罗斯金进一步描绘了如猎狐人的宗主国的深重苦难，而它的属国却要求“独自呆在泥泞里”。(《政治经济的艺术》：附录（J. E.，第127小节）。)

最后，让我们向你们呼吁，牢记胜利的基督“把你们的人民聚在一个伟大的国度，让他们在水边播种，在陆地兴建他们的寓所……

“不要让你们骄傲的王冠成为凋零的花朵。但要配得起你们的高度信任：在行使权力之时，虔敬地运用自由，慷慨地保护弱者。”

这是笔者经历的最难熬的严冬：黑暗，阴郁，寒冷，泥泞，雨雪几乎连绵不断。以前隔着距离读到英伦冬天的严寒，从未想到我会有幸在英国度过这4个月的时光。英国的严寒、大雪和浓雾几乎遮住了阳光。我无法描述阴郁沉闷、不见阳光的日子——令人抑郁的生活——尤其是在12月，天气突然变得昏暗，人们不得不点煤气灯工作，而时钟却还指向正午。直到那时，我才意识到为何有太阳崇拜一说。我发现自己对更大的行星和天体（自孩提时代掌握的知识）一无所知，因为冬天的浓雾和云朵把月亮和星星遮挡得严严实实。

但既然这个国家正脱下冬衣，穿上美丽的绿装；既然太阳透过雾霭在白昼闪闪发光，月亮和星星在夜晚璀璨夺目；既然与你们唱诗班演唱的复活节赞歌一致，斑鸫和乌鸫叽叽喳喳地让雾蒙蒙的冬日、雨雪和潮湿消失不见；既然过去4个月躲起来不见踪影的毛茸茸的羊群再次出现，扬扬得意地分散在草地上，仿佛在庆祝新春的来临；既然紫罗兰和水仙花、雏菊和风信子、雪花莲和风铃草一派绚丽夺目，以自己的方式宣告阳光明媚的春天的到来，我们于是满怀希翼，盼着“和平再次统治欧洲之际”，白人不再和白人交战，勇士们放下鱼雷和刺刀，拿起不那么危险的工具，你们会为了自己国家的利益，为有色人种子民的安全、帝国的荣誉和宗教的纯洁，与帝国徽章上的黑色污渍、南非的反常事物做斗争，因为它损害了英国的公正，有悖于基督教的典范、崇高和虔诚。

我们对你们的呼吁是徒劳的吗？我**希望不是**。

/ 附录

土地委员会的报告/分析报告

一般而言，试图将国内不同的人安置在无懈可击的分区极为诱人，但注定会以失败告终。

你们的欧洲人口相对较少——125万人——50万人是混血，我们在国内大约有400—500万的原住民。

任何政策，倘若打算在南非划出小块土地给绝大多数居民居住使用，而给极少数居民留出该国绝大部分土地，那它的经济注定崩溃。在某种程度上，你可以开始朝那个方向迈进，但你会被法规的迫切需求逼着回到原路，其效力在议会法规之外——这便是供求法则。

在某些人眼里，种族隔离论很吸引人，但他们忘了一点，你需要原住民。因为需要，所以你不能把他们隔离起来。倘若你把他们赶出现有的生活和住所，你就有极大的风险，会失去许多原住民。

W.P.施赖纳阁下，皇家法律顾问、圣米迦勒及

圣乔治勋章获得者南非联邦高级专员、开普殖民地前总理

如果我们要公平对待这个国家的原住民，那根据人口数量，我们应给他们4/5的国土，或者至少一半。

尊敬的C.G.费查尔特

立法院议员

种族隔离的最好办法是沿着铁路干线划出边界，从伊丽莎白港到布隆方丹和比勒陀利亚，再到彼得斯堡，把黑人放铁路的一边，把白人放另一边*。

(*这将使联邦1/3的国土划入450万黑人手里，125万白人持有2/3的土地。)

在过去的两年间，帝国卷入了会动摇全球根基的最大的冲突之一，南非把时间和金钱浪费在史无前例且毫无意义的黑人和白人土地隔离的尝试上。然而，根据土地委员会最近发布的报告，这项任务可耻地失败了。

无论何时替原住民披露的书里提到苦难，南非当局一律答复说，只要委员会一提交报告，这些苦难就会结束。而报告已经完成。博塔将军于1916年5月3日把报告提交给议会，同时表示“政

府提议不必立刻按建议采取行动，给国家12个月的时间考虑这一报告和相关证据”。其间，全国各地从农场驱赶原住民的行为仍在继续，法案禁止他们在任何地方落脚，纳塔尔也不行，虽然纳塔尔的见证人（和委员会的主席一样）明确宣称，他们的殖民地没有遭到联邦暴政的荼毒。

这是来自各个地方的报告。很多内容极具启发性，也有很多地方相当荒谬。大多数委员会成员和许多目击者直言不讳地表示自己忽视了他人的权利。

至少，政府的出版物无可置疑。政府的老档案提供了500年前原住民部落的正确历史，因为编撰者始终从原住民那里寻求可靠的证据。但委员会的报告（几个不确切的例证之一）告诉我们，联邦政府第27页，第16—25行，“莫若卡的原始居民保护大酋长蒙特索瓦治下贝专纳的居民。他们最初的酋长是塞布克拉尔！”

巴若龙部落没有哪个酋长是这个名字。事实不过是而今的政府经常出版不靠谱的原住民档案，而信息的主要来源一律是南非自封的白人专家。

再则，这也没解释委员会为何以永久记录的形式公布原住民农场抵押权的细节，如该卷第29页。这是要破坏原住民农场主的信用吗？假设在报告发布前，《萨巴恩科地区原住民农场抵押名单》里的抵押记录已被抹去，让原住民农场主在1999年读到自己的农场以如此金额被抵押公平吗？

呈给其他委员会的公开证据中，对证人的提问和他们的回答通常会都印出来。而这一次却没这么做，因此一些答复很不老练，让读者无法猜测证人的意图。如果把问题印出来，整个报道便可见微知著。例如，委员会委员和证人关于《原住民土地法》意义的激烈争论读起来非常有趣，这人是立法院议员J.G.凯泽尔先生，黑人的大敌，所有麻烦的推动者之一。其实，委员会委员及证人对法案的不同定义及阐释与之前联邦政府及哈考特先生给出的内容相抵触。一方面，白人统治者对受自己迫害的原住民给出了自相矛盾的定义，另一方面，白人统治者也没有提供法律术语的定义和定义的解释。他们想表达的是，他们在现实世界遭受的苦难证明这是最严苛的法律，足以让英属南非的白人统治蒙羞。

无论如何，报告和证据证实了本书阐述的观点，即主要目标不是隔离，而是将国王的黑人子民从之前的半独立变成完全的农奴。

委员会的赔偿

南非的人口数量经常被高估。事实上，南非有125万白人和450万黑人。根据1911年的人口普查，确切的数字是比伦敦人口——即5,973,394——少100万，这些人分散在1.43亿摩根面积的土地上，这几乎是英格兰的10倍。一摩根约等于$2\frac{1}{9}$英亩。

不过，倘若我们想理解提议的内容，就必须考虑次大陆在不同领导下所处的地位：

（1）讲英语的南非白人区或城区居住了66万白人和80万黑人：共占175万摩根的土地.

（2）剩下141.25万摩根的土地，委员会将其划分如下：

（a）原住民区域，根据400万左右的人口数量划给班图人和其他有色种族：共占1825万摩根。

（b）欧洲人区域，几乎整个南非农村都划给了66万人的乡村白人（主要是布尔人）：共占1.23亿摩根。

讲英语的南非白人区（1）不受本书问题的影响。只有400万黑人被允许在原住民区域购买土地（2（a））；而居住在布尔地区（2（b））的所有黑人必须离开。他们只有充当白人农场主的仆人，才能回到联邦的领土。

简言之，这就是种族隔离委员会的报告。

主席持有异议

总的看来，这些激进的结果违背了证据充分的原则。而且，报告显示，执行这些决定并非没有异议。似乎委员会主席、最高法庭的退休法官威廉·博蒙特爵士（其法律素养和经验肯定值得更多的尊重）更加合情合理地阐释了《原住民土地法》。显然，他想把大量的土地以先期补贴的方式分给原住民。他说，这在委员会建议的权限范围内。但他的同僚大概青睐的不是法律，而是自己的阐释，也就是说，这种合情合理的阐释“违背了立法的初衷”。报告的卷1第42页上有主席字斟句酌的司法裁决。

在我看来，《原住民土地法》也好，附注条款也罢，都没有要求委员会将所有的联邦土地划分成欧洲区和原住民区……我认为，对于余下未划分的、白人和黑人均可购买的区域，委员会足以胜任，做起来也方便。但委员会里的同事不同意我的观点，他们认为这违反了立法的初衷和法案条款。

威廉·博蒙特爵士的反对意见还引征了参议员T.L.施赖纳的观点，他说：

“当法案提交到议会，我注意到国内有些土地无法决定其归属权。上一任原住民大臣表示，这不是要分割联邦的国土；所以，我认为不存在任何困难（卷2，第224页）。”

但在委员会就如在议会一样，也会出现人多势众的情况，每次都想压迫黑人种族。

这4名委员可能认为帝国全神贯注于战争，不会注意到扼杀南非黑人这一微不足道的小事，他们似乎拿定了主意，认为这是把土著居民贬为农奴千载难逢的时机；因此，主席发现自己无法劝说同僚采纳自己的看法后，便就自己所在的纳塔尔省和祖鲁兰撰写了少数派报告（卷1，第41页）：

纳塔尔的情况一直与其他省份不同。纳塔尔不要求推行《寮屋居民法》或任何对原住民进行隔离的条款。其实，正如那些最有资格知道的人向委员会提交的证据所述，纳塔尔反对在省内实施《原住民土地法》。

自从纳塔尔归英国所有，纳塔尔的原住民就一直在划定的区域外购置大量的土地，他们认为任何侵权举措均违反了维多利亚女王将南非并入英国时签署的公告条约。（参见呈交给委员会的请愿书。）现在，纳塔尔的原住民拥有35.9万英亩的土地，原住民居民人口为3.7万人。在某些地区，这些土地和欧洲人的混在一起，之间只能随意划条分界线，这会给欧洲和原住民造成严重的困难和不公。

依照皇室专属权和《南非法案》，划给原住民居住（包括传教团保留区）和使用的地区已达250万英亩，约占整个纳塔尔的15%。根据原住民的居住模式，这些地区几乎被利用殆尽，对外来的原住民来说，可使用的居住空间极为有限。

还要考虑的另一个问题是，也是相当重要的一点，即禁止原住民置地很不公平，毕竟作为外来者的印度人可以随便购买土地。

祖鲁兰

至于祖鲁兰，须明确指出的是，从1902～1904年，祖鲁兰划界委员会将该地划为原住民保留地和王室土地，安置王室的土地由合并祖鲁兰的纳塔尔政府提供。不过，这并不意味着祖鲁人被剥夺了购买王室土地的权利，祖鲁人也没这样认为。

在全面征询了祖鲁人的知情者，并调查了这个地区后，才划定了地域；但即使如此，我们发现有的部落土地完全或大部分被长期占领——其中一些土地不是征服的战利品，而是部落主动投降所得——由于没人给这些部落提供地盘，只能落脚在王室的土地。现在有24,328名祖鲁人和亚马通伽人生活在该地，他们眼下要求把土地还给他们。祖鲁人别无选择，所以默许划分地界，被迫接受了无法避免的事实。自从划分地界以来，他们一直忠心耿耿，爱好和平，遭受损失的痛苦已经成了过去。

划界委员会在报告中表示，希望划分的地域是："最终且能实行的定居点，在不久的将来不要再横生波折……"；但倘若现在重新讨论这个问题，重新界定欧洲人和原住民的区域，我认为极有可能产生无穷无尽的麻烦。如果将来认为必须做出改变，无论是为了黑人或白人的利益，机器带来的变革可以让原住民不受或少受影响。

斯坦福上校倒戈相向

报告令人沮丧，唯一可取之处是纳塔尔的政治家立场坚定，与开普政治家急速堕落的土地政策相比，的确令人钦佩。10年前，原住民事务委员会就南非的土地所有制做了汇报。纳塔尔的代表马歇尔·坎贝尔先生和S.O.塞缪尔森先生——得到了开普省代表斯坦福上校的有力声援——在委员会明确表示自己反对限制原住民的发展。在最新的委员会，为了正义，历史将会重演，但这次斯坦福上校完全改变了之前的立场。他是委员会里唯一一位参加过第一次委员会的成员，他1905年的报告如下：

“关于将原住民仅有的置地权限制在某些地区一事，斯坦福上校与大多数人的意见背道而驰。他表示，让更先进的原住民从土地得益会极大地激励他们的忠诚。在他看来，没有充分的理由剥夺英国殖民地多年来享受的特权。

“关于欧洲种族的安全必须以这些限制来保障的争论，他认为并不合理。教堂、商业、贸易、劳工和各行各业欢迎原住民的抱负和干劲，他们的发展有这么多途径，他们倾覆欧洲人的危险——假如这是真的——也不是禁止他们买地可以避免的。

“他没看到他们的活力、勇气和进取心有所衰落，而自从早期荷兰定居者占领开普半岛以来，如今欧洲的控制和占领已达到极致。而且，在之前的荷兰共和国，人为限制购买土地使各式各样的合同应运而生，以规避法律，让原住民占有了农场，与之同时，欧洲人雇佣的代理人或所谓委托人也趁机欺诈……

“如果允许原住民在不适合欧洲人的地方购买土地，便忽略了这一事实，即想成为土地所有者的原住民属于文明阶层，而这些地方对他们没有吸引力。

“越来越多的欧洲人进入本来留给原住民的地方居住。传教士、商人和其他人获准在内居住，从事各自的职业。各治安官辖区涌现了许多黑人居住区，人口调查清楚地表明，涌入的人口数量在稳步上升。这证明即使在原住民自己的保留区，他们也没想独占土地，现在不会，以后也不会。”（殖民地和英国的属地——南非（1905年会期），卷55，第102—103页。）

但现在我们断定，英勇的上校受新的反动精神的影响，抛弃了纳塔尔委员W.博蒙特爵士，和北方人狼狈为奸，所持立场与以往的高尚情操截然相反。

开普省的土地政策

委员会里开普地区代表典型的前后不一和反动的开普土地政策一脉相承。事实上，目前开普省在选举权方面更加开明，一些开普的选民名单也有原住民的名字，这令本想表达反动情绪的开普议员在言论上有所克制。但后面几年也不尽然，原住民的选举权成了遮羞布，掩盖了诸多政治罪恶，如原住民的酒类自由贸易和对原住民土地有计划的抢劫。据我所知，开普政府好几次用轻描淡写的托词，甚至没有任何借口，随心所欲地没收帝国代表以维多利亚女王的名义授予原住民部落的土地，并将其分配给欧洲人。

土地委员会主席威廉·博蒙特爵士在备忘录的第30页记录了开普行政当局不断强取豪夺的惊人事例。威廉爵士叙述了西格里夸兰忠诚的黑人纳税人如何被有预谋地夺走维多利亚女王赐予的礼物，如何被逼得走投无路。每隔10年，一个又一个委员会被派去他们当中，之后便是有计划的抢劫掠夺。我也是其中的见证者，痛心疾首地目睹了委员会10年一轮的来来去去和开普政府咄咄逼人的态度，他们利用人们的无知，把维多利亚女王的馈赠当作一纸空文，将纳税人赶出家门，邀请白人占据原住民的地盘。

这是威廉爵士记录的上届委员会：

原住民的情况需要特别考虑。他们曾得到许诺，只要忠诚如一，就绝不会将他们赶走，结果他们还是被驱逐了。他们还固执地认为是他们缺少信仰的缘故。

“金伯利的民政委员P.德雷尔先生在1909年8月27日特别汇报过这个问题。他提出了具体的建议，听起来很不错，可惜没被采纳。”

目前只引用了西格里夸兰的资料。但类似的暴行表明在贝专纳、佩蒂和特兰斯凯均有土地掠夺的倾向，甚至在我有生之年都一直存在。

所谓原住民区域

说到证据，我们发现如果忽略纳塔尔的白人、传教士和原住民的证词，剩下的见证人——只占一小部分——显然强调土著居民连祖先一平方码的土地都不配拥有，他们只配当奴仆。无论如何，那些认为我们有权获得喘息空间的人，愿意在白人农场的中心划出一小块“保留地”，把里面的黑人男女像牛群一样照看起来，尽其所能地繁育后代，为适应附近农场的农奴生活做好准备。那些人认为，一旦孩子符合要求，农奴父母就有责任将其交给了解他们秉性的农场主；如果年龄和身体不适合继续服务，他们就会被赶回保留区，终其一生为不断增加的白人养育更多的年轻农奴。委员会的调查结果似乎深受这一小撮白人证人的影响，在我们世代居住的南非，他们给予我们的，从空间大小来看，只能算是人类孵化器。

对这些自私的建议思忖一二，人们不由疑惑委员们是缺乏幽默感还是幽默得过了头。比如，在北美和南美，我们读到农场主自掏腰包建立并维持蓄奴棚。“主人的利益要求他须引导奴隶的社会生活和道德文化，还应为其身体健康提供特别的帮助”；但另一方面，南非土地委员会的棚区完全由奴隶维持，由奴隶负担开销，农场主唯一要费心的就是来到大门口，向劳动力吹口哨。

在南非有些地方，原住民把女儿舍弃或“卖给”男人并不违法，买卖的价格有时还由政府制定。若是男人付钱购买，白人治安官还时常责难不幸的黑人女孩和自己憎恨的男人同居；考虑到提议建立原住民棚区的目的，读者可以想象在上述“原住民区域”的围场内即将兴起的贩卖黑人女孩的热潮。

几位证人陈述说，原住民没有节约用地。据我们所知，尚无证人用数据证明自己的观点。大部分人持反对意见——认为原住民的土地过度拥挤——其论点有理有据。其中最著名的是纳塔尔的治安官阿达姆松先生。为了回答韦塞尔斯委员的深入提问——这些问题报告里没有提及——该名见证人还道："我说黑人居住地拥挤是因为那里的原住民太多了，是个穷乡僻壤。只有在山谷谷底，才能有点耕地，可人口有12，368人。"

其他治安官和农场主就所在区域给出了类似的证据，其中就有克莱克丝多普的治安官J.S.斯米特先生，他还顺便戳穿了原住民靠妻子劳动养活的陈腐的谎言。J.L.杜布牧师特别提到："白人得到了最好的土地，这是无法否认的事实。在自由邦，你走几英里都瞧不见任何东西；但如果是在原住民的土地，就会听见尖叫声，'瞧这片美丽的土地，卡菲尔人还没种东西。'乘坐邮车从这里到约翰内斯堡，每天都会见到荒芜的白人的土地。"

路易特里哈特的委员E.T.斯塔布斯先生说："保留地的原住民人口密度是每平方英里106到177人；而白人农场为28，王室土地为3。"然而，面对这些类似的官方数据，委员会重申了带有偏见的见证人未经证实的指控，即"原住民没有节约用地"。不过，回到人口普查数据上，人们会立刻发现，这一反复重申的指控毫无根据。就以一个省份——开普殖民地——为例，据说这里的原住民拥有的土地最多（所以"浪费"最多）。

好望角的开普省

开普殖民地约有8375万摩根的面积。通常包含了：

（1）殖民地区域：占地7880万摩根，供养了56万白人和1090万黑人，1，603，625头牛，2000万头绵羊和山羊；

（2）特兰斯凯的原住民区域：占地500万摩根，供养了20万白人和90万黑人，1，111，700头牛，90万匹马、350万头绵羊和山羊。

当然，如果土地浪费存在的话，不需要更多的数据论证来证明哪一方浪费了土地。但南非有条格言，除了作为机械装置之外，原住民不计入其中，他们拥有的牛群也不是牲畜；因此，他们赖以生存的地方有如此多的荒芜的土地，委员会提出下述更改：

一定不能打扰特兰斯凯的20万白人。特兰斯凯100万摩根的土地留给白人，而黑人除非当仆人，在此居住就算违法。另一方面，殖民地100多万的原住民必须带着牛群等财产迁到特兰斯凯的其他地方。喀拉哈里沙漠毫无农业价值的百万摩根的沙丘、昆士城和金威廉斯顿附近的狭小部落都划成了原住民区域。于是，整个开普殖民地（假设委员会的建议得到采纳）将做如下分配：

（1）欧洲人的区域：占地76，392，503摩根，供养56万白人、103万头牛、180，300匹马、1500万头绵羊和山羊。

（2）原住民区域：占地7，356，590摩根，供养150万黑人、

158万头牛、154,630匹马、800万头绵羊和山羊。

乍一看，似乎白人分得了人均288英亩的土地，黑人人均7英亩，但是，大量的英国人（25万人）住在城里，这对他们并没有影响，我们可以减去城区面积，以及白人和黑人的人口数。于是，委员会其实分配给每位布尔人（包括男人、女人和小孩）589.31英亩，原住民每人仅10.3英亩。既便如此，这也根本不是比例失衡的极限。这份报告的附录八（附注一）提议白人以后侵占日益衰落的原住民保留地，黑人也不会得到殖民地的土地补偿，若殖民地完全采纳这些建议，将会大幅削减原住民的人口数量。

就目前的情况来看，该地区的黑人人口为每平方英里70～90人。一些"农村"的原住民地区人口密度仅次于开普敦、德班和约翰内斯堡等南非人口最稠密的中心地区。没有哪个南非"城市"的人口密度达到每平方英里20～30人。所以，每位城市居民占有的空间远大于原住民农场里的原住民、他们的牲畜和农业活动。这是人口普查报告的结果（联邦政府，12—32行），且经笔者10余年旅行观察所证实。

白人地区乡村人口的平均密度约为每平方英里5～8人。原住民地区的人口密度是白人的10倍，印度洋沿岸的黑人聚居区每平方英里多达100～140人（见人口普查报告，图表F和表格13—16）。然而，委员会还想让拥挤的原住民区域负担殖民地的额外人口，这将超过每平方英里200人的人口密度。

开普殖民地的白人区里，每平方英里的牛群密度是6.39，原住民区域是61.15（见联邦政府1912，32h.，第1227—1228页）。若是采用了委员会的报告，白人区每平方英里的密度为0.24，黑人区为163.26。

这对一个开明国度的原住民公平合理吗？他们缴税造福的不是自己，而是统治者，可他们却被迫过比利时人的拥挤生活，还没有比利时的卫生条件或稠密人口地区所必须的卫生预防措施。

他们的牛群忍饥挨饿，而上帝馈赠的肥美草地大多未被征用，反倒成了毒蛇和蝎子的繁殖地，这正常吗？

难道我们国家的标准不幸沦落至斯，议会的出版物讲的居然都是尸位素餐的故事吗？

显而易见，根据提议的安排，原住民的牛群注定挨饿，他们的主人也不例外。有证据表明，即使现在（许多欧洲人持有大量闲置的牧场），一些黑人仍没有足够的牧场放牧。但是，这点小困难委员会解决了，他们提出应该让原住民放弃养牛，牛群是原住民变成农奴的阻碍！

一个没有羊群和牛群的非洲家庭就像一个没有面包的英国家庭一样。

“冯·佛朗修斯把非洲视为牛群之家，黑人是最初的驯养者……从苏丹到南部的大班图部落里，牛是财富的象征。例如，部落有许多牛，每个村庄都有1万或1.2万头。伦茨（1884）、布韦特-威利奥莫兹（1848）、赫卡尔德（1854）、巴斯曼（1805）、贝克（1868）都可以证明，施维因富特（1878）向我们讲述了两千到三千头牛的天然牧场，还有无数的农业和养殖牛群的部落……利文斯通描述了班图人和卡菲尔人繁忙的牛群养殖的场景。*”

[*《黑人》(杜・波伊斯)，第108-109页。]

但委员会将迫使我们放弃耕种和牲畜一行，那时，议会法案禁止我们在自己的国家从事其他营利的行业。这相当于必须让英国人关闭自己的商店，停止船运业，放弃海上贸易。

奥兰治自由邦

当我们留意所谓自由邦的情况时，我力图指出那里的困难变得愈加严重。许多严苛的等级法律使原住民的地位岌岌可危。从前，这些带有歧视性的法律因自由邦的历任总统有所缓和，他们习惯给想从原住民或欧洲人手上买土地的原住民颁发特赦令；可现在这些严刑峻法，除了强行逼迫所有原住民之外，在1913年变本加厉，而以往本可以缓解痛苦的总统一职却没人替代。

无论何时，只要有原住民用人格力量或坚韧不拔的精神奋力打破南非种族歧视的枷锁，南非宪法1909年加入的种族歧视条款就马上会把他打入社会的最底层，让其无法动弹。我只举这样一个例子。

大概10年前，在萨班库地区，马赛卢农场的J.M.尼约孔先生花了一千英镑购置农业机械，让一个白人教会了侄子们使用机器。我看到他的侄子每年为他收好谷物后，还带着蒸汽脱壳机帮该地其他农场的原住民收割打谷。但两年前在土地委员会前做证时，这个勤劳的黑人农场主表示，他接到政府的命令，不让其使用农业机械，除非有白人机械师充当指导。他说这则命令完全阻碍了他的工作。机械只在丰收的季节使用；没有白人会为他一年工作两个月，他也不能白白支付另外10个月的薪水，最终昂贵的机器成了一堆废铁。那些想要改善境遇的原住民在自己的国家大受挫折，不免心灰意冷。

原住民事务部

在本章略有提及的原住民的无穷困难中，最大的困扰是某些负责原住民事务部的先生的态度。原住民事务部是南非行政部门唯一的分支机构，专门负责原住民税收。举个例子大概可以说明他们管理原住民事务的方式。国民大会的主席J.L.杜布牧师在土地委员会做证后，引来纳塔尔的商行给他写信，我从中摘录了几段：

“如果您打算购买土地，我的公司愿意和您交易……鉴于您和塞莱已购买了公司的部分地产，其毗邻的土地而今正在出售，我们认为总督不会反对转让土地。”*

(*联邦政府22，第557页。)

另一段摘录：

“在我们的土地边上，还有一块地，切分成了不同的原住民区域，因为这个缘故，我们愿意把土地卖给塞莱。我们知道原住民事务部没有异议，但令人震惊的是，当一切尘埃落定时，他们却拒绝了申请。*”

(*联邦政府22，第557页。)

那么，原住民如何才能在政府当局有组织的反对中生存下去？如何在原住民税收的官方受益者和潜在的养老金领取者中坚持下来？可以说这些原住民事务部的先生，拿着我们支付的薪水，花着我们的钱派信使召开同僚会议，信里却规定禁止卖土地、信纸、打字机给祖鲁人，甚至他们现在抽的香烟，难道不是出自原住民的口袋吗？

如果我们认为他们的恶意阻挠严重地影响了我们，早就让人无法忍受了，这令人惊讶吗？

可能有人会问，就原住民事务部的立场而言，这样做有利可图吗？我的答案如下：

原住民事务部负责征收联邦境内原住民的税收。给职员支付薪水后，它每年还向联邦财政缴纳巨额盈余造福“南非白人”。而且，德兰士瓦的原住民认为，他们会和白人相处得更融洽，和联邦其他部分官员也相处得其乐融融，并非“原住民事务部不断煽动他们来针对我们”。

投诉处理的公正性在约翰内斯堡得到了例证，该部门的独裁者准备且随意动用特权监禁原住民，没有逮捕证，没有指控，也没有审判——权利大得连最高法院的法官亦望尘莫及。

赫佐格将军的计划

也许读者有兴趣知道，赫佐格将军是种族隔离争端的发起人。在1912年的圣诞前夕，笔者和其他原住民在比勒陀利亚的正义宫对内阁成员赫佐格将军进行了采访。我们有两个小时的时间讨论，其间，将军给我们预测了他认为可能是原住民区域的地方，并在联邦巨大的挂图上用圆圈标出了它们的位置。几名治安官的辖区也在其中，他说是为了解决棘手的问题。他告诉我们，白人在政府办公室反对黑人，这些地区的治安官却能轻而易举地雇佣黑人。

赫佐格将军很快就被解职，据说为了安抚他的愤怒的拥护者，内阁通过了《原住民土地法》，这也是报告产生的缘由。联邦行政部门来势汹汹地把原住民驱离公职，在委员会公布报告前亟不可待地用布尔人取代他们，据此判断，显然他们就治安官辖区一事与赫佐格将军的意图有分歧。我不能完全回想起赫佐格将军说的划入原住民区域的治安官辖区；但我清楚地记得里面有彼得斯堡和萨巴恩科；而爱丽斯和佩迪（和一个附近的地区）划进了南部保留区，东伦敦和格拉罕斯顿周围的原住民将不得不迁入南部保留区，腾出来的土地会逐渐由分散在号称原住民土地上的白人居住。他接着预测，联邦广袤的附属地区会给黑人从业人员的干劲和抱负提供出路，也不存在和欧洲人竞争的危险；那里也会提供原住民想要的新的教育和代表制度，让原住民在独立的领域获得救赎。然而，土地委员会的报告让这一貌似可信的谋划落了空，因为根据委员会的建议，没有任何原住民区域囊括了上述治安官的辖区。

赫佐格将军的计划至少提供了可供讨论的公平依据，但委员会的报告完全曲解了他的计划。它让原住民的困难雪上加霜，比自由邦极端分子的疯狂要求还要过分。因此，即使报告被弃之不用，其实本该如此，未来的剥削者总会把它作为颠覆原住民福祉的借口。实际上，这一有待讨论的法律简直是全国性的灾难。

他们如何使原住民的面积“加倍”

在德兰士瓦的北部边界，有一个地区疟疾肆虐，除非是那里土生土长的人，否则完全活不下去。来自其他地方的人和动物只在冬天到访，雨季前就会离开，否则空气变得有毒，会令人无法呼吸。即使原住民事务部可靠的征税人也只在每年冬天莅临，然后在疟疾肆虐之前带着钱袋子匆忙离开。一位布尔将军描述了他在南非战争期间被帝国军队追击时，如何被迫穿过该地的情形；还提及他的人和马匹——许多是德兰士瓦的原住民——如何在行军时感染了疟疾，导致多人生病，好几个布尔公民和动物因此死亡。荷兰将军这样评价这片乐土上的居民：“他们身材矮小畸形，这是该地区气候恶劣的明证。*

[*《莫布战争回忆录》(本·维尔容将军)，第222页。]

当土地委员会考虑这片“有益健康的”地区时，心里肯定无比慷慨，因为对南非原住民健康有益的地区（如萨班库），他们标注的是小圆点或极微小的圆圈，而这个疟疾区，他们划出的保留地就跟赫佐格将军在比勒陀利亚会见我们时描述的那么大。大概就是以这种方式，在这不可能的地方，他们称委员会“加倍”增加了原住民的面积。在南非的其他地方，他们为了60万布尔人和异族人的利益，要求议会没收我们对自己祖先的土地继承权，这些人的语言中没有“家”一词，也就是说，没有我们语言中“IKAYA”和“LEGAE”（“家”）的对等词。

英国人的词汇囊括了这个神圣的词语：这大概就是为什么在南非广袤的土地上，他们的殖民计划愿意提供原住民家庭生活的空间，为原住民未来的生存和发展提供公平的机会。多亏上帝保佑，为他的子民带来了曙光。而且，英国人发现我们说“Legae”一词，还教我们怎么拼写这个词。1910年，英国政府不顾我们的意愿，将我们土地的主权移交给殖民地居民和来自世界各地的外族人，这些人对“家”一无所知，他们的词典里没有如此情深意重的词汇；土地委员会的建议看来体现了他们对这个词及其美妙内涵的狭隘认识。

原住民对即将到来的奴隶身份一无所知

人人皆知（情况确实如此）南非原住民领袖对大众福祉的贡献。过去4年的每一场危机——联邦的单边政策是始作俑者——原住民领袖毅然投入约束原住民并规定他们不得诉诸暴力这一无人感激、代价高昂的使命之中。政府在该方面取得成功，却毫不领情，这也是部分原住民有意见的来由。他们不止一次询问，不让原住民领袖使用机枪，因而成功地避免了流血事件，这是否令当局失望透顶。也许这就是原因，但当局明显的忘恩负义并不能冷却原住民对和平事业的热情。

今天，原住民事务部从原住民税款中拿出7000英镑支付土地委员会的开支，其中包括5名委员、白人办事员和秘书的花销——光印刷就花了近1000英镑，另外还支付了白人把报告翻译成荷兰语的开支。可他们却不会为原住民的启蒙花一文钱。钱花了，调查也就完成了。他们被正式告知，且有充分的理由相信，委员会将划出他们居住使用的保留地，把他们从与白人近距离接触的不利境地中解救出来。至于委员会荷兰语或英语报告内容的真实性，原住民只得依靠不拿薪水的原住民领袖收集的信息，后者因次大陆幅员辽阔，出行设施匮乏，加上自己的资源有限，只能查看几个地区和聚集地。

或许出于某种原因，有人会说有思想的英国领导人在南非面临着类似的困难：他们同样努力地让英国殖民者与昔日的手下败将忠诚地合作，后者掌控的联邦宪法决定了南非的命运。公平地说，布尔领导人的任务也不轻松，他们需要绞尽脑汁让绝大多数的布尔人——如今正当权——公平地对待从多民族的大家庭消灭了两个布尔共和国的英国人。然而，他们工作的难度远不及原住民领袖。英国和荷兰的领导人是议会成员，每年有400英镑的年薪，在南非铁路系统可免费乘坐头等舱。此外，他们还有一群拿着高薪、协助干活的公务员，没有这些人帮忙，他们几乎无法管理自己的人民。而原住民领袖除了有其他妨碍以外，还得解决自己出行的财政难题，因为南非的安置政策是要看到原住民没法赚钱。在原住民自己的国家，他们的地位类似于英国人在异国他乡，没有英国领事的帮助，要独自解决棘手的麻烦。

折磨原住民

过去3年里，南非联邦政府像没有信仰的异教徒君王一样骚扰虐待原住民纳税人，这种虐待属国子民的事件只在祖鲁国王查卡当权时发生过。在我们遭受巨大苦难之际，帝国卷入了空前可怕的大战之中。在东半球，人人都会受到影响；但帝国成员可以得到安慰，因为所有人都同情他们。不断的侵犯让天地万物认识到，自然之力和这个世道一样出了问题。天空的飞鸟、水里的鱼儿和其他深海里的生物都被拖进痛苦的旋涡。彼此的艰难困苦让他们认为这和战争中帝国的兴衰息息相关。他们也以自己独特的方式向在海陆空作战的士兵家属表示哀悼之情。当宇宙万物惊骇地站在巨大的坟墓边，亲眼目睹血流成河，和我们一道缅怀英国伟人离世的时候，南非是唯一一个蓄意破坏的国度，它毫不感激、颂扬英国舰队给予的保护，把国王治下可怜的有色人种纳入联邦宪法的全权掌控之中，还把神赐的安全变成对有色人种施虐的狂欢。

这个世上还有人会正义感十足地呼吁南非停止卑劣地滥用权力吗？

我们呼吁宣称反对迫害原住民的纳塔尔殖民者，请他们注意这一事实，尽管他们向土地委员会表示反对，但在战俘（布尔人）的要求下，联邦政府对祖鲁人的残暴统治仍在进行。

我们呼吁教会。我们会提醒他们，基督教的声音是我们过去抵制联邦过度立法的唯一盾牌。然而，在自我及金钱的优越感完胜正义和宽容时，这种声音被完全无视，除非整个基督教世界大力强化。我们呼吁摆脱精心谋划的严刑峻法，但被关闭的原住民教堂和南非乡区的小教堂标志着法律仍在执行。

我们呼吁上帝的选民犹太人，他们明白苦难意味着什么。我们会提醒他们，如果1913年后不再上演俄国大屠杀，那主要是因为原住民领袖（包括笔者在内）不辞辛劳地走访分散四处的部落，规劝他们服从南非政府的所有要求，遵从格罗布勒法律，等待外部世界的和平斡旋。至于部分原住民领袖自揽责任一事，我确信是在1914年初，原住民农民的数量大幅减少，人们被告知这是他们违抗当局应受的惩罚。

我们呼吁帝国的领袖——我的同胞为帝国开拓开普省至开罗的线路，献出生命和财产，完全是出于对已故维多利亚女王的热爱，丝毫不求物质回报。我们请这些领袖遵守前辈的承诺，他们不约而同地分别向我们保证，在这个我们为之抛洒热血的帝国，我们会享有和平幸福的未来。他们是最伟大的英国人，离开英国本土，在海外建立了英国的名望。他们当中有不胜枚举的英雄人物和帝国的缔造者，他们告诉我们，他们是维多利亚女王的代言人，代表她的继承人和后继者。英国人的承诺——他们的契约——突然怎么了呢？帝国主义者的庄严承诺不再有效了吗？倘若一切已成定局，维多利亚时代的英国人和20世纪的英国人已成了截然不同的生物（当事人双方是白人时，才对后者的荣誉有约束力），这也绝不是开启变革的时刻，变革的不良后果必然会玷污世人对你们公平正义的先辈的记忆。

请英国人注意这一事实，数百万获得允许的忠诚的黑人正竭尽全力帮助帝国赢得战争，他们最痛苦的煎熬是他们饱受压迫，而这是战争期间一位参与反叛的先生在其任期内下达的命令。我们认为，监狱里的皮耶·格罗布勒先生相当满意国王最忠诚的南非子民受到他的法律荼毒——无论从何种角度来看，这都是他反叛的官方理由。如果能回到南非以往的好日子，那么《原住民土地法》——他的法律——土地委员会的报告——极致的迫害——都该付之一炬。

因果报应

3年多来，南非政府一直在迫害我的同胞们，他们没犯下任何过错，还温顺地缴税。在与世界各地的殖民者碰面并获取信息后，我的结论是，没有哪个殖民地像南非的原住民居民一样饱受了巨大的不公平的待遇*。然而，尽管我亲眼目睹，亲耳听闻，但我必须指出，在看到报告之前，我都不敢相信我的白人同胞居然想出了如此恶毒的计划，并在1916年南非土地委员会的报告的第一卷提了出来，以一种貌似合理的方式遮掩其本意，甚至误导见多识广的真诚的原住民朋友。一页又一页的一栏栏数据累积至成千上万，乃至数十万之巨。它们令人眼花缭乱，读者仿佛亲眼见证了次大陆的再分配，并转交到原住民部落。但在这一大堆数据里面，有两点绝对遍寻不见：(1) 给原住民的土地总额；(2) 给其他人的数额。为了得到上述内容，在真相大白之前，人们得自己做加减乘除，还要借助如人口普查数据、年度蓝皮书等统计数据。他们谈论说“加倍”增加了原住民地区。他们发现我们占了1亿4300万摩根的土地，建议压缩至1800万摩根。如果这就是增加一倍，那我们的老师肯定教了错误的算术。我们更加难以像本世纪之初那样热爱并尊敬伟大的白人种族，这难道不奇怪吗?

(*近些年，一些南非白人移居到比属刚果的加丹加地区。我从《南非日报》得知，他们在信件中抱怨不能赚钱。他们将此归咎于比利时官员不让其像利用英属南非的原住民一样，自如地剥削刚果的劳动力。)

我们将在报告中提出一些问题，供英国人及其议会代表解决：

首先，委员会建议挪走原住民阶层后，谁会成为该地的居民？

其次，鉴于不久前我们目睹的巨变，以及未来将发生的事件，关于“极少数居民”一事，这在本章伊始施赖纳先生略有提及，有必要询问白人如下问题：(1) 与大英帝国理想标准一致的比例是多少；(2) 什么比例让人无动于衷；(3) 什么比例会被称作不友善？

再次，“极少数居民”被赋予完全的自主权了吗？为什么没有赋予完全的自主权？

复次，根据报告，“绝大多数居民”，即国王的黑人子民，注定会失去家园和在自己国家的价值，是不是该问问他们：(1) 有多少人忠心耿耿；(2) 有多少人忠心不再？

最后，为了英国在南非的名誉和长治久安，我们将郑重其事地把它交给相关人士，帝国能消除他们的影响、与他们划清界限吗？

如上所述，南非“绝大多数的居民”受到“少数族裔”长达3年多的攻击。当我们弯曲的后背完全无法承受肩负的重担时，我们常常归咎于自己。我们有的人为扩大英国的影响进行了艰苦的奋斗——通常反对的是英国的外交政策，所以，我们从未想到英国在南非的统治会将我们推至无法忍受的境地，把我们当作奴隶托付给布尔人的寡头统治集团。然而，官方委员会要求议会把我们关进集中营，并额外建议除了为主人繁殖奴隶外，我们还要负责营地维护。换句话说，我们得把殖民者变成奴隶掠夺者和奴隶主（还要给他们节约买奴隶的开销），我们濒临绝望，还好天堂从未让我们失望。我们记得，非洲女性有时也因此类不公潸然泪下；她们被迫扛着锄头，离开田地，蒸发的泪水从天空引燃了大火和硫磺。但这样盲目的惩罚处罚了罪人，也牵连了无辜之人，为此，我们恳求外部干预，帮助南非重归正道。

在过去的两年里，曾与我生活工作过的英国人表露的同情让我们坚信，为了联邦的利益，英国的舆论将阻止南非政府，否决种种不公，避免作恶后复仇女神的报复。

她的心思必定集中在南非，最近，艾达·勒基唱道：

唉！我的祖国！无须敌人把你带向毁灭……
单是战争不会让国家衰亡。
尽管它如明亮的晨曦般美好宁静，
尽管它四面环海，安全无虞，
只要它傲慢地拒绝十字架的异象，

不屑一顾地践踏仁爱和手足之情，
终有一天，
她无须敌人将其打入尘埃。
那一天或许遥远——但对上帝而言，
千年光阴恍如昨日云烟——
憎恨、不公和暴力的萌芽，
就像血液里潜伏的积弊，
会吞噬国家的要害。
她将目睹汹涌而至的血色的混乱，
横扫平原，席卷城市，
那是翻腾的红色洪流的威压，
会彻底摧毁政府和家园，
摧毁国家的骄傲、辉煌和权力。
无情的洪流汇入上帝永恒的、辽阔深邃的复仇之海。
感谢上帝！
啊！我的祖国，但愿它能让你坚定不移，
直到正义战胜不公，战胜残酷压迫的力量。
这一切让人类哀伤。

浙江师范大学外国语学院

“非洲人文经典译丛”

百年来，非洲的文化思想飞速革新，知识分子既尽力重现往日历史传统的光辉，又在全球化的碰撞下迸发出新的思想火花，在文化领域留下了不可磨灭的思想印记。非洲大陆为世界贡献了许多杰出的文学家、思想家、政治家等。在中非合作越来越紧密的今天，人文领域的相互理解也变得越来越迫切，需要双方学者进行全方位、深层次、多角度的系统研究。

浙江师范大学外国语学院拥有国内高校首个非洲文学研究中心。中心旨在搭建学术平台，深入战略合作，积极服务于中非文化的繁荣与传播，为推进中非学术和文化交流做出新贡献。

国内首套大型“非洲人文经典译丛”以“20世纪非洲百部经典”名单为基础，分批次组织非洲文学作品及非洲学者在政治学、社会学、哲学、人类学等领域的重要专著的汉译工作，在此过程中形成一个高效实干的学术团队，培养非洲人文社科领域的译介与研究人才，构建具有中国特色的非洲文学研究学术话语体系。

浙江师范大学非洲研究院

“非洲研究文库”

非洲大陆地域辽阔，国家众多，文化独特。近年来，中国与非洲国家的交往合作迅速扩大，中非关系的战略地位日益重要。目前，中非关系已超出双边关系的范畴而对世界产生多方面的影响，成为撬动中国与外部世界关系的一个支点。

浙江师范大学非洲研究院是国内高校首家成立的综合性非洲研究院，创建的目标在于建构一个开放的学术平台，聚集海内外学者及有志于非洲研究的后起之秀，开展长期而系统的研究工作，以学术服务于国家与社会。

“非洲研究文库”是浙江师范大学非洲研究院长期开展的一项基础性、公益性工作，秉承非洲研究院“非洲情怀，中国特色，全球视野”之治学理念，并遵循“学科建设与社会需求并重，学术追求与现实应用兼顾”之编纂原则，由国内外知名学者、相关人士组成编纂委员会，遴选非洲研究领域的重大重点课题，以国别和专题之形式，集为若干系列丛书逐步编撰出版，形成既有学科覆盖面与知识系统性，同时又重点突出各具特色的非洲研究基础成果，为中国非洲研究事业之进步，做添砖加瓦、铺路架桥之工作。